〔英〕罗杰·科特雷尔（Roger Cotterrell）著
李 俊　张万洪　译

社会学法学
法律思想与社会探究

SOCIOLOGICAL
JURISPRUDENCE:
Juristic Thought and
Social Inquiry

北京大学出版社
PEKING UNIVERSITY PRESS

著作权合同登记号　图字:01-2021-2268
图书在版编目(CIP)数据

社会学法学:法律思想与社会探究/(英)罗杰·科特雷尔(Roger Cotterrell)著;李俊,张万洪译.—北京:北京大学出版社,2022.10
ISBN 978-7-301-33566-6

Ⅰ.①社… Ⅱ.①罗…②李…③张… Ⅲ.①社会法学—研究 Ⅳ.①D912.5

中国版本图书馆 CIP 数据核字(2022)第 204575 号

Copyright @ 2018 by Routledge
Authorized translation from the English language edition published by Routledge, a member of the Taylor & Francis Group; All rights reserved. 本书原版由 Taylor & Francis 出版集团旗下 Routledge 出版公司出版,并经其授权翻译出版。版权所有,侵权必究。

Peking University Press is authorized to publish and distribute exclusively the Chinese (Simplified Characters) language edition. This edition is authorized for sale throughout Mainland of China. No part of the publication may be reproduced or distributed by any means, or stored in a database or retrieval system, without the prior written permission of the publisher. 本书中文简体翻译版授权由北京大学出版社独家出版并限在中国大陆地区销售,未经出版者书面许可,不得以任何方式复制或发行本书的任何部分。

Copies of this book sold without a Taylor & Francis sticker on the cover are unauthorized and illegal. 本书封面贴有 Taylor & Francis 公司防伪标签,无标签者不得销售。

书　　　名	社会学法学——法律思想与社会探究 SHEHUIXUE FAXUE——FALÜ SIXIANG YU SHEHUI TANJIU
著作责任者	〔英〕罗杰·科特雷尔(Roger Cotterrell)　著 李　俊　张万洪　译
责任编辑	尹　璐
标准书号	ISBN 978-7-301-33566-6
出版发行	北京大学出版社
地　　址	北京市海淀区成府路 205 号　100871
网　　址	http://www.pup.cn　新浪微博:@北京大学出版社
电子信箱	sdyy_2005@126.com
电　　话	邮购部 010-62752015　发行部 010-62750672 编辑部 021-62071998
印　刷　者	三河市博文印刷有限公司
经　销　者	新华书店
	880 毫米×1230 毫米　A5　12.25 印张　311 千字 2022 年 10 月第 1 版　2022 年 10 月第 1 次印刷
定　　价	59.00 元

未经许可,不得以任何方式复制或抄袭本书之部分或全部内容。
版权所有,侵权必究
举报电话:010-62752024　电子信箱:fd@pup.pku.edu.cn
图书如有印装质量问题,请与出版部联系,电话:010-62756370

献给阿尔比和卡娅

华东政法大学 70 周年校庆丛书
编委会

主　任

郭为禄　叶　青　何勤华

副主任

张明军　王　迁

委　员

（以姓氏笔画为序）

马长山	朱应平	刘宪权	刘　伟	孙万怀
陆宇峰	杜　涛	杜志淳	杨忠孝	李　峰
李秀清	肖国兴	何益忠	冷　静	沈福俊
张　栋	陈晶莹	陈金钊	林燕萍	范玉吉
金可可	屈文生	贺小勇	胡玉鸿	徐家林
高　汉	高奇琦	高富平	唐　波	

以心血和智慧服务法治中国建设

——华东政法大学 70 周年校庆丛书总序

华东政法大学成立 70 周年了！70 年来，我国社会主义法治建设取得一系列伟大成就；华政 70 年，缘法而行、尚法而为，秉承着"笃行致知，明德崇法"的校训精神，与共和国法治同频共振、与改革开放辉煌同行，用心血和智慧服务共和国法治建设。

执政兴国，离不开法治支撑；社会发展，离不开法治护航。习近平总书记强调，没有正确的法治理论引领，就不可能有正确的法治实践。高校作为法治人才培养的第一阵地，要充分利用学科齐全、人才密集的优势，加强法治及其相关领域基础性问题的研究，对复杂现实进行深入分析、作出科学总结，提炼规律性认识，为完善中国特色社会主义法治体系、建设社会主义法治国家提供理论支撑。

厚积薄发七十载，华政坚定承担起培养法治人才、创新学术价值、服务经济社会发展的重要职责，为构建具有中国特色的法学学科体系、学术体系、话语体系，推进国家治理体系和治理能力现代化提供学理支撑、智力支持和人才保障。砥砺前行新时代，华政坚定扎根中国大地，发挥学科专业独特优势，向世界讲好"中国之治"背后的法治故事，推进中国特色法治文明与世界优秀法治文明成果交流互鉴。

"宛如初升的太阳，闪耀着绮丽的光芒"——1952 年 11 月 15 日，华东政法学院成立之日，魏文伯院长深情赋诗，"在这美好的园地上，让我们做一个善良的园工,勤劳地耕作培养,用美满的收获来酬答人民的期望"。1956年6月,以"创造性地提出我们的政治和法律科学上的成就"为创刊词,第一本法学专业理论性刊物——《华东政法学报》创刊,并以独到的思想观点和理论功力,成为当时中国法学研究领域最重要的刊物之一。1957年2月,更名为《法学》,坚持"解放思想、不断进步"的治学宗旨,紧贴时代发展脉搏、跟踪社会发展前沿、及时回应热点难点问题,不断提升法学研究在我国政治体制改革中的贡献度,发表了一大批高水平的作品。对我国立法、执法和司法实践形成了重要理论支持,在学术界乃至全社会产生了巨大影响。

1978年12月,党的十一届三中全会确定了社会主义法制建设基本方针,法学教育、法学研究重新启航。1979年3月,华东政法学院复校。华政人勇立改革开放的潮头,积极投身到社会主义法制建设的伟大实践中。围绕"八二"宪法制定修订、土地出租问题等积极建言献策;为确立社会主义市场经济体制、加入WTO世界贸易组织等提供重要理论支撑;第一位走入中南海讲课的法学家,第一位WTO争端解决机构专家组中国成员,联合国预防犯罪和控制犯罪委员会委员等,都闪耀着华政人的身影。

进入新世纪,在老一辈华政学人奠定的深厚基础上,新一代华政人砥砺深耕,传承中华优秀传统法律文化,积极借鉴国外法治有益成果,为中国特色社会主义法治建设贡献智慧。16卷本《法律文明史》陆续问世,推动了中华优秀传统法律文化在新时代的创造性转化和创新性发展,在中国人民代表大会制度、互联网法治理论、社会治理法治化、自贸区法治建设,以及公共管理、新闻传播学等领域持续发力,华政的学术影响力、社会影响力持续提升。

党的十八大以来,学校坚持以习近平新时代中国特色社会主义思想为指导,全面贯彻党的教育方针,落实立德树人根本任务,推进习近平法治思想的学习研究宣传阐释,抓住上海市高水平地方高校建设契机,强化"法科一流、多科融合"办学格局,提升对国家和上海发展战略的服务能级和贡献水平。在理论法学和实践法学等方面形成了一批"立足中国经验,构建中国理论,形成中国学派"的原创性、引领性成果,为全面推进依法治国,建设社会主义法治国家贡献华政智慧。

建校70周年,是华政在"十四五"时期全面推进一流政法大学建设,对接国家重大战略,助力经济社会高质量发展的历史新起点。今年,学校将以"勇担时代使命、繁荣法治文化"为主题举办"学术校庆"系列活动,出版"校庆文丛"即是其重要组成部分。学校将携手商务印书馆、法律出版社、上海人民出版社、北京大学出版社等,出版70余部著作。这些著作包括法学、政治学、经济学、新闻学、管理学、文学等多学科的高质量科研成果,有的深入发掘中国传统法治文化、当代法学基础理论,有的创新开拓国家安全法学、人工智能法学、教育法治等前沿交叉领域,有的全面关注"人类命运共同体",有的重点聚焦青少年、老年人、城市外来人口等特殊群体。

这些著作记录了几代华政人的心路历程,既是总结华政70年来的学术成就、展示华政"创新、务实、开放"的学术文化;也是激励更多后学以更高政治站位、更强政治自觉、更大实务作为,服务国家发展大局;更是展现华政这所大学应有的胸怀、气度、眼界和格局。我们串珠成链,把一颗颗学术成果,汇编成一部华政70年的学术鸿篇巨作,讲述华政自己的"一千零一夜学术故事",更富特色地打造社会主义法治文化引领、传承、发展的思想智库、育人平台和传播高地,更高水准地持续服务国家治理体系和治理能力现代化进程,更加鲜明地展现一流政法大学在服务国际一流大都市发展、服务长三角一体化、服务法治中国建设过程中的新作为、新担当、新气象,向学校70年筚路蓝缕的风雨征程献礼,向所有关心支持华政发展的广大师生、校友和关心学校发展的社会贤达致敬!

七秩薪传,续谱新篇。70年来,华政人矢志不渝地捍卫法治精神,无怨无悔地厚植家国情怀,在共和国法治历史长卷中留下了浓墨重彩。值此校庆之际,诚祝华政在建设一流政法大学的进程中,在建设法治中国、实现中华民族伟大复兴中国梦的征途中,乘风而上,再谱新章!

郭为禄

叶　青

2022 年 5 月 4 日

中文版序

我很高兴这本书已被译成中文,我希望它能找到读者,这些读者能将它的思想适用于当代中国社会的法律环境中去。我相信,这本书中的许多主张和论点都与所有大型、复杂和多样化社会中的一般法律问题和法律实践有关。

随着人们在世界各地旅行、访问或定居在不同的国家,社会变得越来越多样化。法律必须反映日益增长的文化多样性,这是所有现代大国的一个特点。法律还必须反映国家间交流的需要,不仅要促进和平与安全,而且要促进富有成效的经济和文化交流。因此,当代法律需要适应很多压力。国际法正在以新的形式发展,以新的方式被创造,并涉及更广泛的主题。法律越来越多地规制超越国界的个人和公司之间的关系。此外,国家内部的法律变得更加复杂,因为它调节着不同人口和社会群体之间更加复杂的社会经济关系。法律处于不断变化的社会世界之中。因此,法律人和社会科学家面临着以新的方式思考法律的挑战。

这就必然要求法律的理论研究具有社会学取向。它必须深入了解不断变化的社会科学知识。法律社会学已成为社会科学中的一门独立学科。它是将社会科学的理论和实证方法应用到作为一种社会现象的法律之研究中的系统性尝试。但还有另一种探究,它不同于法律社会学,但又与之相关。它可以被称为社会学法学。它回应了对有理论兴趣的法律人（法学家）的一种特殊挑战，这些法律人希望在自己的社会中积极促进法律的良善。在此过程中，法学家有责任服务于几乎所有人都认为对当代法律至关重要的某些价值。

这些价值是什么呢？在本书中，它们是正义、安全和团结。人们很容易将正义和安全理解为价值，但他们从很多方面理解这些价值，而且这些价值本身在实际应用时经常发生冲突。它们之间永远不可能有一个永久的平衡。但法学家的实际任务是将正义和安全的价值转化为可接受的法律。第三个价值是团结，即整合社会的价值。社会学能够而且必须有助于说明团结意味着什么以及如何实现团结。法学家的任务是不断地重新解释、协调和推进这三个价值。这不是哲学上的抽象概念，而是法律人在运用法律解决日常问题时的实际指导。正义和安全是每个人都追求的价值，而团结是使社会凝聚在一起的价值。

社会学法学是法学家理解法律所处的不断变化的世界所需要的智力资源。它依靠社会科学的洞见来找到促进法律终极价值的方法，并根据这些价值来评估国家法如何以及何时能够实现为其设定的目标。法学家（作为忠诚的法律实践者）和法律社会学家（作为法律的社会科学观察者）扮演着不同的角色。但在寻求更好地理解法律方面，他们可以成为强有力的盟友。

本书将社会学法学与法律社会学联系起来，并为社会学法学提供了一个实用的方案。它的论点意在表明法律是一种有价值导向的思想，具有非凡的社会重要性。我希望这本书能帮助法律学者和法律实践者了解他们如何推进这一法律理念，以及社会科学研究如何在这方面给他们提供重要的帮助。

罗杰·科特雷尔
2022年10月

前　言

"社会学法学"(sociological jurisprudence)一词,曾经在法律思想文献中很常见,现在却经常被忽视或误解。它在今天意味着什么呢? 在这里,我试图将这本书中的思想与英语国家法理学的百年传统联系起来。但今天的法律世界与美国法学家罗斯科·庞德(Roscoe Pound)在20世纪初宣布他的"社会学法学"计划时的世界大不相同——作为一种新的法学理论和实践方法,他声称,将积极融入社会科学。21世纪的法律在其教义、制度、社会经济和政治背景方面发生了巨大的变化。法律实践、法哲学和社会科学也是如此。

因此,今天社会学法学的定位肯定与庞德及其追随者所设想的非常不同。然而,这个术语能很好地表明将本书中所有研究统一起来的观点。在此,我将它们汇集在一起并加以整合,希望表明,"社会学法学"是一个对目前至关重要的法律研究方式的有用标签。其中的两个词表明了本书的关联重点:一方面,探讨作为法律知识和实践的**法学**的本质;另一方面,阐明**社会学**在法学领域中必须占据的地位。

围绕这些焦点,本书有两个主要目标。第一个目标是,考察作为法学家理论资源的法理学的性质和任务。我认为,法理学与法哲学不完全相同,事实上,也与法律的社会科学不完全相同。它是一个专门用于帮助法学家完成他们实际的专业任务的理论工具。这些并不是每个法律人或其他从事法律工作的专业人士的任务。法学家是这样一类学者,他们特别关注法律(作为一种以价值为导向的规范结构)理念一般性的理想状态。因此,我认为,法律人或其他从事法律工作的专业人士应该对法律的一般概念有理论上的兴趣,但总是把重点放在他们所服务的特定法律体系中的实际规制问题上。

对法理学性质和目的的清晰认识,取决于对法律工作有一个清晰的概念。这并不是说人们可以对法学家在所有法律体系中所做的工作进行归纳总结,即使是所有当代的西方体系,因为实践中的法律功能是不同的,"法学家"的含义在不同的法律文化中也是不同的。但是,如果对什么是法学家——理想型——的一些明确的工作概念加以阐述,就可以在对法理学的思考方面取得进展。例如,当法学家试图使法律的理念具有实际意义时,这种方法使我们有可能探索价值观应在多大程度上受到法学家的关注,以及以何种方式受到关注。法理学的本质和法学家的角色是本书第一部分的重点。

第二个目标是,表明社会学——在这里我们理解的社会学并不是一个独特的、专业化的学科,而是广义上的任何系统的、持续的,以经验为导向的社会研究——有助于完成法律任务,而且确实必须这样做。社会学观点应成为当代法理学的重要组成部分。如何证明这一要求是正当的呢?它可以部分地基于一个不容置疑的事实,即法律存在的环境正在以非常重要的方式发生变化,法律本身似乎正在以新的形式出现,或者至少正在以惊人的新方式被使用。在法律的环境和形式方面发生的这些变化为法律思想的新智力资源提供了空间。它们破坏了旧的确定性,特别是关于法律权威的结构和法律体系的性质。

例如,民族国家的管辖权在现代已经确定了人们熟悉的、相对稳定的法律体系的边界,当在这些管辖权之外——或至少不限于其内部——产生了新的或新近重要的强大权威的规制形式时,法律还能在多大程度上被认为是不同的**体系**?将法律视为多样性的、交叉的、相互作用的规制网络,而不是独立的体系,这一想法在多大程度上正变得更加现实?

这些发展扰乱了法律权威的既定等级制度。法律权威在多大程度上成为存在于未确定层级的平行或竞争监管机构之间的协商(或相互支持)问题;法学家如何处理法律多元的现象,这需要在处于同一社会空间的多元化的法律制度中创建某种规范性秩序;当法律制度之间的关系不明确,或者当某些法律制度的"法律"性质存在争议,并且没有无可争议的法律权威来结束此类争议时,如何在法律上建立规范秩序。

一旦法律超出了国家管辖的边界,或管辖范围重叠,或范围不明确,或存在争议,许多法律问题就会出现。在这种情况下法学家能假定什么是法律的共识吗?能不能有一个单一的、支配性的法律概念用于讨论法律多元?这样一个概念能否通过在哲学上明确法律的先验**本质**而得到令人满意的发展,从而使特定种类的规则仅仅通过参考这一点就能被判断为合法的或不合法的?或者,是否应该首先对各种实际存在的并向权威机构提出有效要求(即在被规制人口中普遍接受的要求)的监管体制进行实证研究?概括这些经验证据,法学家是否应该假定一种临时的"法律"工作模式,以促进对这些体制的初步法律评估,并作为与它们谈判的基础?

"先验"方法有可能无法认识到规制环境发生变化的过程,以及在法律上——事实上是实验地——参与其中的必要性。"工作模式"方法为现实。它可以支持对广泛的社会法律变化保持持续的法律敏感性,以及支持关于当代规制环境的社会学观点。在这一观点上,概念性探究仍然仍然非常重要,但主要是为了促进实证理解、明智的法律评价和法律策略。

本书第二部分的所有章节都表明法理学需要新的资源。它必须充分考虑到制度、权威和多元性问题产生的社会和政治背景,以便有效地处理法律的跨国和国际层面的发展,以及认识到国家内部的法律思维方式正变得多样化。法律的权威长期以来一直寄生于国家的政治权威中,并由民主程序合法化。但这可能还不够。有必要更仔细地考虑权威是如何产生的以及它可以采取的各种形式。社会学研究表明,权威是在社会互动模式中产生的,这种模式不一定由国家规制或监督,而且往往是国家官员和法学家所不知道、忽视或误解的。

许多法律工作都涉及法律所服务的**价值**,人们可能会认为社会科学在这一方面对法学家没有什么帮助。社会学关注的是"是"而不是"应该",关注的是理解事实,而不是应用价值。但我认为,从社会学的角度可以很好地阐明价值在法律和社会中的作用。这是第三部分各章节的重点。社会学探究不能解决价值问题,但它可以很好地解释这些问题是如何产生的,它们采取的形式,以及为什么某些问题在特定的时间和地点对法律变得重要并因此在法律思想中变得突出。

在本书中,某些价值观被认为对法律的法学思想特别重要:以各种方式得到普遍理解的正义和安全的价值,以及团结是法律必须服务的价值,如果法律旨在整合社会生活和限制冲突的话。如果要努力促进法律规制中的这些(或其他)价值,社会学资源可能非常有助于展示这些努力在多大程度上以及在什么条件下能够成功。本书中,我主要引用涂尔干的社会学传统来支持这一主张。当然,也可以利用其他社会学资源,但我试图在第三部分表明涂尔干的思想尤其具有启发性。它们很好地说明了以社会学为导向的法理学的一些分析资源。

本书各章在某种程度上可以作为独立的文章来解决一组相关问题

的不同方面。它们表明了法理学面临的挑战,并说明了适用于这一领域的社会学方法。它们的目的并不是暗示法理学的所有问题都是社会学的,而是主张社会学的观点必须是法学家观点的一部分。这当然不是说法理学必须依赖任何社会科学学科(或者,事实上,任何其他学科)。它对法律的忠诚仅仅是一种将具体价值体现在规制实践中的理念。法学家的任务就是对这一理念进行阐述和辩护。这就需要认识到法律有责任反映公众对正义和安全的愿望,以及法律(作为对重要共同体网络及其保护下互动的个人进行规制的一般资源)的整合任务。

尽管本书提倡社会学的观点,但我并不打算从实证的角度全面地解释法律的社会特征。法理学的作用是促进法律作为一种理念的良善,而不是把法律作为一种实践来科学地观察。但是,在以这种方式促进法律时,法学家必须充分利用法律(作为一个实践和经验的领域,以及作为社会环境中的一种社会现象)的系统的、实证的研究。如果社会学家要把法律理解为指导实践的思想,他们就需要法律知识;但是,如果法学家要在法律的各个方面发挥他们的作用,他们就需要社会学的洞察力。

不同的章节包含了在其他地方出版的经过大量修改的材料。非常感谢允许我改编以下期刊和书籍的内容:*Ratio Juris*(Wiley)vol 26 (2013) 510-22 (Chapter 3); *Jurisprudence* (Taylor & Francis) vol 5 (2014) 41-55 (Chapter 4); S. Taekema, B. van Klink and W. de Been eds, *Facts and Norms in Law* (Edward Elgar, 2016) 242-62 (Chapter 5); N. Roughan and A. Halpin eds, *In Pursuit of Pluralist Jurisprudence* (Cambridge University Press, 2017) 20-39 (Chapter 6); S. Donlan and L. H. Urscheler eds, *Concepts of Law* (Routledge, 2014) 193-208

(Chapter 7); *Law & Social Inquiry* (Wiley) vol 37 (2012) 500-24 (Chapter 8); R. Cotterrell and M. Del Mar eds, *Authority in Transnational Legal Theory* (Edward Elgar, 2016) 253-79 (Chapter 9); V. Mitsilegas, P. Alldridge and L. Cheliotis eds, *Globalisation, Criminal Law and Criminal Justice* (Hart, 2015) 7-23 (Chapter 10); *International Journal of Law in Context* (Cambridge University Press) vol 4 (2009) 373-84 (Chapter 11); *Social & Legal Studies* (Sage) vol 20 (2011) 3-20 (Chapter 12); K. Dahlstrand ed, *Festskrift till Karsten Åström* (Juristförlaget i Lund, 2016) 111-29 (Chapter 14).

在许多以各种方式对我撰写本书提供帮助的人当中,我要特别感谢的是:礼萨·巴纳卡(Reza Banakar)、马克西米利安·德尔·马(Maksymilian Del Mar)、迈克尔·弗里曼(Michael Freeman)、维尔纳·格法特(Werner Gephart)、罗斯玛丽·亨特(Rosemary Hunter)、瓦尔萨米斯·米西莱加斯(Valsamis Mitsilegas)、大卫·内尔肯(David Nelken)、理查德·诺布尔斯(Richard Nobles)、斯坦利·保尔森(Stanley L. Paulson)、尼基·普里奥克斯(Nicky Priaulx)、大卫·希夫(David Schiff)、菲尔·托马斯(Phil Thomas)、肯尼斯·维奇(Kenneth Veitch)、马修·韦特(Matthew Weait)和毛罗·赞博尼(Mauro Zamboni)。最后,我要一如既往地把爱和感谢送给安·科特雷尔(Ann Cotterrell),是她一直给予我支持和鼓励,支撑我完成所有的工作。

目 录

第一章 导论:找回社会学法学 …………………… 1
　跨越一个世纪的考察 …………………………… 1
　法律研究中的社会学 …………………………… 4
　法理学衰落,理论繁荣? ………………………… 7
　回顾早期的社会学法学 ………………………… 10
　道德差距是一个法律问题 ……………………… 14
　法律价值与社会学法学 ………………………… 16

第一部分
法学的观点

第二章 法律专业知识的性质 …………………… 23
　二分法 …………………………………………… 23
　公共和私人的专业知识面向 …………………… 24
　法律是技艺,也是科学 ………………………… 28
　专业知识的捍卫和困境 ………………………… 34
　法律价值和法律专业知识 ……………………… 38

第三章　法学家的角色 …… 44
　　谁守护着法律的理念？ …… 44
　　法学观点：拉德布鲁赫与德沃金 …… 47
　　法律的风格：拉德布鲁赫及其批评者 …… 50
　　法学的核心：法律的可变几何形状 …… 53
　　文化背景下的法律理念 …… 56
　　法学家的责任 …… 60

第四章　为什么法理学不是法哲学？ …… 63
　　捍卫法理学 …… 63
　　拼凑法理学及其敌人 …… 65
　　当代法律实证主义 …… 69
　　为什么法哲学不是法理学 …… 74
　　法理学与法学家 …… 79

第五章　法律实践中的社会学 …… 83
　　两个知识世界 …… 83
　　社会科学在法庭中的应用 …… 85
　　厚的伦理概念和事实—价值的分野 …… 89
　　社会学法学与法律社会学 …… 93
　　为什么法学家需要法律社会学 …… 99

第二部分
法律思想的跨国挑战

第六章　为什么法律人需要法律多元理论……………… 107
　　跨国主义的影响……………………………………… 107
　　多元主义视野………………………………………… 108
　　法律人如何处理法律多元化………………………… 111
　　在法律多元中，权威应如何被理解？……………… 115
　　法律多元中的法律概念……………………………… 120
　　作为制度化教义的法律模式………………………… 123
　　结论…………………………………………………… 125

第七章　全球法律多元下法律的概念…………………… 127
　　关于法律概念化的争论……………………………… 128
　　法律概念的某些目的………………………………… 131
　　全球法律多元中的"法律"…………………………… 134
　　哈特与体育竞赛规则………………………………… 136
　　法律概念的语境……………………………………… 140
　　政治、共同体、教义、实践………………………… 143

第八章　跨国法的性质…………………………………… 146
　　跨国规制的范围……………………………………… 146
　　模式和地图的价值…………………………………… 149

跨国规制中的私人和公共部门……………………………… 151
　　在治理机制工具箱中的法律………………………………… 154
　　互联网标准制定：自下而上的规制………………………… 157
　　法律和跨国共同体网络……………………………………… 159
　　阐述跨国法教义学…………………………………………… 163
　　作为法律创造者的专家和非专家…………………………… 166
　　跨国法中的强制和效力……………………………………… 169
　　结论…………………………………………………………… 171

第九章　跨国法律权威………………………………………… 173
　　跨国问题……………………………………………………… 174
　　法学方法的一些局限性……………………………………… 177
　　韦伯谈论权威与合法性……………………………………… 181
　　国家作为立法者的实际权威………………………………… 187
　　政治权威和共同体合法性…………………………………… 190
　　应对法律多元………………………………………………… 194

第十章　跨国的犯罪概念……………………………………… 198
　　政治、文化、犯罪……………………………………………… 198
　　国家与犯罪：社会理论视角………………………………… 201
　　犯罪的概念和国际刑法……………………………………… 206
　　在共同体网络中定位犯罪的概念…………………………… 211
　　犯罪概念的相对性…………………………………………… 217

第三部分
社会学视角下的法律价值

第十一章 作为法律问题的文化 ································ 223
一个多元文化背景 ·· 223
社会的法律形象 ·· 224
法学理论与社会的分化 ·· 228
作为沟通的法律 ·· 235
结论 ·· 239

第十二章 社会学能阐明法律价值吗？ ···························· 241
一个范本 ·· 241
涂尔干关于正义与道德个人主义的论述 ···························· 244
人类尊严的社会学 ·· 249
惩罚与酷刑 ·· 253
性与头巾 ·· 258
结论 ·· 263

第十三章 人权与尊严：涂尔干的观点 ···························· 265
利己主义与个人主义 ·· 265
道德个人主义的社会功能 ······································ 268
道德个人主义的普遍化 ·· 272
历史上的神圣人物 ·· 275

涂尔干的遗产及其局限性⋯⋯⋯⋯⋯⋯⋯⋯⋯⋯⋯⋯⋯ 282

第十四章　法律工具主义与普遍的价值⋯⋯⋯⋯⋯⋯⋯ 287
　　应该有法律！⋯⋯⋯⋯⋯⋯⋯⋯⋯⋯⋯⋯⋯⋯⋯⋯⋯ 287
　　法律的两种社会视野⋯⋯⋯⋯⋯⋯⋯⋯⋯⋯⋯⋯⋯⋯ 288
　　工具主义与表现主义⋯⋯⋯⋯⋯⋯⋯⋯⋯⋯⋯⋯⋯⋯ 290
　　工具主义如何在法律的运用中取胜⋯⋯⋯⋯⋯⋯⋯⋯ 293
　　法律的表现性运用是如何存在的⋯⋯⋯⋯⋯⋯⋯⋯⋯ 296
　　工具主义和表现主义的相互依赖⋯⋯⋯⋯⋯⋯⋯⋯⋯ 299
　　各种病理学：法律民粹主义和法律惰性⋯⋯⋯⋯⋯⋯ 302
　　不稳定的工具主义⋯⋯⋯⋯⋯⋯⋯⋯⋯⋯⋯⋯⋯⋯⋯ 305

第十五章　结论：社会学法学的视野⋯⋯⋯⋯⋯⋯⋯⋯ 307
　　处于事件的中心⋯⋯⋯⋯⋯⋯⋯⋯⋯⋯⋯⋯⋯⋯⋯⋯ 307
　　作为法律中心的团结⋯⋯⋯⋯⋯⋯⋯⋯⋯⋯⋯⋯⋯⋯ 310
　　作为框架和模式的概念⋯⋯⋯⋯⋯⋯⋯⋯⋯⋯⋯⋯⋯ 313
　　社会的法律意义⋯⋯⋯⋯⋯⋯⋯⋯⋯⋯⋯⋯⋯⋯⋯⋯ 316
　　前进中的法理学⋯⋯⋯⋯⋯⋯⋯⋯⋯⋯⋯⋯⋯⋯⋯⋯ 319

参考文献⋯⋯⋯⋯⋯⋯⋯⋯⋯⋯⋯⋯⋯⋯⋯⋯⋯⋯⋯⋯ 324
译后记⋯⋯⋯⋯⋯⋯⋯⋯⋯⋯⋯⋯⋯⋯⋯⋯⋯⋯⋯⋯⋯ 364

第一章 导论:找回社会学法学

跨越一个世纪的考察

一个世纪之前,在西方法学界最为前沿的论坛上,人们认为不言而喻的是,法理学——关于法律性质的法学观点,将要且必须借鉴当时新出现的社会学以及发展中的一般社会科学。在法律与社会快速变迁的时期,除了那些希望以某种方式阻止历史前进的人之外,法学界需要从社会生活的新科学中获取资源,这一点几乎是不容置疑的。通过这种方式,法律思想能够向社会理论学习,重新塑造自身,以迎接法律在复杂的、多样性的和工业化的西方社会中所面对的现代挑战。

然而,在21世纪初,社会科学已经失去了大部分在其开拓时期作为一种理解社会生活新资源时的诱人光彩。经济学,而不是社会学,逐渐确立了其在影响政策分析的各门社会科学中的最重要的地位。它似乎提供了客观的技术知识以影响现代资本主义社会的管理、愈益复杂的金融体系以及最终在全球体系(这个体系似乎有它自己的动力机制,被称为全球化的过程)中的互动。但即使是经济学——从政策制定者的视角,尽管注重"效率"很有吸引力——目前在很多方面已声望大跌,它似乎不能预测影响广泛的经济危机并提供清晰的解决办法或防止其再次出现。

社会学曾经被视为社会科学的主宰,包容所有其他的社会科学,因为它研究**总体**的社会关系**或作为整体**的"社会",而不是社会的具体方面(如经济或政治),或具体的社会行动类型(如经济计算)。但社会学逐渐放弃了早期的雄心壮志,即发展坚定的以经验为导向的、扎根历史的社会理论,用以勾勒社会变迁的大致轮廓、使社会得以存在的秩序与整合的基本框架,以及不断变化的社会关系模式与结构。相反,社会学在很大程度上已经成为碎片化的知识学科,分化为不同的专业领域(如种族、性别、阶级、性取向、工作、教育、组织、政治、宗教、越轨、家庭生活、流行文化等的社会学)。而且,社会理论领域经常被哲学思考所取代。①

但是,因为法理学一直被视为致力于给予法学家关于一般法律(至少,法律在法学家为之服务的法律体系中被理解)的总体视角的理论知识,所以宏大的经验取向的社会理论,及其针对总体社会存在的视角(而不是它的任何特殊领域),一直被认为是社会学对法理学最有用的贡献。社会理论关于社会生活的视角的总体性,能够反映和预示法学家所经历的全部法律生活的法理学视角的总体性。从这个角度来说,法理学应当能够借鉴经验取向的社会理论,把它关于法律的认识置于更大的社会历史视角之中,正如它应当借鉴哲学的不同分支,以将法律认识置于更为广泛的智识的、政治的和伦理的背景之中。

与这些观点相一致,法理学在一个世纪之前向社会学寻求视角。由此,罗斯科·庞德(Roscoe Pound)的社会学法学的早期观点受到"社会控制"广泛观念的显著影响(Pound 1942),尤其是美国社会学

---

① See e. g. Elliott and Turner eds 2001. 其中许多章节都是关于理论家的工作,而这些理论家通常被描述为哲学家。

先驱爱德华·罗斯(Edward Ross)所阐述的社会控制理论的影响(Ross 1901;Hunt 1978:19-20)。罗斯分析了社会控制的类型(如公共舆论、习俗、教育、个人信仰、道德情感),他认为社会控制在现代社会中能够确保社会生活的整合。他还认为法律是特别重要的社会控制方式——社会控制中"最专业和高度完善的机器"(Ross 1901:106)。[1] 因此,对于寻求在更大的知识领域中定位法律的法学家而言,社会学似乎可以将法学研究牢固地与更广泛的社会探究领域联系起来;它能够将法律确证为社会分析的重要主题。作为揭示当代社会性质的新型社会研究的典范,社会学能够帮助法学与现代生活的其他前沿科学并驾齐驱。只要法学在一定程度上敏于社会科学的最新发展,它就有可能获得社会科学的支持。

今天,社会学对于法学而言仍然能够发挥这种整合功能,但只有在我们认识到这一背景已经发生了巨大变化的情况下。社会学给予法律的现有资源完全不同于第一次世界大战之前的十年,当时社会学法学的观点刚被引入英语世界,并在欧洲大陆展开探讨。[2] 而且,现在人们对法理学的性质——其范围、任务、与其他知识领域的关系——的理解也截然不同。在经过一个世纪的法律理论转型和对其所能利用的资源进行重新评估之后,法理学的概念——法学家关于法律性质的理论理解——需要进一步明确。

---

[1] 关于罗斯的"社会控制"概念的复杂性,庞德对其借用没有反映出任何一种,参见 Ross 1991:235-40。"社会控制"成为社会学中一个经久不衰的概念,尽管解释不尽相同,其在法律社会学中也被广泛援引。See especially Black 1976;1998。

[2] 参见 Pound 1907。在第一次世界大战之前,德国、奥地利和法国最有影响力的"自由法"学派的理论强烈地指出了在法律实践和司法决策中使用社会学资源的需要;一般参见 Wigmore et al eds 1917。

法律研究中的社会学

社会学法学曾经是且依然是**法学家**向社会科学寻求帮助的研究领域，他们借助社会科学分析法律学说和制度，并改善法律实践。但是，对法律感兴趣的社会科学家肯定不满足于以服务法学为目的。社会学家们已将法律作为其学科领域的研究主题。法律社会学这一特殊的科学领域是在20世纪发展起来的，最初主要是思辨性的、理论性的考察。这一考察建立在一些思想家的观点之上，如卡尔·马克思、埃米尔·涂尔干、马克斯·韦伯和斐迪南·滕尼斯，随后如乔治·古尔维奇、塔尔科特·帕森斯、特奥多尔·盖格尔和尼克拉斯·卢曼。然而，从20世纪中期开始，在美国、欧洲和其他地方，关于法律体系运作的细致的实证研究开始发展起来，尤其是关于法院的运作、各种律师实践、管理与实施机构的工作、法律创建的过程与法律的公民体验等方面的研究。这种研究——现在经常被称为"法律与社会"研究或社会法律研究，迅速地从所有社会科学中汲取资源并发展起来，在英语国家尤为繁荣。法律成为经验社会科学研究的主要焦点，但是这一迅速发展的研究领域很少与法理学相联系。

随着法律社会学愈益从一般社会科学中汲取资源，对于大多数研究目的而言，是否将法律社会学与明显跨学科的"法律与社会"或者社会法律研究相区别，似乎并不重要了。所以，作为法律研究资源的"社会学"，目前在实践中经常被看作社会学的"跨学科"形式。换句话说，它是理论、方法和研究传统的概要,虽然这肯定主要归因于社会学作为一门学科的传统,但它并不受社会学或任何其他学科的规约、重点和专业前景的约束。相反,"社会学"在这一背景中可能指寻求系统且经验地探究社会世界某些方面(如法律的方面)的任何研究,着重于识别**社会差异**(Cotterrell and Selznick 2004:296),即区别不同社会环境的特征,以及社会差异的影响与原因。在本书的语境中,正是这样来理解社会学的。

当大多数关于法律的社会学研究在这个意义上探讨了可观察的社会行动(如律师、警察、管理者、立法者、诉讼当事人的实践,或公民寻求非正式解决纠纷或获得赔偿的实践)时,就没有理由认为不能从社会学角度研究**法律思想**。事实上,如果社会学探究能够现实地描绘作为实践与经验的法律,也应该能够这样研究法律思想。例如,可以考察法律观点为什么和如何在特定的时间和地点出现,为什么一些问题在法律上具有重要意义但其他问题却并非如此,为什么法律学说沿着一定的方向而不是其他方向发展,为什么法律思想有时好像反映社会变迁有时又好像抵制社会变迁。社会学能够以这些方式阐明特定社会历史背景中法律思想的演进,并提供理解法律问题的深入见解。

我们能够且应该有关于法律思想的社会学,甚至可以说法律社会学如果没有它是不完整的。如果社会学家能够考虑到法律上的理解,并把法律作为指导实践和经验的规范理念加以运用的话,他们需要研究作为教义(规则、原则、概念、价值)的法律和作为官员或公民行动焦点的法律。

然而,至关重要的是,法律思想的科学社会学本身并不是社会学法学。虽然实践中二者可能会在方法和结果上有很大重叠,但二者本质上是不同的领域。法律思想的社会学必须证明自己是一个无关利益的、解释性的社会科学研究,尽管这种研究可能经常产出具有重大法律利益的知识。法律学者确实为法律社会学的发展做出了贡献,他们成了以探究为目的的社会科学家。而且有时他们这么做的目的是产出可能在法律上有用的关于法律的社会性质的科学知识。[①] 但是,社会学法学作为一个学术领域,不能致力于成为一门无关利益的社会科学。它必然总是实际服务于法学家。今天,就像一个世纪以前一样,社会学法学本身不应被理解为一门科学,而应被理解为从事法学研究的一种方式,一种理智地指导法律实践、有助于完成实际法律任务的方式。

从这个视角来看,社会学,像哲学、历史学或者任何其他知识领域一样,仅仅是法学家——如挑挑拣拣的喜鹊一般——在使法律运作的实际任务中汲取灵感和启发的资源。从这个角度来看,法理学不是一个学术学科,而是一种拼合物——一种关于法律的零碎见解的集合,这些见解最终可能对法律实践具有潜在价值,使其进入一个更广阔的视域。

这种法理学观点将在第四章展开。然而,对它的全面辩护依赖于对它所假定的法学家特定角色的理解与捍卫,第三章致力于探究这一角色。在此之前,必须进行一项更为基础的考察:了解法学家能够且应当主张的特殊专业知识,及其在多大程度上被理解为每个法律人都必须拥有的(复杂的且可能是排他的)专业知识。所以,第二章考察了法律人的专业知识的性质,这一探讨为随后关于法学家角色的两个章节的讨论作了铺垫。这里讨论的是作为理想型的法学家

[①] 法社会学的奠基人之一、奥地利法学家欧根·埃利希(Eugen Ehrlich)的著作就是一个经典例子,他的"具有开创性的社会学"(Ehrlich, 1936)的目的之一是产出社会知识,为国家法律的运行提供信息,特别适用于州法院。但是,作为社会学,它开始解释社会生活的法律架构,发现它们在不同形式的社会交往中与国家法律有不同的关系。

角色,而不试图对所有时代和文化中的法学家作出概括。第五章将回到社会学研究能够且应该在法律实践中占据何种位置的讨论。

在本章的其余部分,并作为进一步讨论的前奏,还需要回答两个问题。第一,本书中较早介绍和较晚阐述的法理学性质的一般概念,如何与目前法律理论研究的主流观点相一致?换句话说,至少在当代英语世界中,法理学的立场如何?第二,关于现今法理学和社会学之间建立新联系的可能性,我们可以从发展社会学法学的既往经验中学到什么?这一历史经验有什么值得回溯(或可能重新解释),过去哪些错误需要避免(或可能根据现今法理学和社会科学的变化而重新评估)?

法理学衰落,理论繁荣?

"嘲讽的是,法理学作为正式的研究对象似乎从法学院的视线中消失了,但与此同时,理论对法律学者来说却越来越重要"(Leith and Morison 2005:147)。最近出现在英国背景下的这一观点包含两个论断,都有争议,但都是基本正确的。

否定的论断是,对未来的法律人而言,法理学作为一个讲授科目已经迷失了它的道路。它的目的变得不清晰,由此,其在法律教育中的地位变得不确定。事实上,这种不确定性可能一直存在。将法理学概括地、相当模糊地理解为"法律人的外向性"(Stone 1968:16)——亦即,一种理论视角,既肯定法律技艺的统一性,同时将其与更大的知识体系和更广泛的文化联系起来——可能是有意义的;在特定的情形中,它可能有助于提高法律人的法律思想和实践在专业和政治方面的地位（Cotterrell 2003：11-13）。但是，法理学也许已经变得不那么适合这些专业和政治的用途——不论它们在过去如何重要——它在20世纪后半叶的英美法系中已变为一种自觉专业化的法哲学。如此，它将自己作为哲学的一个分支，从哲学的学术领域，而不是从任何假定的与法律人的职业经验与思想的直接实际关联中寻求合法性。第四章分析了法理学向哲学分支领域的转变，并认为，尽管从哲学的信誉和地位的角度看，这种发展的好处可能是不可否认的，但对**作为法学家资源**的法理学所带来的后果却远没有那么有益。

如果法哲学本质上是从哲学学科而不是从法律人法学研究的要求中寻求知识合法性，那么，它在法学院的地位可能并不牢靠。当法学院课程体系中的法理学与学院派哲学紧密联系时（法律仅是哲学研究的众多主题之一），法理学与法学研究的相关性已变得不确定。只要法哲学在选择研究主题时是基于哲学的兴趣，而不是基于这些主题在法律实践中的法学重要性，它的知识取向就极易与法学家或律师的专业取向相去甚远——一些著名的法哲学家已明确承认（甚至是欢迎）这种状况。①

本书后续章节中发展起来的论点当然不是表明当代法哲学对于法理学而言并不重要；而只是认为这些知识领域不应该被混淆。法理学太重要了，不能因为其目的已不再被理解而任其凋零。法理学的衰落可能很容易被视为一个未被承认的标志，表明人们对法律工作本身的独特责任——智力的、伦理的和政治的责任——失去了清晰的、明确的认识。法理学在法律人的教育中，除了其他作用外，还应该是一种提

---

① 参见第四章第65—66页。

示,即法律实践技艺的训练不仅是规则的阐释、操作和组织中的技术效率问题(尽管技术能力很重要)。

它应该是一种方法,借以确认:(1)对所有法律人来说,法律最终应该被理解为包含价值选择(尤指以法律规则的形式表达的),且他们必须为此承担责任;(2)那些愿意承担法学家角色和责任的法律专业人士需要培养和不断反思综合的、以价值为导向的**法律理念**(这种理念是复杂的、动态的、变化的)。

本书接下来的大部分内容——尤其是第一部分的章节——都是为了阐述这个目前经常被忽视的法律意识的概念。因此,法学家——对他们来说,法理学是一种必要的理论资源——当然不局限于那些将法理学作为一门独特的法学院课程来讲授的学术专家。事实上,由于讲授的法理学在某种程度上已经转变为专业化的法哲学,法学家不一定,当然也不总是在自我认同的法理学专家中找到。他们还包括各种具有理论敏感性、寻求拓宽自身法律知识实践视野的忠诚的法律人。如今有许多这样的法律人。因此,正如前文所述,"理论对法律学术越来越重要",对执业律师、法官和其他有着同样法学观点的从事法律工作的专业人士也越来越重要。

然而,法学理论(juristic theory)只是一种法律理论(legal theory),而且如前所述,它是一种拼凑的知识,为法律目的而包装成有用的见解纲要。理论可以是其他种类的。它也可以是为科学或哲学探究的目的所构建、定位和合法化不同学科或知识领域的理论。因此,法律理论在法哲学语境中的含义与在法理学语境中的含义是不同的。在一种表述中,它可能意味着"对法律价值的澄清和对其终极哲学基础的假定"[①]。

---

① Gustav Radbruch, quoted in Friedmann 1967:4.

同样地，法律理论在法律社会学中又有不同的作用；它是一种科学理论——以经验为导向，将法律作为一种社会现象的解释性理论——恰当地满足无关利益的社会科学探究的需要。

所有这些学术上发展起来的理论有时对法律目的是有用的，但不应混淆它们的性质和发展的原因。事实是，它们经常被混淆，由此导致了许多毫无结果的争论，即关于什么是"真正的"法律理论，或者什么可以被正确地列入法律理论研究的"万神殿"。

一方面，法律理论包括法学、哲学和社会科学的诸多"大厦"；另一方面，这些不同的理论努力并非不可避免地彼此孤立存在。只要理论在不同领域被创造出来的目的得到认可和尊重，就没有理由认为，在不同学科和实践中发展起来的法律理论不能用于关于法律的共同讨论。

回顾早期的社会学法学

一个世纪以前，作为一个知识领域，法理学——即法学理论——的知识形态与今天截然不同。在法理学作为哲学学科的一个分支而走向现代专业化之前，它是一个相对开放的知识领域，在这个领域中人们可以收集和比较法学家关于法律性质和功能的思考，而很少想到有任何必要将这些思考组织成一个严格定义的学科，由共同的目标、公认的方法和严格遵守的哲学准则所统一。一个人没有必要受过哲学家的训练，才能对法理学作出贡献。他只要成为一名对作为法律实践和社会经验中心的法律有一些有趣的见解的法学家就行了。事实上，一个人即使不是哲学家，也可以对法律进行"哲学思考"，对许多法学家来说，他们对法律的一般思考仅仅是对其阐述法律理论或推动法律改革的实践活动的一种补充。

因此,"法理学"(jurisprudence)和"法哲学"(legal philosophy)这两个术语可以很容易地互换使用,以表示潜在无限的关于法律思考的主题和方法,以及将政治理论、社会理论、道德哲学、民族学、政治经济学、历史或其他可能被认为与法律的实际运作有关的知识领域的任何研究纳入法理学的范畴(e.g. Berolzheimer 1912)。但这种方法招致了许多危险,即浅薄和肤浅。自20世纪中期开始,受英国分析哲学的影响,一些强烈意识到这些危险的学者们广泛欢迎英语世界法理学的哲学专业化(和狭隘化)。它的一些支持者最初认为,通过建立在统一的、复杂的法律理论和系统的、明确的法律分析方法基础上的可证明的学科完整性,法理学的哲学专业化可以帮助法律研究在大学环境中获得充分的学术声望。

然而,从另一个角度来看,法理学的哲学专业化往往可以被认为是一种贫困化。在这一现代专业化之前,伴随着大量杂乱无章、衍生性、无方向性的拼合法理学文献的产生,一些具有伟大而广泛的法学视野、洞察力和想象力的著作也随之产生。[①] "专业化之前"的法理学的开放性至少允许法学思想自由地与许多知识领域接触:其结果是容易产生诸如历史法学、民族法学、心理学法学和社会学法学等混合学科。就一切情况而论,它们的潜力都大于它们的成就,然而它们最伟大的学术成果被恰当地视为法学经典。[②]

[①] 即使在当代实证主义法哲学出现之后,这种情况在某种程度上仍在继续。例如,弗里德曼1967年的文献是一个内容广泛、一贯深思熟虑的调查文本,仍然可以参考利用。

[②] 这些学术成果中的一个小的指导性的样本可能包括 Gierke 1950、Jhering 1913、Petrazycki 1955、Duguit 1921 和 Gurvitch 1932。

在法理学现代哲学专业化之前,社会学法学的发展有哪些值得借鉴的地方?它确立了哪些具有持久价值的见解?是什么阻碍了它更全面地参与现代法律社会研究?最后一个问题将在第五章中详细讨论,作为考虑当今社会学如何用于法律目的的前奏。在这里,我们有必要更多地关注其他问题——特别是因为近来很少有人试图捍卫社会学法学的早期作品,其中最为著名和最有影响力的是罗斯科·庞德的作品。

庞德的声誉之所以受损,主要是因为他的社会学法学被更加激进的智力领域(首先是法律现实主义,其次是法律社会学)所取代,这表明它是保守的和智识上折中的,尽管最初人们有理由认为它是大胆和创新的(Wigdor 1974;Hull 1997;Hunt 1978)。[①]法律现实主义以其对司法程序的超然、非浪漫化的观点,以及倾向于强调法官过于人性化的局限性,被庞德所拒绝,因为它挑战了他对普通法法官能够捍卫法律美德和价值的终极信念。社会学法学最初求助于社会学对社会状况的洞察,以揭示法院司法审判以及立法机构和法院似乎都在推行的社会政策的不足,但最终庞德认为司法智慧和司法功能是英美法不可替代的核心。因此,庞德所提倡的社会学法学,旨在服务和改善司法程序,而不是破坏对其正确性的基本信念。[②]

庞德认为发展法律社会学所带来的威胁较少,他最常也最认可的是将法律社会学与欧根·埃利希对社会规范的开创性实证研究(用埃利希的术语来说就是"活法")联系在一起。对于埃利希来说,如果国

[①] 庞德的著作在普及法律的规范性推理和过程不应被认为是知识自足,而必须由经验性的社会理解来提供信息这一理念方面极具影响力。关于最近对庞德和这方面的早期社会学法学在不同背景下的重新评价,参见 Knepper 2016,Brock 2011,Astorino 1996。另参见 Simon 2008(呼吁更新社会学法学);Fischman 2013(连接规范性法律分析和经验社会研究的重要性)。

[②] 缇德马什(Tidmarsh 2006:522)指出,庞德"始终认为独立的司法机构应该是将社会科学原则转化为行动的主要机构"。

家法想要有效地发挥作用,法院和立法机构就必须考虑这些规范(Ehrlich 1936;1917:77-81)。但是,法律社会学发展的影响最终绕过了法学——使社会学法学显得无关紧要——因为法律社会学家正确地看到,立法者,而不是法院或法学家,将是现代法律变革中最有力的推动者,而如果法律社会学能够在实证研究的基础上指导和批判立法和行政行为,而不是像庞德的社会学法学那样专注于法官对法律学说的解释,那么它将具有最大的相关性和影响力。

在当时的背景下,庞德的社会学法学的主要局限在于它几乎只关注法院,尽管在他的早期著作中,他呼吁立法机构纠正法院的错误,并帮助法律适应新兴的社会经济条件。相比之下,现代法律社会学、社会法律研究和"法律与社会"研究已经发展出更为广泛的法律视野,它们当然不是忽视法院的工作,而是看到法律存在于法庭之外的许多其他环境中。事实上,现代实证社会法律研究的主要贡献之一就是表明,许多法律经验和法律运作完全发生在法院的管辖范围之外。然而,社会学法学的早期历史表明,它与司法决策问题有着非常密切的联系。

庞德的作品让人对法官的能力充满信心,只要对他们进行适当的引导,时而加以纠正,他们就能根据社会的需要来发展法律(这些需要也许可以用社会学的资源来澄清)。但是,这不仅仅是英美普通法的观点。20世纪早期欧洲大陆的类似发展也显示出相似的方向。德国、奥地利和法国的"自由法律发现"(freie Rechtsfindung or libre recherche scientifique)的理论家(Wigmore et al eds 1917)认为,当法律在立法或法典规定中存在空白时,法官应该创造性地、负责任地填补这些空白,在法律规定的框架内平衡利害攸关的利益,而社会学将是法官在这方面可用的重要资源之一。① 法官不应在没有仔细考虑其社会影响的情况下"机械地"适用法律规定。在这方面,欧洲大陆法学家的"自由法"论点与庞德(1908)对一些美国普通法法官短视的"机械法理学"的批评基本相同。

道德差距是一个法律问题

尽管在当时,将社会学法学与司法功能相结合可能是一种局限(过分相信法官,而对法庭外的现代法律创造却重视不足),但今天人们可能不会以完全相同的方式看待这一问题。对立法作为一种变革工具的信心普遍丧失,对政府规制权力的局限性的认识,以及对行政程序和官僚机构②的不信任的起起落落,这一切都重新激发了学术界的兴趣,讨论法院(或组织不那么正式的法庭)在多大程度上可能是国家政治规制程序与不同社会和文化群体表达或未表达的利益和愿望之间的某种中介。③

法院在承担任何此类中介角色方面肯定有许多固有的不足之处。

---

① 在美国以外的普通法语境中,澳大利亚法学家朱利叶斯·斯通(Julius Stone)的作品效仿庞德的做法,"建议法院应该识别法律纠纷背后的社会利益或要求……在两者之间找到适当的平衡……(这样法官就会)避免依赖于虚幻参照的类别……以及……明确有力地表达……他们做出决定的真正原因"(Aroney 2008: 132)。

② 关于一些观点,参见 Rottleuthner 1989, Teubner 1992, Yeager 1993, Delgado 和 Stefanc 1994, Banakar 2016: 55-8,注意(第57页),"许多公共政策制定者和立法机构都曾设想或希望'法律不是社会工程的有效工具',这一观点被法律社会学中的各种方法所普遍认同"。

③ 例如,Collins 1986 和 Redlich 1988(法院作为民主的代理人),Galanter 1983(法院的分散社会影响),Mirchandani 2008("解决问题"型法院的社会角色),Dumas 2018(立法机构和法院可以代表相同的公众,但以不同的方式)。

但是,确定有一些地方,在那里,国家法规和日常社会经验直接地、相互尊重地接触,这种想法并非不重要。社会学法学家感到,规制者的观念和抱负与被规制者的经验和期望之间需要有某种持续的、定期的**沟通过程**。随着当代社会变得更加复杂和多样,以及跨国的压力影响了许多国家的规制政策,这些政策似乎不顾民众的意愿,国家政策制定者和规制者与他们声称要规制的民众之间的道德差距问题(沟通失败、信息不足、规制傲慢和频繁普遍的疏离感等多方面的问题)(Cotterrell 1995:302-6)似乎变得更加严重。

社会学法学在含蓄地承认道德差距问题的各个方面时,假设有功能良好的法院,加上有能力、有社会意识的法官——正如埃利希(1917:74-5)所扩展的那样,"国家的知识和社会之花"——可能是答案的一部分。但是,庞德的案例从未真正检验过这一假设,也不考虑美国法律现实主义者为此所做的努力(Pound 1931)。因此,社会学法学对道德差距问题的回答仍然是不完善的,并最终依赖于未经检验的信仰。

尽管有这些限制,早期社会学法学持续的重要性在于,它将国家规制的雄心与民众的愿望和经验联系起来的问题视为**法律**责任的中心(也许是其中最重要的部分)。相比之下,法律社会学往往只把这些问题看作有关国家法规有效制定和实施的**政治**问题,而社会科学可能对此提供建议。因此,社会学法学的基本教训是,需要使法律法规对社会有所回应,适当地了解社会状况,并知道民众的情绪和经历,这是法学家必要和基本的关注点,而不仅仅是政治家、立法者和行政人员的关注点。

因此,需要获得可靠的经验社会知识和洞察力来解决道德差距问题,这就指出了社会学在各级司法行政以及国家立法的主要过程中的意义。它指出了重新树立社会学法学某些抱负的重要性,但与庞德时代相比,要对当代社会科学进行更认真和更持久的研究。

的确,很容易确定庞德著作中永久抛弃诉诸社会科学的阶段(尽管他继续把自己的法理学称为社会学法学)。庞德认为,法律的任务是平衡相互冲突的利益——个人、社会和公众的利益——这些利益迫切需要得到承认和保护。法律选择它所认可的利益,衡量这些利益的方法,以及它将给予这些利益的保护程度。法学——以及社会学法学——的关键问题是如何识别产生于社会生活并与法律制度对抗的利益。

一种雄心勃勃的、真正的社会学方法应该是于诉讼当事人在法庭上直接提出的利益背后,识别这种利益诉求所反映的社会力量。一些"自由法"理论家就主张这样一个步骤。但是,毫无疑问,庞德意识到20世纪早期社会学的先驱者的局限性,他不再利用社会学的探究来直接解决法律问题。在他的著作中,仅关注在法庭和立法游说中的利益诉求,而忽略了"利益"概念在社会学上的模糊性和不透明性。

庞德所称的"利益体系"并不是丰富的社会生活图景,而是实际上已经引起司法和立法系统注意的诉求。社会学法学就这样转向了自身,脱离了社会学的探究,回到了法律人和官员的现有经验。尽管当时的社会科学存在局限性,但并不明显,以致早期的社会学法学不得不如此彻底地以这种方式回避其社会学承诺。

法律价值与社会学法学

经典的社会学法学提出了一些需要重新强调的见解。庞德正确地强调,法律不仅仅是规则。如今,法学家和法哲学家都熟悉罗纳德·德沃金(Ronald Dworkin)(1978)对"规则模式"作为法律概念本质的批判,以及他主张法律也必须从原则、标准和价值的角度来看待。尽管这一批评通常被理解为关于法律的知识特性以及法律体系的统一和自治标准的辩论的一部分,但对庞德来说,坚持法律不仅仅是一个规则问题的原因是要将法律现实地呈现为构成其所在社会文明(我们现在可以说是文化)的价值结构的一部分(Pound 1923:141-51;1958:ch 8)。

因此,法律与其说是一个权利问题,不如说是一个社会监管机构对利益的承认和排序问题。如果从规则的角度来看法律是没有方向的,除非规则与由社会价值指导和反映的原则和标准相联系。在一个更大的文化价值框架(庞德称之为法律假设)中发展法律思想的经验,对于法律的逻辑结构和法律范畴中规则的实证主义要求来说同样重要。

尽管法律社会学能关注法律价值,但它不能直接指导法律价值的合理发展。它只能试图澄清价值辩论的背景,与这类辩论似乎相关的条件,以及通过法律寻求实施特定价值的后果。[①] 但是,服务于法学家对法律(作为一种价值观)的专业承诺的法理学,能够而且应该利用社会学的资源,以及任何其他有帮助的智力资源,来指导其研究。但这并不意味着,在本章提出的跨学科意义上,社会学应该放在法学家可用资源架子上的一个单独隔间里,与其他可能输入的法律思想分开。社会学视角不能垄断法律思想,而必须**体现**在法律思考的各个方面。法学家必须把法律理解为一种社会现象,利用所有可用的资源对这一现象进行实证研究,把法律看作社会生活中一个特殊的规制方面或领域。

这就是为什么社会学法学不是一种**特殊**的法理学或法理学中的一

---

① 特别参见第五章和第十二章。

个特殊的理论领域。例如,它不是与法律实证主义理论和自然法理论并列(并隔离)的法律的"第三理论"。① 这些其他的理论方法也需要社会学的指导和接受社会学的批判,就像社会学的观点需要被它们指导和批判一样。在理想情况下,"社会学法学"一词不应超出**一般**法理学的含义,即意识到有责任将法律的持久价值承诺与对法律经验的不同背景的系统的、基于经验的理解联系起来。② 也就是说,它应该表明法理学在其所有研究中有意识地以满足社会学认识的需要为导向。

本书的第二部分试图调查一些新近凸显的情况,它们使这种意识在今天尤为重要。在本书的最后一部分,通过对当代法律的特别探究,试图说明社会学的洞察力如何能够阐明具体的法律问题或澄清法律利益的各个领域。

那么,当代社会学法学与其先驱形式的最根本区别应是什么呢?最重要的是,它必须比一个世纪前更认真地参与社会学研究,当时或许有一些理由低估了社会学的潜力,鉴于它的学术地位尚不成熟,实证研究相对匮乏,以及早期创始者的不够坚定。当今,社会法律研究的范围和雄心是巨大的。对法律的社会研究不乏理论和实证方面的贡献。

然而,要成为一名法学家,使用法学并对法学作出贡献,并不一定

---

① 这种分类在文献中很普遍,通常是为了在法理学中为社会学方法划出一个安全的位置,但也往往意味着它们与其他方法是分开的。因此,塔玛纳哈(Tamanaha)2015 年将"社会法学理论"视为"法理学的第三支柱",作为一种社会学法学需要得到承认和发展;斯通(1968:18-20)区分了社会学或功能法学(或法律和社会),分析法学(或法律和逻辑),和批判、审查或伦理法学(或法律和正义),用不同的书籍分别处理每个类别。然而,将社会学方法与其他法理学方法分开分类,会使其在法理学中被边缘化。具有讽刺意味的是,这种效应反过来可能会使法理学在其他法律研究领域中被边缘化,在这些研究领域中,社会科学的见解现在已经成为人们熟悉的研究组成部分。

② 如果法理学完全和普遍地接受这一责任,"社会学法学"一词将变得多余。然而,就目前而言,它标志着法理学的重点(而不是一个分支),因此本书认为,需要培养和推广"社会学法学"。

要成为一名虔诚的社会科学家。必要的是采取一贯的跨学科敏感性;广泛认真地阅读以社会学为导向的法律研究;准备好探索和寻找有帮助的指南;最重要的是,摒弃任何认为法学可以是一门独立的学科、一种封闭的知识体系、其生命力并不依赖于社会研究进步的观点。这本书其余部分密切相关的研究,意在说明这种广泛的敏感性如何在法理学中得到滋养,以及提供当前研究的一个例子,以说明法理学今天面临的一些紧迫挑战和可用来帮助应对这些挑战的一些资源。

第一部分

法学的观点

第二章 法律专业知识的性质

二 分 法

在我们就法律的作用、当代法理学的性质和挑战提出更具体的问题之前,有必要进行初步的探究。一般来说,法律人能具备什么样的特殊技能和知识呢?和其他专业人士一样,人们认为法律人具有专业知识,但这种专业知识是什么,如何评估?本章认为法律专业知识的性质是复杂的和有问题的。通过对二分法的探索——法律人工作的性质和范围的两极分化,法律专业知识最能体现出法律职业实践中截然不同甚至相互矛盾的特征。

第一种二分法将法律科学或法律**学术**(作为专注于法学理论的高度专业化的智力成就)的概念,与法律人**技能和智慧**的强大但更分散的思想进行了对比。后者尽管重要,但可能只是公民处理问题和管理世俗事务的日常推理技术的改进。第二种二分法将法律作为**公共资源**和文化财产的观念,与法律作为用于纯粹**私人**利益的神秘技术和专门技能的观念进行了对比。

我认为法律专业知识所涉及的远不止了解法律法规以及如何获取它们。但它的其他方面仍难以用一般术语概括,因为它们是由不同类型的客户或受众验证的。然而，正如后面章节将更充分地论述那样，本书有可能更精确地详细说明什么可以被称为**法律**专业知识——由某一特定类型的法律专家所采用的法律观点。它强调法律是一种由价值构成的理念。法律专业知识是一种致力于完善这种法律理念的知识和实践。它涉及通过规制技术和根据规制经验，来解释和促进反映在对法律的典型要求中的正义、安全和团结等基本价值。法律专业知识在法律分析中恰当地强调了"细节方法"。但是，着眼于法学家工作背景的法律体系"大局"的法律专业知识也有一席之地。然而，目前我们的重点是法律专业知识。

公共和私人的专业知识面向

法律专业知识有时以隐晦的方式得到承认。有一种方式，有时很少被注意到（但却很有教育意义），这可以从人们熟悉的关于律师的笑话中得到证明。在美国，关于律师的笑话显然已变得非常普遍，以至于法律社会学家马克·加兰特（Marc Galanter）可以收集大量的律师笑话，然后写了一本内容充实的书（其中包括300个这样的笑话）来探讨这些笑话是如何讲述社会上的律师的（Galanter 2005）。每个人都知道这样的笑话："问题：换一个灯泡需要多少名律师？回答：你买得起多少？"或者"你听说了吗？恐怖分子劫持了100名律师做人质。他们说，如果他们的要求得不到满足，他们将开始一个接一个地释放律师。"

律师笑话甚至成为笑话的主题。已故的美国首席大法官伦奎斯特（Rehnquist）说，他经常以讽刺律师的笑话开始演讲，但"我逐渐意识到，听众中的律师并不认为这些笑话有趣，而不是律师的人也不知道它们是笑话"（quoted in Stein 2006：398）。从古至今，律师这个职业群体一直是被挑出来批评的对象，但一些美国学者提出疑问，为什么近几十年来，律师笑话在他们国家如此普遍地成为这种批评的载体——在这个国家，法律专业知识被视为民族文化的中心，是解决生活中几乎各个方面问题的基本资源，在这一点上远远超过大多数国家。

人们认为律师笑话"代表了公众对法律职业的普遍不满""公众的普遍幻灭"（Overton 1995：1099，1107）。然而，调查显示律师也因他们的技能和解决问题的能力而受到尊重，也许尤其是因为他们对客户利益的忠诚（Galanter 1998：808-10；Post 1987：380）。在美国，针对律师的笑话显然是最普遍的，对法律本身作为一种理念的极度**尊敬**似乎也经常存在，尽管其程度在不同时期有增有减。有一种重要的大众观念是，国家是建立在法律之上的，法律是国民性的核心。正如罗伯特·波斯特（Robert Post）（1987：379）所写，如果"大众文化中律师最引人注目的形象是人们对律师的强烈敌意"，这似乎与一种根深蒂固的（即使不一定是均匀分布的）对法律的尊重相吻合，或至少法律的不可或缺性得到了坚定而广泛的公众认可。

在这种背景下，波斯特强调了大众思维的二重性，这当然不限于美国的背景。一方面，法律是**技术知识**的概念，**律师**利用有时有价值、有时具有威胁性和危险的方式，为客户**操纵**或规避这些技术知识（"严格但可疑的合法性"）（Post 1987：382）。另一方面，法律是公共资源、正义手段和**共同体价值的体现**,以及一种重要的社会整合结构。"大众文化,"波斯特说,"充满了这两种法律之间的矛盾,""充满了吹毛求疵的理性和绝对的理性之间的矛盾"。(1987:383,384)但这里所确定的并非是两种法律,也许是律师的法律专业知识的两个方面,二者存在着永久的紧张关系——这种紧张关系可以部分解释为什么律师似乎比其他专业人士更经常地成为笑话的受害者(Galanter 1998:816)。有人可能会生动地表达这种紧张关系,说律师的专长是**牧师**和**魔法师**的结合——一方面,他是仁慈知识的传播者,对于那些相信他的人来说,既超越又支持了个人生活;另一方面,他是秘术大师,能够颠倒是非。

宗教—魔法的比喻并不像看起来那么奇怪。埃米尔·涂尔干(1995)将宗教理论化为社会自我表现的一种重要手段。他认为,在没有官方宗教存在的地方,可能需要非官方的宗教来取代它们。后现代主义理论有时声称,如果在当代条件下没有什么可以让人们相信,法律也许仍然是唯一可能的信仰对象(Cotterrell 2003:250-2)。人权经常被称为现代宗教,是世俗社会仅存的普遍信仰对象(e.g. Cole 2012; Feron 2014)。研究文献将律师和牧师相比较的长期传统,其目的往往是暗示律师工作的某种神秘影响。① 不过,牧师的隐喻也可以唤起一种理念,即专家的任务是以一种既服务于公共利益又服务于需要帮助的特定个人的方式,将普遍性和特殊性、社会生活的大图景和日常问题的局部细节,以及超然与世俗联系起来。

在涂尔干看来,魔法师与牧师截然不同:涂尔干的追随者马塞尔·莫斯(Marcel Mauss)和亨利·休伯特(Henri Hubert)认为魔法源自宗

---

① 参见 Arnold 1935 的经典论证,尤其是第59—71页;并注意到(第224页)"只要我们有时间和金钱",就能到达"一个令人欣慰的'法律天堂'"。

教,但却是对宗教公开认可的公共价值的**腐化**,是为了私人、秘密的目的而吸走了宗教的力量(Mauss 1972)——就像秘密地利用公共电力供应来运行私人发电机,为了私人利益而窃取公共资源。魔法的本质是神秘的知识,不受公众监督,由深不可测的神秘感保护,创造了一个敬畏的力量,它控制好(白魔法)与坏(黑魔法)。托马斯·莫尔(Thomas More)在他的《乌托邦》中写道,律师是"以掩盖事实为职业的人"(quoted in Post 1987:379)。卡尔·卢埃林(Karl Llewellyn)从不畏惧直白的散文,他宣称律师工作的核心在于他们"独特的法律知识……给我们[律师]一种在秘密知识中充当垄断者的地位;也许我们已经发现,掌握任何一种巫术的牧师都能让门外汉为神秘服务支付丰厚的报酬"[1]。

这些争论在这里就不作进一步讨论了。但是,它们引发的想法——法律专业知识的两个方面之间存在潜在的冲突,却很重要。一方面,法律知识是一种文化和公共资源,律师可以利用法律知识并向公民解释法律知识,也许理想情况下律师几乎就像一个有良知的牧师,他处理世俗问题的做法是基于一种宏大的超越思想和信念的方案。另一方面,法律知识是一种晦涩的、技术性的法律"技术理性",也许只有律师才能把握这种技术理性,正如爱德华·科克(Edward Coke)所说:"在一个人达到对法律'技术理性'的认知之前,需要长期的研究和实践经验。"[2]

---

[1] Lewellyn 1962:318。参见耶鲁大学法学教授弗雷德·罗代尔(Fred Rodell)1939年的论述,引自Strickland(1986:203):"在部落时代,有巫医。在中世纪,有牧师。今天有律师。对每一时代而言,一个群体……他们精通自己的行当,并精心守护自己的学识,他们把技术能力与简单和花哨的诡计结合起来,使自己成为他们同胞的主人。"

[2] *Prohibitions del Roy* (1608) 12 Co Rep 63, 65.

法律是技艺,也是科学

由于存在很多不同种类的法律实践,在某种意义上也有很多不同的角色涉及法律专业知识,所以肯定有很多种法律专业知识。卢埃林通过概述他所认为的执业律师**真正**的专业知识,抛弃了法律专业知识是"秘密学问"的想法。他写道,仅仅了解法律是不够的,尽管这是必要的,因为:

> 我们技艺的精髓在于技能和智慧;在于把**任何领域的任何事情**做好的实用的、有效的、有说服力的、有创造性的技能;在于选择要做的事情时的智慧和判断力;在于促使[人们]采取所需行动的技能。……我们的比赛本质上是计划和组织管理的比赛(而不是运行的比赛),除了我们专注于冲突、紧张、摩擦、麻烦和怀疑的领域——而在这些领域,我们拥有解决问题的技能。(Llewellyn 1962: 318,黑体为后加)

这些技能可以用很多术语来表达,即律师可以作为:调停者、商业顾问、家庭关系顾问、起草公司计划和交易的参与者、他人财产的保管人、政治演员、自由斗士、行政人员、管理顾问、纠纷调解人、生活问题总顾问、受雇做某事的专家等。这些角色中有的涉及很多法律规则和程序或至少意识到它们,但其他角色在任何技术意义上都很少使用"法律"(cf Arnold 1935:26),更没有考虑诉讼或法庭;在某些情况下,律师的任务可能只是"继续谈判",也许永远不会产生法律上的最终结果,而只是为了维持交易(cf Flood 1991:67)。有人可能会说,这里几乎没有什么法律,或者存在的东西都是看不见的。目的就是要避免法律,尽量避免以可能引起争议的方式使用法律知识,以及组织安排使法律不介入。所使用的专业知识在一定程度上取决于背景理解。

然而,当在学术背景或许多司法背景下考虑法律专业知识时,人们通常认为它主要集中于**可传播的法律教义知识**(规则、原则和法律概念,以及论证这些的专门法律方式)。问题就变成了:法律教义中这种专业知识的性质是什么?科克在17世纪提出的著名论断——普通法的"技术理性"并非国王仅凭未经法律训练的理性就能知道的——是一个明确的论断,即法律教义的专门知识是法律专业人士的专长。人们认为这种神秘的学习以某种方式反映了公共智慧,但它是通过几代律师和法官复杂的推理而"纯粹运作"①的。许多作家试图准确地描述这种普通法学习的本质。它不仅仅是一种查阅法规条款或法律报告内容的能力,因为,尽管从众多来源中找到法律条款的能力是这种专业知识的必要基础,但律师以外的其他人也可以获得这种查阅能力,尽管有时会遇到困难。

法律教义中的**创造性推理**似乎至关重要。从这个意义上说,法律专业知识的特别之处在于,它能够有把握地运用法律思想,将它们以公认的推理模式联系起来,从中得出将被认为是合法的推论,并理解规则如何相互关联,从而创建法律意义的网络。这是一个能够建立新的或不同的相互关系,并有说服力地为它们辩护的问题。在这些基础上,法

---

① See Omychund v Barker (1744) 1 Atk 21, 33. 副检察长穆雷(Murray)认为:"普通法,根据来自正义之泉的规则而**纯粹运作**"[后来曼斯菲尔德勋爵(Lord Mansfield)也持这种论点;黑体为原文所加]。

律专家能够对法院可能如何裁决作出可靠的预测,不仅是在规则及其相互作用已事先确定的情况下,而且在规则及其相互作用尚未事先确定的情况下。大量关于法律推理和法律论证的文献都致力于说明法律专业知识在这个意义上的特殊性质或将它与推理形式和各种知识联系起来,这些知识不被认为是特别"合法"的,但可能被认为是具有普遍哲学意义的。一种是努力找出律师在法律教义中真正**独特**的推理方法;另一种是坚定地认为它们**没有**任何独特之处。

在第一类中,查尔斯·弗里德(Charles Fried)(1981:57)坚持认为"我们的[法律]职业确实有一个独特而特殊的主题",哲学家和经济学家也分析法律,但只有律师和法官才是科克所强调的技术理性大师。当"一般的哲学结构和演绎推理被特定的细节所压倒时",律师以先例和类比的方式工作,运用"一种训练有素的直觉,在这种直觉中,各种各样的细节过于广泛,以至于我们的大脑无法进行演绎。这并不是对理性的否认,"而是"一种文明的尝试,试图尽可能地延伸理性。法律之于哲学……就像医学之于生物学和化学一样。类比法则填补了更加普遍的理论留下的空白"①。在弗里德看来,这些方法使法律的合理性成为一种"与众不同的合理性"(1981:58)。

至少,人们可以同意,这种合理性存在于一种"细节方法"(Twining 1974)中,当必须面对具体的问题时,这种方法不能诉诸理论以寻求最终的解决办法。这并不是一种深不可测的魔法,但可能是卢埃林所想到的律师职业的一个重要方面,他有时会以"情境感"措辞:法律的形

---

① See Omychund v Barker (1744) 1 Atk 21, 33. 在关于法律推理中类比的许多讨论中,尤其需要关注的是 Weinreb 2005 和 Brewer 1996 提出的主张,"在典型的类比推理中,不可避免地会有一个不可编纂的富于想象的时刻",但"这一富于想象的时刻在其他推理领域并不陌生,我们的知识文化对这些领域的理性力量寄予了极大的信心,即经验科学和示范科学"(第954页)。

成要在即时情况下有意义,同时体现足够一致的原则,使法律教义成为一个充分整合的知识结构,能够被描绘和传授。

这似乎是一个特别的英语国家普通法的取向,在这种取向中,对事实案例细节的解释比发展概念上纯粹的法律科学的美学更重要。但是,其他分析人士根本不相信法律专业知识是建立在任何"与众不同的合理性"基础之上的(e. g. Fontaine 2012：30)。拉里·亚历山大(Larry Alexander)(1998：517)写道:"像律师一样思考只是普通的清晰和良好的思考方式";它"可以归结为道德推理、经验推理和演绎推理",以及律师的"推理方式和其他人一样"(and see Alexander and Sherwin 2008)。他声称,诉诸类比依赖于这种日常思维,而不是律师所采用的一种特殊推理。但是,认为法律推理缺乏独特性,并不是要将其重要性或难度最小化,而是为了剥夺它的神秘性,并反对"站在它的立场上的蒙昧主义的主张";他的结论是,"如果律师在别人眼中失去一点特殊的牧师光环",这并不是一件坏事(Alexander 1998：533)。

事实上,这是对律师所能提供的东西的现实看法:不是特殊的、神秘的技术,而是普通的推理,但人们希望它发展到非常高的水平。在这种观点上,"像律师一样思考"在原则上就像其他任何人的推理一样。但或许,我们可以认为这是由具有**特殊自我意识**的律师完成的,由此人们有意识地挑选、培养、调整和强调这种日常推理的技巧;这些技巧包括区分和缩小问题以避免混淆和管理复杂性,在一大堆不相干的事情中决定重要的事实,以明确在一个需要解决的问题中什么是真正重要的,以最大的说服力提出论点并密切关注相反的思路,根据问题和寻求的结果精确地调整论点,一般是为了在思想和行动中保持连贯性和一致性。

亚历山大无疑是正确的,他坚持认为,当这种推理技巧被律师发展到很高的水平时,给它们贴上"普通"的标签,绝不是在贬低它们的重要性或难度。我们可以视之为支持技艺和实践智慧的重要智力工具,卢埃林认为这是有能力的律师的标志,也是他们专业知识的真正本质。"法律观点"(cf Samek 1974)与其他观点在性质上没有区别;只有以某种方式发展出来的普通推理,在实际事务中具有足够的价值,才能被恰当地视为特殊的专门知识。

法哲学家和其他哲学家经常探索法律知识和推理的一般特征,以试图判断它有多与众不同。但对大多数律师来说,这并不重要,除非法律专业知识受到竞争中的其他专业团体所主张的专业知识的**直接挑战**,或者除非法律作为一门学科受到其他学科的挑战,并且必须与其他学科打交道。如果法律作为一个知识领域,在制度上与其他领域完全隔离,关于其认识论的问题不太可能被认为是至关重要的,甚至可能不被广泛认为是值得认真探索的。

例如,如果"法律科学"的概念——法律知识和推理的学科——允许该学科在与其他智力工作实质上隔离的条件下非常牢固地建立起来,那么就不需要与其他知识领域或实践相比较了;关于法律推理与其他类型推理相比较的特殊性的问题,对这门纯粹法律科学的大多数实践者来说,似乎并不重要。那么,可能只有来自这门学科"外部"的观察者——例如那些接触到不同知识传统的人——才会仔细研究其认识论在多大程度上反映或依赖于与其他知识领域共享的思维方式(e. g. Samuel 2003; 2009a)。

法律专业知识概念范围的一端是卢埃林的"技艺—智慧"方法,另一端是对某种纯粹法律科学的掌握。鲁道夫·冯·耶林(Rudolf von Jhering)在一个世纪前的欧洲大陆民法语境中讽刺地写到,一些法学家似乎在呼吁的"概念的天堂"(Begriffshimmel)(e. g. Hart 1983: ch12),

因为它是一种法律思想体系,只存在于概念结构中,与任何关于地球上生命的实证研究无关——实际上,它是一种信仰的对象。罗马法被描述为"一种自成体系的知识形式"(Samuel 2003: 25),它"自然地分为自成体系和自我参照体系"(ibid, quoting Alan Watson)。在这种观点中,法律可以作为"知识的形式……用它们自己的逻辑……不受社会事实的影响"(Samuel 2003: 25)。在一定程度上,这种法律观影响了现代民法思想和对大陆法典的解释(ibid: 29),不难看出,它启发了自创生理论在现代法律中的应用,该理论将这一法律描绘为一个自我参照、自我复制的沟通系统,在规范上封闭于所有其他知识领域。①

在现代法国传统中,法律解释被描述为旨在"以连贯和逻辑的方式分析和解释法律文本或法院判决",并通过这种方法"引导读者走向未来的结果"(Samuel 2009b: 435)。杰弗里·塞缪尔(Geoffrey Samuel)建议(ibid:440),这样一门法律科学需要"学科稳定性",只要它不需要诉诸"非法律"的知识领域(或者,实际上,在法律上是允许的);②因此,法律专业知识似乎是独特的、清晰定义的、容易识别的,并且可以得到强有力的捍卫。塞缪尔声称,即使法律科学的前沿存在争议和越界,它们依然强大,因为(1)研究对象有明确的定义(如罗马法传统中的民法主体);(2)由专业法学家组成的坚实的制度根基;(3)法律原则结构的"明显的一致性和合理性",其核心是人、行为和事物等永恒的基本概念(ibid:440-2)。

这种法律专业知识似乎并不是以为客户完成实际工作为基础的,而是一只眼盯着法律教义,另一只眼盯着混乱无序的世界。正是法律

---

① 适当的总结参见 Luhmann 1988。
② 在过去的一个世纪里,人们付出了许多努力来挑战这种偏狭的倾向,并证明了法学和"非法律"思想体系的相互依赖。最近的例子参见 Encinas de Munagorri et al 2016。

专业知识将世界解释为一个有序的、全面的,由结构合理和管理有序的法律思想构成的概念世界。但是,位于这种假定的专业知识核心的法律科学是基于一种"循环"认识论的。法律科学把法律教义建构和呈现为一种独特的、全面的统一体,但正是由于这种统一的**假定**(通常是未经考察的),才赋予法律科学不同的研究对象和作为一门独特的学科而存在的理由(Cotterrell 1995:55)。

专业知识的捍卫和困境

将法律科学作为一种自主事业的想法是可行的,但必须满足某些经验条件。归根结底,它们归结为制度条件和政治条件。看似"封闭"的法律科学,本质上与其他知识领域无关,作为独立的学术性法律专业知识而存在,这必然要求这种专业知识的学术捍卫者在制度上有别于其他类型(可能存在竞争的)知识的提供者。否则,法律研究可能会受到其他知识、其他认识论方法、关于观念和经验世界之间联系的其他观点的渗透,由此,其他学术性专业知识的主张可能会激增(Balkin 1996)。法律学者已经牢牢地扎根于国家法律综合体[①],有时会在其中产生影响,例如,就某些大陆法系的著名法律评论家而言(Duxbury 2001:ch4; Jansen 2016:204-8),他们在法律结构[②]中的**制度定位**和组

[①] 由不同职业组成的综合体,"这些职业通常是受过法律培训的,属于特定社会的法律和司法机构,它们的任务是创造、阐述、传递和应用[国家]法律"(Karpik and Hallday 2011:220)。

[②] 参见例如 Fontaine 2012:ch2。

织可以提供一个堡垒,有力地捍卫自主法律科学的主张;实际上,它可以确保一般来说这些主张不需要捍卫。

在普通法环境中,也存在自主性制度条件。今天的大学法学院有时在实体上与其他大学院系分开,甚至在自己的大楼里,也可能单独资助和管理。在这样的条件下,他们实际上可以享有很大的独立性,不受大学其他学科的干扰。然而,至少在普通法环境下,学术型法律人并不一定能够一贯地融入国家法律体系。在英国和其他普通法国家的大学环境中,当今顶尖的学术型法律人,与过去的几代前辈相比,通常认为自己在国家法律综合体中的地位不是那么稳固,而更像是一个多学科学术团体的一部分(Cownie 2004; and see Edwards 1992)。此外,法律研究可能存在于社会科学和其他研究集群的附近;跨学科合作的机会,或者至少是影响,可能会蓬勃发展。

在这种情况下,法律专业知识是一个比大陆法学中通常假定的更为复杂的概念。它是一种学术专业知识,和其他大学研究人员的专业知识一样具有合理性,即使用学术方法探索指定的经验领域。这些领域的划分不仅根据已建立的学科假设,而且还根据最终的管理标准,即将大学实际划分为便于管理的部门。因此,学术法律专业知识在某种程度上就变成了掌握某一特定的、方便认定的研究专业,就像大学里的其他专业一样。

同样,制度上的分工并不必然保护法律作为科学或学科的自主性。在普通法世界中,条件优越的法学院有时有资源和动力聘请非法律人士作为研究人员,将多学科研究作为一种制度引入法学。此外,就大学里的法律制度化提出了不同的考虑,这些考虑来自法律实践的专业组织,或者来自律师在确认独特的法律专业知识方面的利益,大学有时会积极推动跨学科研究。他们支持多学科研究中心、跨不同知识领域的合作和研究风格(如在法律部门进行实证社会法律研究),这可能会为整个大学带来可喜的外部拨款收入,但却进一步模糊了一个独特的法律学科实践的概念。

尽管有了这些发展,法律思维和推理的特殊性仍存在不确定性,但无论法律文化之间有何差异,人们普遍认为法律是一个强大的知识领域,很容易被认可,在公众的心目中具有较高的地位。归根结底,最关键的原因当然不是知识层面的,而在于法律的**政治定位**,在于它对政府的明显且无可争辩的重要性。法律作为一个知识领域具有强大的力量,因为法律知识对国家来说是必不可少的。它相当于政府关键通用技术和官方规范社会和经济生活方面的官方知识。

无论法律的最终学科自主性是多么脆弱,无论法律作为推理或社会探究的一种形式对其特殊专业知识的最终主张是多么不确定,它包括关于政府、行政和官方争议处理的机构和程序的制度知识的技术、程序和类型,这些对现代国家来说至关重要。那些对这些技术和知识形式有详细了解的人,无疑是重要的专家。他们的专业知识不仅对国家官员和所有领域或政府的公职人员的工作是必不可少的,而且对生活在这些国家结构庇护下的公民也是必不可少的。因此,正是**法律与国家权力之间的联系**(现在正以新的形式向国际和跨国延伸)使得法律专业知识变得独特,并保证其安全性,而对其本质的任何怀疑都源于对其主张的知识自主性的不确定性。

从这个角度来看,那些声称拥有法律专业知识的人,在某种程度上可以被视为政府规制技术的托管人。① 他们理智地组织和分类这些技术,完善和改革它们,将它们合理化并证明其为知识的系统或体系。他

---

① 芳丹(Fontaine 2012: 44)声称,法学家的主要形象是技术人员和(往往)是权力代理人。

们向那些需要依赖和使用它们的人提供建议,并向那些需要在政府规制的庇护下组织事务的人提供信息。他们找出这些规制技术的缺陷和弱点,提出修改建议,并根据受其影响的人们的利益、愿望和期望来作出判断,探索和解释法律规制的意义和重要性。由于许多不同类型的官员和专业人员以一种或多种不同的方式从事法律工作,法律专业知识的提供者并不限于那些被认可为专业律师的人;例如,他们还包括行政人员、立法人员、法制记者、政治活动家和各种活动家。当然,一些犯罪分子和其他违法者也是他们所熟悉的法律领域的专家。

在某些情况下,专业知识与解决问题和利用法律知识以实现特定的社会或经济目的直接相关;在另一些情况下,它更适合将这种知识构建为一个完整的结构或思想体系。这种整合使得政府的规制结构可以被理解为一个连贯的整体——不一定由任何包罗一切的理性来治理,而是有一种"零碎"的理性,使各个规制领域尽可能具有可预测性和理智上的连贯性,尽管政府的技术和这些技术的用途一直在变化。

然而,关键在于,以法律为中心的活动的制度定位和政治定位的结合,是法律专业知识相对自主性的一个特别重要的决定因素。强调这一点,就有可能绕过许多关于法律推理和法律认识论的本质的争论,以及关于卢埃林所强调的那种技艺和将法律原则作为法律专业知识本质的正式学术学习之间的平衡的争论。法律专家显然是那些能够接近国家规制权力的人,以某些或所有形式理解其**机制**,并以法律专家的客户或受众(包括公民、公司、政府、行政机构、法院、警察、学生和非法律研究者等)可能会重视的任何方式使用或传递这种理解。

总的来说,这可能是唯一可以让我们将现代世俗法律专业知识概念化的构想。它不包括宗教法专家的情况,在那种情况下,不同种类的制度结构和权力体系会确保法律专业知识的重要性和范围。它不适用于无国家的社会,在这种社会中,法律的含义——以及法律的专家监护人(如果有的话)的身份——所引起的问题超出了本章的范围。更重要的是,这一表述并没有说明如何评估专业知识:例如,怎样才能算是一名"好律师",而不是律师笑话的合适对象。

如果我们回到加兰特对这些笑话背景的分析,这里有一件事尤为重要。它揭示出,许多此类笑话都是由律师自己讲述的——乍一看或许令人不安(Galanter 1998:831ff.)。他认为,律师讲笑话有几个目的。这是一个在政治和制度上都很强大的职业,其成员通过在自嘲谈话中贬低其地位的重要性,试图化解外界对其地位的批评。对于那些对自己职业的批评比较敏感的律师来说,这是一种将自己(好的执业者)与那些不道德、理应受到公众批评的坏律师区分开来的方式。

所以,讲律师笑话是在说:"我知道公众认为错误的事情,但我用我的专业知识(无论如何定义专业知识)做好事。我能分辨出好律师和坏律师。"但是,也可能有另一个角度。讲笑话可能是一种"笑对生活"的做法,同时意识到生活不会改变;在现实中,好与坏是很难区分的,有时取决于情境和感知;律师运用专业知识只能制造怨恨和批评,即使它赢得了尊重和感激;所以,律师—牧师和律师—魔法师不一定是不同的人。

法律价值和法律专业知识

到目前为止,本章的论点是,虽然法律专业知识的确切性质有点难以捉摸,但不难确定使某些职业团体能够成为法律专家的**制度条**

件。这些不仅仅是之前讨论过的现代学术组织的特征;更普遍地说,它们也是马克斯·韦伯(1968:784-808)所称的法律"荣誉人士"或法律名人在许多国家存在的历史条件。我们也不难认识到,法律知识技能与国家规制要求之间的亲密关系如何配合提供**政治条件**,赋予那些对通过规则来管理政府的技术机制有高度理解的人以特殊地位。

除此之外,这里提出的主张是,法律专业知识只能用明显的二分法来描述。第一种二分法是:一方面是精细的法律学问,另一方面是实用的职业技能。后者可能与法律教义知识有一种不确定的联系——也许是广博的知识,也许是相对有限的知识——但专业知识的中心在于实践智慧和对人类事务的广泛认识,而不是学术精湛。第二种二分法是:作为公共利益资源的法律实践和作为私人客户利益规制技巧的法律实践。在前一种情况下,律师的服务不一定被视为高尚和无私的,而仅仅是与社会有序融合和管理的一般优先事项相协调。在后者中,主要重点是客户的利益,而不涉及更广泛的关注,法律教义是私人利益的工具或在追求私人利益时应避免的障碍。这两种二分法可以被称为**学术与技艺取向以及社会(公共)与客户(私人)取向**。

无论在特定的情境中如何平衡这些取向,我们很容易接受,学术和客户取向的一些要素都是需要的。对于第一个方面,一个没有某种**法律学习**的人显然不能成为法律专家。需要对法律教义有一种解剖意识。这需要了解法律教义中基本组织概念;①了解法律领域广泛接受的分类;了解法律权威的标准和发现、识别和评价法律渊源的能力;了

---

① 例如,普通法中的"合同""侵权"和"赔偿"的概念。See Fried 1981:39.

解与法律动员相关的司法和行政程序;以及具备所谓的"法律话语规则"的能力（Bell 1986:48-50）,即支配适当术语、观点和论证类型的规则。除此之外,掌握法律教义的全面知识是不可能的,所以法律专家专门研究特定的教义领域、实践和程序。撇开所有关于利用这些教义知识的组成部分所需要的法律推理的独特性质的问题不谈,这些组成部分构成了一个可识别的学习对象。

接下来应该提出的问题是:这种知识和推理是为了什么？要回答这个问题,就需要澄清**"以客户为中心"**的概念。法律专业知识为谁服务？如何服务？一些学者认为,法律人致力于公共利益或公共福利的理念已经消失。"法律人—政治家"是过去有效的法律职业化模式,这种怀旧的、但肯定在很大程度上是虚构的形象被用来暗示被认为已经无法恢复的旧的公共精神的法律实践（Kronman 1993）。有些学者声称,以客户为导向已经失控到如此程度,以至于法律专业知识和促进公共利益之间的任何联系几乎完全消失（Tamanaha 2006）。

但是,许多法律实践**无法避免**直接地指向私人客户的利益,至少在高度个人主义的自由社会中。否则,对大多数律师来说,公共服务的定位意味着将国家作为最终客户。如果像安东尼·克朗曼（Anthony Kronman）等学者认为的那样,法律人—政治家的形象已经成为过去的现实,那么这个现实就是法律专家作为政治权力和国家目标的忠实仆人。以客户为导向提醒我们,专业知识最终只能由客户来定义、验证和衡量,即为客户服务。

到目前为止,这里还没有提及法律人可能需要为之提供专业服务的理想或终极价值。法律专家本身是否有保护或促进基本**价值或理想**（有时投射到或被认为是隐含在法律中）的特殊能力？这不是在适当价值(如职业道德所要求的)指导下使用法律专业知识的问题,而是通过法律使用专业知识**实现**价值的问题。这在一定程度上，与法律人—政治家的理想形象有关，也与法律人作为世俗法律领域的牧师形象有关。

许多法律专家认为自己受到价值观的指导，而这一价值观是他们希望在法律中看到的。有些人认为法律是促进价值观的工具，并努力影响法律以实现这一目标；另一些人认为法律与这些价值观背道而驰，并因此认为他们的部分职责是批评法律教义。这种对法律终极价值的关注不仅是许多执业律师、法官和法律学者的特点，而且是其他可能具有法律专业知识的人的特点，如记者、立法者、行政人员、政治和社会活动家等。

客户导向（包括面向专家受众中的任何一个人）在这里也很重要。如果价值是重要的，那么就必须要问，它们对法律专家所涉及的那些人——如上文所述，这些人最终定义了公认的专业知识范围——的重要性。举例来说，对于不同的客户群体来说，正义和安全的价值的重要性和意义有什么不同？在法律专家的客户和受众的期望中，这些价值之间的平衡在各种公众或官方的看法中、在某些社会群体与其他群体的比较中是如何变化的？在不同的国家机构或被规制的公民中，在法学学生和学者的学术受众中，或在学院外各种受欢迎的受众中，对这些价值的看法有何不同？法律专家能在多大程度上向作为最终客户或受众的整个社会发表意见？

与客户导向同样重要的是学术导向。在一个专业化的时代，没有一个法律专家能够看到整个法律的所有细节——无论是作为实践领域还是理论体系。因此，有必要论及以不同种类的法律知识和技能为中心的多种专门知识。谁能看到全貌，那又是什么样的全貌呢？有哪一种法律专家能从整体上把握作为一种理念的法律的范围呢？任何能够这样做的人几乎都必须问这个问题，并找到一些答案：法律是用来干什么的？如果不解决这个问题，仅仅把法律描绘成一个知识结构是不够的，如主要规则和次要规则的结合，或者一个抽象的规范系统，因为法律专家必须以客户为导向。以这种方式描绘法律对谁有用？这种法律知识对谁有价值？如果它有价值，为什么有价值，以什么方式有价值？

毫无疑问，人们以某种方式将价值观投射到法律之上并把它看作价值观的导向；他们在其上投射希望和恐惧、抱负和期望。由于法律的"细节方法"及其广阔的学说领域，大多数法律专家只看到法律**具体**表现出来的价值取向，如一个案件或一组案件的问题，一个具体的法律改革问题，或者某一学说领域的组织和定位。公民把他们对正义、安全或其他价值的期望投射到他们拥有或了解的有限法律经验上。① 事实证明，对律师的批评在社会经济地位较高的美国人中比在社会经济地位较低的美国人中更强烈（Galanter 1998：810）。为什么？也许是因为富人比穷人更多地聘请律师，他们体会到律师的专业知识既能给客户带来好处，也会造成严重的威胁。穷人可能很少有聘请律师的体验，且律师在他们遇到麻烦时主要是作为辩护律师或顾问；他们对法律的负面看法可能更多地集中在警察和行政官员身上。因此，社会对法律专业知识的期望和看法是不同的。

是否存在一种专家角色，将法律视为一个整体，从价值角度来证明法律的存在？是否有这样一类法律专家，他们批判但始终如一地支持**法律的理念**，专注于这种理念的**理想状态**？我不认为法哲学家是这样的专家。他们可能会也可能不会致力于法律理念的理想状态，且只会把法律视为有哲学意义的现象。他们关注的焦点可能是作为一种普遍形式的法律，而不是由特定法律制度的条件赋予意义的理念。与卢埃林的法律人技艺发挥作用的方式，以及与法律资源使用中的一般实践

---

① 关于这种大众的价值观投射及其对法律决策者的影响，见第十四章。

智慧的本质一样,对法律理想状态的关注将涉及技术性法律知识。它将关注法律作为社会潜在的重要集体财产,而不仅仅是在解决个人日常生活中的困境时发现其重要意义。而且,因为这种包罗一切的专业知识旨在将法律视为一个整体,所以它绝不能迷失在法律体系无穷无尽的规则和规章之中(尽管它意识到这一点)。它必须看到这样一个法律体系的大局。

让忙碌的律师在执业中承担所有这些责任是完全不现实的。然而,集中说明和批判法律制度的基本价值——即根据公众和专业人士对正义和安全价值的关切来审查这些价值——应该在法律专业知识的讨论中占有一席之地。对公众于**正义和安全**的强烈愿望和理解的巨大差异的敏感,必须与对通过法律使社会一体化的必要性的同样敏感相辅相成。换句话说,在日益复杂和多样性的现代社会中,法学家也必须促进一种**团结的价值**。这就要求法律成为一种在道德上平等地将**所有**生活在一个法律制度管辖范围内的人——作为同等有价值的法律主体——结合起来的工具。

在这个广泛而本质的意义上探索法律理念理想状态的专业知识,可以被视为法学家的特殊法律专业知识——利用哲学和社会科学的资源,以及至关重要的律师和公民的法律经验。

下一章将详细讨论这一法律专业知识所涉及的内容。它不能消失在日常的推理中,也不能被解释为制度和政治条件的影响,或被视为技术知识的积累。法律专业知识作为一种致力于促进以价值为导向的法律理念,适应于法律的社会历史存在的具体、变化的条件,是最独特的,也许最终是最困难的法律专业知识形式。它是一种最直接地解决各种强烈隐含的不满的专业知识类型,这些不满在最有趣和最令人不安的律师笑话中被揭示出来。

第三章 法学家的角色

谁守护着法律的理念？

"法学家"(jurist)一词的含义是模糊的,并因国家法律传统的不同而不同。在普通法体系中,它通常意味着在知识地位上比"律师"稍高的角色。法学家往往被认为是法律**学者**,[①]需要的不仅仅是法律知识渊博或技术娴熟。并非每个法律人都一定是法学家。许多英语国家的执业律师不会称自己为法学家,甚至可能对这个头衔感到尴尬或困惑。但是,人们有时称法律理论家为法学家,且通常认为他们的工作远不如法律从业者的工作具有实际意义。

名字有什么意义?我们可以赋予"法学家"一词许多不同的意义。本章利用它来达到一个特定的目的,并利用它来确定一个与法律相关的特定角色———一个很难精确定义但却很重要的角色。将这一角色视为具体的"法律"角色——法学家的特殊责任——是澄清这一角色并给予它目前所缺乏的突出地位的起点。法学家的作用是维护作为一种特殊实践的**法律理念**,并使这种理念蓬勃发展。有人可能会说,在这种理解下,法学家的作用是保护和促进法律一般性的**理想状态**。这不是

[①] Duxbury 2001. 达克斯伯里认为在普通法和大陆法的背景下,法学家在很大程度上等同于学术型法律人。

一件简单的事情,因为关于法律理想状态的概念会有很大的不同。在认识到不同的法学家会以不同的方式理解它的同时,尽可能地分析它是很重要的。这也需要将法学家角色与涉及法律的其他角色区分开来,因为可能会与之混淆。

其中一个这样的角色——尽管乍一看似乎很奇怪——就是法哲学家。法律作家并不一定把法理学等同于法哲学,通常认为法理学是普通法世界的法学家所宣称的。朱利叶斯·斯通(1968:8)写道:"法理学的大多数问题……在本质上不同于哲学的问题……任何作家,如果假装对任何特定的哲学传统都有(法理学的)全面了解,那至少是在欺骗自己。"从这一观点来看,法学家主要不是职业哲学家,甚至不是法哲学家;也不是法律社会学家。斯通主张的基本思想是,法学家的责任是作为一个广泛的、多样性的实践和经验领域的**法律**本身,而不是任何知识学科(如哲学、社会学等),在这些学科中,法律可能只是其中的一个研究对象。

法学家的工作当然是与其他法律专业人士(如执业律师和法官)的工作相结合的。但是,用斯通(1968:16)的术语来说,它是法律人"外倾"的一种形式,超越了日常的实践,对法律的本质有更广泛的认识。因此,法学家的最终责任可能被认为是对**整个法律**的责任,而不是对法律实践的任何特定方面的责任。例如,法官可能是但不一定是法学家。法学家的学识不受裁决特定案件或将法律适用于特定争端要求的限制。它不需要将自己限制在先例或法典、议会主权或现有的法律或宪法结构的范围内(尽管,现实地说,它必须考虑到)。它当然不涉及不加批判地捍卫任何现行法律——即现行的法律条款。它也不像执业律师那样,受法律咨询或代理特定客户(个人、团体、组织、政府、行政机构)要求的限制。

法学家的重点可能是通常**作为实践理念的法律**,或法学家所服务的法律体系(或法律体系类型)所体现的法律。重点是法律的价值及其作为社会制度的意义。从这个意义上说,法学视角超越了法庭或律师事务所的日常法律实践,是一种专注而非无私的对法律的分析或观察;它涉及法律理想状态的各个方面,如法律的明确性、连贯性、公平性、一致性、声誉、可及性、执行和有效性。这表明了一种理论敏感性,但不一定是对任何广泛的理论体系的坚持。相反,如果关注的是一般而言的法律,法学家将需要一些普遍但灵活的实践思维框架,一种将法律作为一种现象来设想或塑造的方法,至少暂时地**与时间和地点有关**,也就是说,在他或她工作的特定政治和历史背景下。

现代立法者和行政人员可能寻求利用立法来编纂、简化、系统化、巩固或澄清法律,或改革程序以加强依法行政。但是,他们往往纯粹地将法律作为政府和治理的工具来制定和使用,而政策是唯一关注的焦点。因此,立法或行政责任并不一定关注法律作为一种社会制度的价值。同样,执业律师对他们工作的法律体系负有责任,但他们也只是在法律方面为他们的私人或政府客户的利益服务。如何在忠于法律的一般理想状态和忠于客户的利益之间保持平衡,可以通过实证研究,但脱离特定案例或实践类型的背景,可能很难建立理论。在第二章中,我们看到了这种平衡是多么复杂和多变。

同样,法制记者可能致力于法律改革和揭露法律丑闻,但他们的工作也只是为了获得一个好故事,并满足那些雇用或委托他们写作的人的期望。同样,根据这里所遵循的概念,并不是所有的**法律学者**都是法学家;学术型法律人、法律理论家和社会科学家可能对法律、对法律的价值和良善有承诺,也可能没有。他们的主要目标可能是学术**而不是**

法律,有些人的学术目的是丰富或维持法律,有些人则是揭露法律的真相①或只是发现法律并传播有关法律的知识,这两者之间是有区别的。

因此,从对法律一般理想状态的关注和承诺的角度来看,法律理念很难被视为任何特定专业人士的独家关注,除非这一理念可以被确立为法学家工作的中心。如果这一点做到了,"法学家"就不仅仅是一个敬称了。它可以是附加于特定角色的标签,需要在法律的复杂性、矛盾性和模糊性中,以全面和排他性的方式为法律服务。从这一点来看,法学家的角色介于广义的哲学或社会科学的法律视野与法律实践和改革的具体情况之间,在一种变化不定的关系中它既不同于二者但又与二者联系在一起。本章的其余部分将探讨这种对法律的法学承诺意味着什么。

法学观点:拉德布鲁赫与德沃金

认为法律责任在警察国家、神权政体、自由民主政体、不稳定的政体或稳定的政体,或历史上充满暴力和混乱的社会,而不是长期受益于国内相对和平的社会中都是一样的,肯定是不切实际的。法学家的责任存在于**特定的历史背景中**,通常与特定的法律制度或法律制度类型有关,并关注在该制度或制度类型中存在或可能存在的法

---

① 一个典型的例子是苏联法律理论家叶夫根尼·帕舒卡尼斯(Evgeny Pashukanis)(1978),他是一位学识渊博的法学学者,他遵循马克思的学说,认为自己的角色是为法律的消亡铺平道路。类似地,在英美世界,一些极端形式的批判性法律研究也可以被视为超越了本书所描述的法学家角色的法律学术。

律实践类型。这将是一个多方面的责任,反映了法律的多方面特征。但是,当我们从如此多的角度看待法律本身,有如此多的任务分配给它以及有如此多的期望附加于它时,如何澄清法学家的责任呢?当这些任务和期望随着历史和政治背景的变化而变化时,又如何做到这一点呢?

德国法律学者古斯塔夫·拉德布鲁赫(Gustav Radbruch)在20世纪上半叶的著作从魏玛时期的政治动荡和纳粹的经历中获得资料,为试图回答这些问题提供了有用的线索,尽管这些著作在很大程度上仍被英语国家所忽视。拉德布鲁赫并没有明确地界定法学家的特殊角色,但他的作品却例证了这一角色。他还提出了如何在概念化过程中解决一个两难的问题:一方面,明确法学家角色的**独特之处**;另一方面,允许应对的方式有很大的**可变性**。接下来,我们将从拉德布鲁赫关于法律及其理想状态的一些关键观点出发,展开本章的主题。

拉德布鲁赫在这里的重要性有三个原因:第一,他一贯强调法学家的角色对法律的理想状态负有道德责任。第二,他提出了法学家对法律理念的看法,认为法律在重要方面必须具有高度的可塑性或流动性,以适应环境,并随着环境的变化而变化。第三,他怀疑任何看似永恒的哲学"体系"对法学家的效用,因为哲学体系的抽象独立于对社会变化的经验调查而存在。可以说,法学家不是"刺猬",而是"狐狸":不是一门心思地致力于一种价值取向,如实用主义地追求法律所选择的社会"目的",或阐述"正义"哲学,或不惜一切代价维护已经建立的"秩序"。相反,法学家应该在法律所涉及的正义、秩序和目的这三种理念之间寻求一种永久但不断变化的关系。

埃里克·沃尔夫(Erik Wolf)在讨论拉德布鲁赫法学理论的"实践倾向"时,认为他对社会学抱有同情,这在20世纪上半叶的德国背景下是可以理解的(Wolf 1958:11)。在拉德布鲁赫看来,法学家不能是不受约束的法律的社会学观察者;然而,他们应该认识到,在大多数情况下,正义和其他法律价值并没有永恒的内容,而必须在特定的社会历史背景中找到它们的意义。更准确地说,围绕这些价值进行现实辩论的空间将由这个背景决定,即拉德布鲁赫所说的"客观情况的性质"(Natur der Sache) (Radbruch 1950:53-5, 172-4; Van Niekerk 1973:241)。

拉德布鲁赫的法学观点与罗纳德·德沃金的法学观点有重要的相似之处。首先,他们都坚持认为法律是一种**承载着价值的文化现象**。它表达了植根于政治共同体的基本价值。在不断规划法律实践发展的过程中,法学家有责任揭示这些基本价值,找出它们之间的相互关系,并使法律/司法实践与德沃金(1986)所称的法律的"完整性"和拉德布鲁赫(1950:73)所称的"法律的理念"保持一致,即法律作为一种表达价值的独特组合的学说。

其次,拉德布鲁赫寻求的是一种**在时间和地点上处理具体法律问题**的法理学。为努力实现这一目标,他将法律基本价值之间的关系视为变量,探究这些关系如何随环境而改变,以及价值自身的内容如何在不同条件下发生变化。德沃金也明确试图使他的"原则"的法理学成为对不断变化的法律进行评论的实用工具。他以一个公共知识分子的身份运用它,例如,他批评美国最高法院的判决,认为它是"无原则的",因此,破坏了美国法律的完整性。[①]

最后,对于两位作者来说,法学家角色似乎承担了**法律价值的持续演变**。对德沃金而言,这一演变发生在对法律的不断重新解释中:努力从他们(尤其是法官)能发展的"最合理的"理论的角度来看待法律制度,由此可以对法律原则进行"最佳"的解读,以及使法律

---

① 例如,Dworkin 2011a;2008 和其他许多出版物。

标准在具体案件或问题的应用中实现最"有吸引力"的整合。法律作为一个完整的原则体系是"从内部"建立起来的,也就是说,在对其准则的不断解释和应用中。潜在地,正如一般的律师曾经坚持的那样,法律"本身就是纯粹的"。① 也就是说,"完整性"体现了法律原则在任何特定时间所表达的价值要素之间的关系。

同样,对拉德布鲁赫而言,重要的是法律价值在时间和地点上的不断调整。然而,拉德布鲁赫的观点根本不同于德沃金关于价值的系统整合的观点。拉德布鲁赫所描述的法律价值之间的关系通常是一种不可调和的**紧张**关系,有时它们之间会有**冲突**;问题往往是如何让它们彼此**妥协**,而妥协的条件会随着时间的推移而变化。似乎社会学和哲学都可以帮助法学家理解这种妥协是如何实现的,以及是在什么条件下实现的(Van Niekerk 1973:241)。在拉德布鲁赫看来,出于法律的社会目的,任何法律制度都需要平衡秩序、正义和适用性这三方面的价值,且这种平衡在不同的背景下很可能会有所不同。这表明了法律概念的比较维度:在不同的法律制度之间以及在法律存在的不同历史阶段之间(在拉德布鲁赫的案例中,包括威廉时期、魏玛时期、纳粹时期和战后德国)。

法律的风格:拉德布鲁赫及其批评者

因此,法律的"理想状态"是一个可变的概念,不能以任何永恒的方式对其下定义。拉德布鲁赫的犹豫、不确定、常常是临时的观点(有

---

① See Omychund v Barker (1744) 1 Atk 21, at 33; Dworkin 1986:400.

时被评论家视为反复无常)和德沃金对一个完全整合的、全面的哲学价值体系的自信的终极理性承诺之间可能存在着非常鲜明的对比(Dworkin 2011b)。由此,德沃金认为道德和政治哲学家的角色是"试图根据广泛共享但迥然不同的道德倾向、反应、抱负和传统,构建具有自我意识的清晰的价值和原则体系"(2011b:109)。因此,正如他最终看到的那样,当法律被视为"政治道德的一个分支",它就在"提出一种生活方式"的"庞大而复杂的哲学理论"中占据了一席之地(2011b:1,405),即着重于对终极价值进行理性阐述和整合的完整的哲学体系。

这与拉德布鲁赫的观点相去甚远。接受反映实际法律生活的矛盾和妥协,而不是建立一个思想体系来解释"一种生活方式",拉德布鲁赫笔下的法学家被自我质疑所困扰:"我们应该相信我们一生的职业,然而……在我们生命的最深处,却一次又一次地怀疑它"(Radbruch 1950:139)。事实上,其观点的相对主义(或存在主义)方面(ibid:55-9;Friedmann 1960:198-9)可能是拉德布鲁赫法律思想中最重要的部分,区别于探索性、询问性的风格,也解释了对其研究评价的显著的两极分化。这很重要,因为它说明了法理学和(某些)法哲学观点之间的差异。

一些学者,特别是那些来自欧洲大陆的用英语写作(或翻译成英语)的学者,强调拉德布鲁赫作为一名法学家应该受到的尊重(Friedmann 1960:192,209)。有人赞扬拉德布鲁赫:"渗透到他整个工作中的智慧……渊博的学识,宽容的真诚……完全没有一点知识分子的傲慢。"(Chroust 1944:23)沃尔夫(1958:8,9)称赞"他的开放态度……随时准备倾听别人的意见,并认为其他观点是有效的",他希望"与那种已经固化成'专业学科'的法哲学"保持距离。……"他对好辩的不屑"……他"对封闭的法哲学体系要求的拒绝"。

这些陈述都是关于**法学研究的方法**,而不是关于理论的实质。它们表明,从某种哲学观点来看,这些思维方式可能被贬低,甚至被视为智力缺陷的标志。鉴于其纳粹时期的经历,拉德布鲁赫决心在1945年后重新思考他在战前的观点,对哈特(H. L. A. Hart)来说,这是"一种变节的特别辛酸"(假设他已经否认了自己早期的法律理论),①但是哈特认为,他"激情的要求"(而不是理性的论点?)是针对德国人良知的,其与"非凡的天真"联系在一起;拉德布鲁赫继续自信地宣称,他"只消化了自由主义精神启示的一半"(Hart 1983:72, 74, 75)。

然而,应该强调的是,拉德布鲁赫的法律经验,在一些重要方面,比他的许多批评者的经验要**广泛得多**,或许也更深刻。他曾在政府中担任过体面的职务,并是动荡的魏玛共和国时期的一名积极的自由学者和社会民主主义者。在被纳粹驱逐出教师职位后,他在德国经历了希特勒时代,对二战后的国家重建表示欢迎,并在重建之初提供了帮助。也许可以对他的思想有更细致的判断,②这一判断设想法学家"处于事件的中心",试图坚持法律的理念,同时敏锐地意识到其适用的背景,而不是疏远世事的哲学家精心阐述的,独立于不断变化的条件而声称其有效性的概念。但是,如果法学家不是哲学体系的构建者,也不是永恒抽象真理的探索者,那么有必要问,什么样的实践思维框架可以为他们的任务服务?

法学家需要一种**灵活**的思考法律的方式——承认法律的形式和内

---

① 如本章后面所讨论的,这种假设可能是不正当的。

② 参见登特列夫(A. P. D'Entrèves)写给朗·富勒(Lon Fuller)的信:"对哈特的'摇橹',我和你有同样的感受。我承认,在听到和阅读他对拉德布鲁赫的指责时……我不禁为我们的英国朋友们无可救药的自以为是感到遗憾(quoted in Lacey 2010:22)。关于拉德布鲁赫的政治观点和政治活动,特别是在魏玛时期,可以在Herrera 2003:147-71中看到精彩的讨论。在纳粹主义崛起之时,他是唯一有勇气公开谴责纳粹的法学家。See Kaufmann 1988:1633; Van Niekerk 1973:238-9。

容可以是非常多变的，但同时又不会忽视法律价值的可行的终极标准，以及相对于时间和地点的变化而言，法律理想状态的衡量标准。也就是说，法学家需要的标准和措施，在某种程度上，能够包含那些生活在法律之下并诉诸法律的人所珍视的一切。在一定程度上，拉德布鲁赫为这种思维方式提供了一个模型。我以他为前提，因为法学家的核心是"法律"（一个**他们**必须根据他们的经验来阐述的概念），没有一个单一的"外部"思想体系（经济/功利主义、神学、社会学、道德或政治）被允许支配这个核心。法学家需要为法律理念以及法律理念在特定语境中的实现找到独立的现实意义。

法学的核心：法律的可变几何形状

法律的理念在法理学上可以被认为是一个由三个核心价值构成的"三角形"——这个三角形可以根据情境伸展成不同的形状；我们可以说，作为一种价值的结构，法律具有**可变的几何形状**。因此，对拉德布鲁赫来说，法律的理念是：(1) **正义**；(2) **秩序**，或安全或确定性；(3)（适合）**目的**（Zweckmassigkeit），或私利或效用的三个价值的平衡。正义是根本的，法律的"具体理念"（Radbruch 1950：75，90）是同案同判和不同案件的不同处理。但这还不够，法律的"目的"（目的是社会历史的时间和地点所赋予的价值内容）决定了谁和什么被认为是相等的和不同的，以及如何衡量和实现正义（ibid：90-1）。秩序——法律的第三个价值——在某种意义上，甚至更为根本。没有秩序，正义和目的的理念将变得毫无意义。即使在法官不能通过法律伸张正义的情况下，也有义务为秩序的价值服务,这需要法律原则的确定性和法律裁决的可预测性。通过法律伸张正义和实现目的是以法律的稳定性为前提的。在这个意义上,维持秩序是法律的首要任务(ibid:108)。

法律的可变几何形状足以解释拉德布鲁赫所谓的"变节"——经历了纳粹主义之后,他关于法律理想状态的条件的观点发生了明显的变化。他很可能认为,在魏玛时期,**秩序**最终是不可谈判的价值。没有它——在霍布斯主义的无序状态中——就不会有社会和法律。魏玛时期的不负责任地反对宪政、带有偏见的司法机构未能始终如一地适用法律条文,以及街头暴徒们每天执行不合法的"正义"和追求他们的政治"目的",这些都能表明,**在这种情况下**,现实主义的法学家必须尊重秩序,尽管(拉德布鲁赫坚持认为)法律理念的核心价值始终是正义(Paulson 2006:34-6)。

他非常明确地说:"结束法律观点的冲突比公正权宜的决定更为重要。"(Radbruch 1950:108)在这一观念(反映了对社会崩溃的恐惧)中,法律所反对的是作为法律对立面(完全否定)的**混乱**和**无政府状态**。然而,任何实在法所实现的……法律确定性,都没有'绝对优先'于公正权宜的要求,它可能……尚未实现"。(ibid:118)。

后来,纳粹主义似乎向拉德布鲁赫揭示了法律的另一种对立面(作为一种现代欧洲现象可能完全无法预见):由于**完全不关心公平对待**,完全废除了作为一种价值的正义,法律的对立面或完全否定现在变成了**野蛮状态**。拉德布鲁赫观点的重心肯定发生了变化,即三角形的几何形状发生了变化:它的重心从"秩序"转移到了"正义"。但毫无疑问,无论他的方法还是他的理论参考框架都没有发生任何重大变化。价值三角形仍然代表着法律的理念,不同的价值之间存在张力,它们之间的平衡会随着环境的变化而改变,在极端危机时期,明智的法学家似乎必须特别关注可能摧毁整个三角形的因素。

那些为拉德布鲁赫的反复无常(尤其是有人指责他在1945年后放弃了二战前的法律实证主义立场,转而支持自然法立场)辩护的人倾向于强调他思想的连续性,认为他能够根据经验修正和重新诠释自己的理论。① 这个论点似乎很有道理。他在1945年之后认为在实在法中"甚至都没有伸张正义的企图",因此"平等——正义的核心——被故意背叛了",一项法令可能"完全缺乏法律的本质"(Radbruch 2006:7)。他关于纳粹法律的论点可以被视为确定了一种终极状态,在特定的历史环境中,极其多变的**正义的条件**(正义作为一种价值,始终是法律理念的基础)已经达到了其存在的极限。因此,从一个角度看,似乎是哲学上的无常,从另一个角度看,是法学家在不断变化的政治条件下,不断努力维护一种灵活但最终不容置疑的法律理念。

这样的方法不能具体说明什么是法律的理想状态。它只是设定了参数和指导方针——一个法学家在其中工作的思想框架。但是,这一指导方针是坚定的(秩序和正义是法学家必须**始终**服务的价值),即使它受到了严格限制。只有在极端情况下(秩序的崩溃或正义的一切表象的消失),②似乎才会呼吁法学家的良知来抗议法律理念的毁灭。在"正常"时期,关于法律中秩序和正义的最佳平衡,一切都似乎留给个人判断。

---

① Paulson 1994, 1995, 2006; Wolf 1958; Friedmann 1960; and Van Niekerk 1973. 相反的观点引自Spaak's (2009)。

② 或者,我们可以推测,政策驱动的实用主义、权宜之计或工具主义在法律中的完全支配地位——但拉德布鲁赫似乎没有解决这个问题,除了指出,"法律决不是一切'有利于人民'的东西"(Radbruch 2006:6)。

文化背景下的法律理念

在这些问题上，我们能概括地说什么是"好的"或"明智的"法律判断吗？拉德布鲁赫在讨论法律价值三角形的第三点时做出了贡献——法律的"合目的性"（Zweckmassigkeit）。他把秩序（作为法律的确定性）和正义（作为对类似案件的平等对待）看作永久的、不变的（如果是正式的）法律价值（Radbruch 1950：108-9）。因此，它们属于法学家分析和应用的范围。但法律的"合目的性"**在文化上**是由时代的主流思想所赋予的，也就是说，法律在不同的社会历史背景下受到不同的"善"的概念的指导。这导致对个人与国家和社会的关系或对不同忠诚度或取向的不同看法，例如，为了个人自由，为了国家和民族的利益，或者为了更广泛的人类文化的建设（ibid：90-5）。

因此，目的是指**社会历史条件为法律理念设定的目标**；目的为法律服务的价值——正义设立标准。它影响这一价值的社会意义，例如，决定哪类案件在法律上被认为是相似的，哪类案件是不同的。因此，法学家的关注似乎不能局限于秩序和正义的纯粹技术上的协调（就像法治结合了法律的确定性和法律面前的平等性）。法学家必须超越法律的技术效率，把法律看作一种体现文化期待的理念。在一个层面上，秩序和正义是基本的（技术的）价值，必须始终使法律的实践和程序充满活力。在另一个层面上，它们是相对于时间和地点的法律意义的表达。这个连续体似乎连接着秩序和正义的技术方面和社会方面。然而，拉德布鲁赫没有明确指出的是,法学家能在多大程度上促进这些社会价值的实现,换句话说,他们在社会理论或道德和政治哲学领域能走多远。

拉德布鲁赫的思想似乎不能带我们走得更远,但没有必要在他这里止步。在把秩序和正义作为技术性法律问题来处理时,法学家是有坚实基础的。正如实证主义法律思想中经常描述的那样,这些纯粹是规则体系运作中的效率问题,而作为调和这些技术价值的法治,并不一定是一种社会(或道德)的善,而是仅仅作为一个运行规则系统的条件(Raz 2009b：210-29)。然而,在另一个层面上,秩序和正义作为**社会**价值在**某种**组合中的实现总是需要法律(Cotterrell 1995：154-5,316-17)。

毫无疑问,在不同的社会历史背景下,个人对这些价值的解释是不同的。例如,有人可能会问,在和平或稳定的状态下,在混乱或腐败的状态下,在暴虐的状态下,或在战争状态下,秩序有多大可能？秩序意味着什么？在一个由阶级、种姓或等级构成的社会、奴隶社会或自由民主社会中,作为平等或公平的正义与什么有关？人们会在多大程度上将秩序置于正义之上(正如他们所理解的这些价值),或者相反？他们对前者或后者的满意程度如何？这些价值的相对重要性可能因时间和地点的不同而有很大的不同。

这表明需要以非教条的、相对主义的方式进行法理学思考(cf Radbruch 1950：55-9)——强调关于法律理想状态的灵活思考框架。拉德布鲁赫的"法律理念"就是这样一个框架,它在暗示法律价值的可变几何形状方面是有启发性的。其他的有近些年来约翰·芬尼斯(John Finnis)(2011：276-81)提出的关于法律"核心意义"的观点,以及奈杰尔·西蒙斯(Nigel Simmonds)(2007：52)提出的关于法律的"原型"的观点,"法律的实例只是在不同程度上接近法律的原型"。最重要的是,人们可能会提到朗·富勒。对富勒来说,只有在最极端的情况下,法律的存在才会成为一种"全有或全无"的问题(当法律符合或不符合"义务的道德"的**最低**要求时)。更为实际重要的(因为适用于所有法律体系)是他的主张,即社会秩序**或多或少**是"合法的",合法性是一个**程度问题**,而法学家的任务是将合法性作为一种道德价值结构来**构建**(Fuller 1969:122-3)。

就像拉德布鲁赫有时因含糊不清或不确定而受到批评一样,富勒也因无法**确切**说明法律上的卓越品质的含义,或合法性相互冲突的属性如何协调,或法律何时开始或停止存在而受到批评。这些都需要一种**思想体系**将法律作为一种现象进行全面的解释。但必须强调的是,这些要求的对象是**作者**(如富勒或拉德布鲁赫),他们对这种系统并不真正感兴趣。

他们认为他们的法律理论有助于**法律技艺**,提供的不是永恒的或结论性的答案,而只是一个针对有实效性的实际问题的框架。① 因此,**法律技艺和哲学体系似乎差不多是对立的观念**。卡尔·卢埃林远不是一个体系建构者,他坚持认为,僵化的概念化是"糟糕的法理学",并最终将法律技能的理念置于其法律理论的核心 (Llewellyn 1962:83;Twining 2012:199-200, 561-8, 572; Llewellyn and Hoebel 1941:297-309)。法律智慧仅仅是在尽可能高的水平上实践的一门技艺。

从法学的角度来思考法律的"合目的性"无疑是最具建设性的方式:不是关于法律目的的一种结论性**理论**,似乎法律只有一个永恒的目的有待发现,或者,似乎有可能对这样一个目的进行系统的阐述。关于

---

① 关于富勒在理论上的"对中庸的肯定"以及他对"完整的"哲学体系的明确的法律拒绝,参见 Winston ed 2001:61-3, 305-13;Soosay 2011。

法律目的的法理学观点无疑只是法学家对其工作所处的特定社会历史背景的持续经验关注,只要这种背景能够说明公民对秩序和正义的愿望和期待的内容和条件。对目的的关注并不涉及严格阐述社会价值的哲学努力,而是涉及在法学家的社会历史环境中识别经验模式的**社会学**尝试,由此法律的理念可以在**这种**背景下,在与**这些**愿望和期待相关的情况下被推进。它要求对人们在特定的社会、特定的时间内理解和体验秩序和正义价值的方式具有敏感性。①

为什么要在法律上考虑这些公众的愿望和期待呢?答案是,如果法学家要促进法律的价值和良善,他们就会努力展示法律的社会意义。因此,他们将被引导尽可能地塑造和展现法律,使之成为社会上和政治上的统一力量(Cotterrell 2003:8-11)——一种潜在地造福所有人的社会制度。从这个观点来看,法律的理念必须面对社会的多样性和冲突,而不是试图将其排除或仅仅复制它们。法律本身必须**在法律上**表现为一个统一体。② 作为一种"此时此地"的理念,法律不仅必须与无数的个人利益有关,还必须呈现为一个令人信服的社会生活框架,服务于**整个社会**。如果不能这样描述法律,对法律的冷嘲热讽就会蔓延,就会对法学家所寻求的法律理想状态构成威胁(Tamanaha 2006)。

因此,法学家必须以不仅促进法律作为一种价值结构的统一性和连贯性的方式,而且以促进法学家所服务的社会统一或整体团结的方式,把握好法律的正义—秩序—目的的三角关系。因此,关键的法律任务

---

① 关于这种方法如何在与拉德布鲁赫截然不同的社会历史背景下运作的说明,参见Cotterrell 2016。

② 也就是说,一个单一连贯的、切合时宜的实际规制框架。正在进行的描述法律规制统一的法学努力,与努力描述其确定无疑的权威是一致的。这种对规制统一的探索与任何"价值统一"的哲学演绎(Dworkin 2011b:1)都有明显的区别,在这种哲学演绎中,不同的终极价值最终是协调一致的。

是解释和影响法律,使其调和公众的正义感和公众对安全的愿望的多样性,与此同时,为这种全社会的团结提供最大化的规制条件。

法学家的责任

我的观点是,法学家必须倡导把法律作为一种灵活但独特和统一的价值结构的理念——就像拉德布鲁赫的法律思想所激发的可变几何结构。如果**没有人**在这种意义上强有力地和有影响力地为法律说话,而人们通常只是为了自己的政治或个人目的而利用法律,那么历史就会显示出一系列的风险,最终包括宪法崩溃,如魏玛共和国。在美国,已经出现了相关的危险。德沃金(2006a:1)写道,美国正处于"一个特殊的政治危险时期",美国公民"不再是自治的伙伴;我们的政治可以说是一种战争"。即使在最高的司法级别,有时也会表达一种似乎围绕法律不可能达成任何共识的法律观点。[①] 法律不同于政府,也不同于对特定利益追求的观点——其具有普遍的法律重要性——似乎需要支持。

德沃金的解决方案是寻求深层次的统一原则。他认为,尽管人们的意识形态和世界观不同,但理性的人可能会被说服承认这些原则,并

[①] See Toobin 2007:237. 该书引用了美国最高法院前首席大法官威廉·伦奎斯特在2004年与一位不愿透露姓名的同事的私人谈话:"不要担心这个案子的分析和原则。只是要确保这次的结果是好的——因为你声称的那些原则在下一个案子中会被忽略。"一般参见 West 2005。

从这些原则中推理出政治法律思想。① 但是,为什么要假定有一些深刻的原则可以说服人们同意呢？如果只有不同的观点和意识形态呢？如果"非理性"(就像马克斯·韦伯在描述一些习惯性行动和情感行动时所说的那样)或**不同的**理性与哲学理性对峙会怎样？（Weber 1968: 25; Brubaker 1984: 50-1)

法学家的任务不是试图将冲突合理化,而是确定冲突在哪里,以及法律如何应对。问题是,在道德和政治分歧面前,或者仅仅是在公众对终极价值问题不感兴趣的情况下,如何保持法律作为一种普遍的善。简而言之,法律的问题是法律理念如何在它所面临的社会历史条件下生存。因此,法学家的关切既是社会学的也是哲学的,但无论是哲学还是社会学都无法**消除**这些关切,它们仍然是法学家的责任。

如本章所述,赋予"法学家"一词特殊的含义,是赋予这种责任的一种方式。这里讨论的法学家角色的概念指的是马克斯·韦伯意义上的理想型,也就是说,它提供了一种范例,在某种程度上可能近似于许多(但肯定不是全部)被称为法学家的人实际所扮演的角色。这里展示的是一个思维实验。它的问题是:如果有这样一个公认的专门角色来守护法律理念及其理想状态,那么,接下来会发生什么？然后会出现什么问题？接下来如何判断法律工作？

这种方法表明,法学家作为法律理念守护者的角色不仅仅是对法律知识技术的守护。它包含了法律在一个有凝聚力的社会中反映秩序和正义愿望的责任。因此,这里提出的法学家角色不仅仅是一个韦伯式的纯粹类型,一个解释现实各方面的概念模型。在更通常的规范意义上,它也是一种理想。他们声称这个角色很重要,是一个应该追求的

---

① 德沃金（2006a: 9) 似乎承认,这未必是对这些问题的法律回应,并指出在这种背景下,"我主要感兴趣的是政治原则,而不是法律"。

理想。但是,这并不意味着法学家角色在实践中必须由任何特定的专业团体所垄断。哲学家、法官、学术型法律人、以客户为中心的法律执业者,以及其他一些人,有时或多或少地会加入或退出法学家角色。法学家当然不会被禁止担任与法律有关的其他角色,而其他人则在他们的部分工作中扮演法学家的角色。即使这个角色被视为泾渭分明,但担任这个角色的人在职业上的忠诚不必泾渭分明。

但是,有必要确定一种独特的专业承诺,以守护法律的理念,特别是当人们广泛地认为需要明确定义许多公共角色的道德方面时。法学家角色和许多其他与法律有关的知识和实践活动同时存在。法学家角色常常被其他类型的角色所掩盖。然而,如果法律的理念本身是有价值的,那么,在这个意义上,此处讨论的法学家角色可能是所有参与者中最基本的。在下一章中,我将讨论专门为这一角色服务的理论知识的性质。

第四章　为什么法理学不是法哲学？

捍卫法理学

本章认为,法理学(jurisprudence)作为一门关于法律的理论知识体系,是支持法学家发挥作用的必要资源。但是,法理学的本质还需要进一步的澄清,事实上,其本质已被广泛地误解。法理学本质深层的不确定性使其很难在智识上进行自我辩护。也许正因为如此,在过去的几十年里,人们越来越多地认为法理学已经被纳入或重新定义为一个不同的名称——"法哲学"(legal philosophy)。的确,人们常常认为"法理学"和"法哲学"是同义的。但我在这里要说的是,它们并不是同义词。

法哲学,正如英美学者现在所理解的,指的是一个理论领域,它在哲学中具有明确的特征和强大的知识基础。它的方法、问题的选择、论证的形式和关联的标准被作为一门学科的哲学所验证。在这些术语中,法哲学就是以法律为对象的哲学分支。因此,人们常常认为它比没有并入法哲学或重新定义前的法理学具有更高的智识地位。

事实上,许多英语国家的法哲学家现在认为,只要法理学**不是**当代意义上的法哲学,就不值得严肃的学术关注。的确,法理学常常似乎是一套互不相关的法律见解,它几乎不加区别地借鉴人文和社会科学的"非法律"学科,以及法律人对自身法律专业知识和实践的理论思考。

因此,在过去,法哲学家攻击法理学的"方法的融合"(Kelsen 1967:1)看似很重要,即以原始(前哲学)的状态为特征的一套非系统的方法。

如今,这些抨击通常被认为是不必要的。就法哲学家而言,他们认为这场战斗已经胜利,因为法哲学在智识上更加严谨。当代英语国家的法哲学倾向于法理学的表面,而不关心其本质,因为这可能与法哲学家所做的有所不同;[1]法理学可能仅仅作为一套旨在拓宽法学本科生思维的教学理念的名称而被接受,但这并不会使它成为一个严肃的学术研究领域。

在本章中,我将为法理学辩护,认为它不仅仅是一套教学理念,也是一门有别于法哲学的学问。有人认为,无论法理学的文献通常(在学术术语上)多么缺乏训练,在哲学上多么不适当,它都应该被视为一个旨在探索、帮助和发展法学家**实践智慧**的法律思想的重要组成部分。通过查字典可以发现,**实践智慧**可以指了解、知识、睿智、谨慎、自由裁量权和远见,在这里它们将作为一组临时的含义,[2]附加在对法律的一种理想的法学理解上。

在此基础上,法理学不是一个学术领域,更不是一个现代学科。法理学充其量只是与法律——一种服务于社会需求和社会价值的规制实践——理念(和理想)相关的见解的拼凑,因为这些见解是在特定的时间和地点得到承认的。因此,从这个角度看,法理学是一个探索性的学科领域,旨在服务于正在进行的、不断变化的法律实践。它的目的不是寻找法律本质的终极真理,或永恒的、"本质的"或"必要的"法律特征。

---

[1] 因此,《牛津法理学与法哲学手册》(*Oxford Handbook of Jurisprudence & Philosophy of Law*)(Coleman and Shapiro eds 2002)将其主题视为法哲学,而没有提及作为一个领域的法理学。

[2] 这些词所表明的含义的多样性在这里很重要。它们有效地暗示,法理学不能被系统地编入伦理的或其他方案,而是应促进或服务于一组(不一定容易整合的)法律优点。

法理学的启蒙**任务**可能是永恒的；这项任务使有组织的社会规制成为有价值的实践，它植根于且发挥作用于其存在的特定背景和历史条件之中，但也旨在通过规制为正义和安全服务，因为这些永恒的价值是在其时间和地点被理解的，它们可能会被进一步澄清并作为法律理想加以调和。根据这一观点，法理学的目的是向那些长期（通常是专业地）关心法律理念的理想状态的人提供知识，法律在这个意义上是一种理论指导的实践，并为他们提供促进法律健康良善的手段（这本身就是一个解释的问题）。

在前一章中，这些在法律上承担责任的个人被认为在法律方面发挥着特定的作用——法学家的角色，在这里是用理想的典型术语来理解的——本章的目的是捍卫作为一个当代学科领域的法理学，其存在的理由是收集和组织知识来帮助法学家。

拼凑法理学及其敌人

如何解读这样一种法理学观念呢？由迈克尔·弗里曼（Michael Freeman）编辑的有许多版本的劳埃德（Dennis Lloyd）的《法理学导论》（*Introduction to Jurisprudence*）（Freeman 2014）已经成为英国和其他许多国家几代法学生使用的教科书。此书主要服务于"教学式的"法理学——它依赖于教育的正当性，正如前面提到的，本章的目的是超越[1]——但在这样做的过程中，劳埃德捍卫了法理学的一个愿景，即拒

---

[1] 我在2000年已经讨论了教学式的法理学的具体价值。

绝了法理学应该等同于法哲学的主张。

按照第一章的建议,所采用的方法可被称为理论的"拼凑"[①]——一点这个,一点那个,每一种不同的理论或观点都会被听取;**从一开始**就没有将其定义在辩论议程之外;不需要出示进入作为"独家调查领域"的"法理学领域"的经过预先验证的凭证(Halpin 2011:184)。这种方法仅仅是一种开放的好奇心,想知道什么可以鼓舞人心,什么可以从新的角度展示法律。

丹尼斯·劳埃德(1965:xvi)在介绍他的教科书时表示,他是"作为法律人而不是哲学家"写作的。显然,他不认为这是一个致命的缺陷,但法理学领域应如何与法哲学领域相联系这个问题被提了出来。早在1959年,他就满足于拒绝他所认为的将语言哲学作为通往法律启蒙道路的过分主张(Lloyd 1965:xvi-xvii)。他的方法延续了法理学传统,即不以现代学术术语为自己辩护。正如他所阐明的,他的参照点是法律(一个极其重要的社会、政治和道德的理念)和法律人,而不是任何人文学科或社会科学的特定学科方向。

这意味着,法理学不需要这些学科的凭证来支持其有效性。但这肯定不是从理论上研究法律的唯一可接受的(甚至不一定是最重要的)方法,因为很明显,研究法律不仅仅是为了法律目的。劳埃德捍卫一种拼凑的法理学是与拥护法哲学(与道德和政治哲学合作)完全相容的,法律社会学作为强大的学科领域,旨在以非法律为主要目的,对法律和法律现象进行理论研究(但在此过程中可能会产生许多具有法律价值的知识)。

然而,"开放的好奇心"并不足以证明法理学的正当性。开放的思

[①] 关于法理学的"拼凑"参见 Hull 1997:8-13。

想和好奇心可以引导人们向许多方向发展,这些方向表现为今天英语国家存在的大量法学研究方法,但其似乎常常使法理学成为一潭死水。在某种程度上,这是由于未能以足够清晰的方式界定和捍卫作为一个学科领域的法理学,因此人们感到有必要用学术上严谨的法哲学来取代它——这被作为一种职业的哲学所证实。尽管如此,仍有许多学者坚持认为法理学不能等同于法哲学,但其论证的方式往往使法理学处于相对弱势的地位。

朱利叶斯·斯通(1968:16)写道,法理学是"法律人的外倾"——但他并没有充分解释这种向外转向应该走多远,它是从什么地方向外转向,以及由此得到了什么。他很清楚,大多数法理学问题不同于哲学问题(ibid:8),但他对于是什么将这些问题连接成一个连贯的学科领域并不是很清楚。威廉·特文宁(William Twining, 2002:3)也拒绝将法理学等同于法哲学,他将法理学定义为"作为一门学科的法律的一般或理论部分"。不过,这回避了法律作为一门学科的性质和界限的问题,我们仍然需要明确法理学领域的统一目标。① 特文宁(1979:575)曾经列出了法理学可以为法学服务的至少五种不同的功能,可以概括为整合法律、促进法学与其他学科的关系、对法律的性质和功能进行哲学探讨、将作为一种实践的法律进行"中间秩序"的理论化,以及对法律学术思想史的探索。② 在特文宁看来,法哲学是法理学的一部分。但这一切的意义是,法理学的这些任务之间并没有任何非常明确的关系;法理学只是被描述,但没有系统地证明其合理性。

一个流行的当代法理学文本采取了不同的方法:"法理学的问题,

---

① 当法律知识的范围仍有待厘清时,将法理学视为"法律知识的认识论基础"(Tur 1978:158)也存在类似的问题。
② 更广泛但或许更分散的列举参见 Twining 2009:9-10。

虽然是'理论的',是关于'法律性质'的一类问题,但任何律师或法官都应该提供合理的明智的答案"(Penner et al 2002：4)。这样做的好处是,法理学不与任何特定的学科规程或学术领域相联系,而是与作为一个多样的、不断变化的实践范围的法律相联系。这最接近本章试图提出的论点,但对于法理学对这些实践的贡献,还需要进一步说明。难道**每个**法律人都应该对法理学的问题有答案吗?

相比之下,法哲学家往往非常清楚。布莱恩·莱特(Brian Leiter)写道,"法理学"是"关于法律的哲学问题的研究",以及"独特的**哲学**问题……定义法理学的学科"①。这些问题都是通过对哲学本质的一定理解而给出的。除此之外,在这样一个观点上,可能没有重要的法律理论,法理学家——如批判法学理论家、女权主义法学理论家、反实证主义者朗·富勒、后现代主义者、批判种族理论家、法律的经济分析者——"与法哲学家相反",提供了"这么多不成熟的想法"(Leiter 2007：100-1)。但是,这种法理学的"哲学观点"(Twining 1979：574)是有代价的。

本章的以下几节概述了当代英美法哲学的主要观点(而非实质),首先关注其实证主义核心,然后对其进行更广泛的思考。我认为,这些特征使法哲学不能代替作为法学家**实践智慧**的法理学,并使它基本上不关心这样做。结果之一是,使得许多法哲学的法律价值备受争议,甚至在某些方面被完全否定。在法学界,似乎现在很少有人回答法哲学能提供什么的问题。从这种对当前法哲学的怀疑观点(这里主要基于对法哲学家自我评论的整理)出发,本章继续阐述了法理学的特殊功能,以及为什么这个研究领域不需要任何对它有贡献的特定学科的具体论证。

---

① Leiter 2007：84,137,黑体为原文所加。

当代法律实证主义

概括是有风险的,但有时需要在一个知识领域尝试获得一些全面的观点,感知其形态和定位,以及洞察其发展方向。因此,尽管法哲学包含了各种各样的工作,但有必要在这里努力确定它的一些主要特征。法哲学中通常被视为核心部分的,可以被称为当代法律实证主义(contemporary legal positivism),其余的大部分都是围绕其组织或参与的。

这种对法律概念结构的描述和分析最明显地统一体现在追随者对作为其起源文本的哈特《法律的概念》(*The Concept of Law*)(1994)的认可上。当代法律实证主义被认为"与二战后哲学的任何研究领域一样成功"(Leiter 2007:2)。正如约翰·加德纳(John Gardner, 2001:199)所阐明的,它的创始命题是,在任何法律体系中,"给定规范是否合法,且是否构成该体系的法律的一部分,取决于其来源,而不是其优点"。这一主张是为了将当代法律实证主义与它所理解的与自然法理论相关的法哲学中的对立项区分开来。因此,对当代法律实证主义来说,自然法思想是一个理论上的"他者",与之相对,它主张自身的同一性。接受当代法律实证主义创始命题的后果是,对法律的概念探究可以在很大程度上排除任何实质性的道德或政治关切的情况下进行。

实际上,很容易看到当代法律实证主义的定义主要是基于被排除在考虑之外的东西。加德纳(ibid:223-4)对此明确指出,当代法律实证主义的创始命题只涉及法律**效力**的问题;关于法律的其他哲学问题也在考虑之外,但不是当代法律实证主义特有的,因此也不是探索其核心命题含义的统一方案的一部分。这就要求我们坚持这样一种观念:在任何社会中,法律是由某些社会事实的存在所决定的(Leiter 2007:122)。

对当代法律实证主义创始命题的解读产生了它的两个对立派别:"排外"(或硬的)和"包容"(或软的)实证主义。前者声称决定法律效力的东西**不能**包括纯粹的道德标准,而后者断言,尽管一些(或许多)法律体系可能在现实中展示有效性的道德标准,但我们仍**可以**设想一个不依赖于任何此类道德标准的法律体系(因此,法律在分析上仍然与道德分离)。现在有大量的文献在探索这些主张以及相关主张的影响。因此,关注的焦点是在正确解释当代法律实证主义创始命题的基础上,发展一个关于法律的严谨概念。

这里关注的不是当代法律实证主义围绕这些问题的辩论,而只是从法律的角度关注这些辩论的**狭隘性**。然而,正如加德纳所坚持的,它们只占据了法哲学的一部分,围绕它们的争论的强度、复杂性和假定的关键重要性转移了人们对法律的其他哲学问题的注意力。很多理论家[1]已经注意到(并感到遗憾)实证主义法律理论的关注点随着时间的推移而逐渐缩小:从边沁到约翰·奥斯丁(John Austin),再到哈特,然后到哈特目前的当代法律实证主义继任者。早期的法律实证主义认为法律来自可识别的政治来源的"假定",而不是通过启示、自然或对人类状况的思辨推理产生的,这可能为许多关于法律在道德和政治中作用的理论探讨提供了自由的基础。但渐渐地,"需要一种超然的、描述性的法理学……无情地与政治理论世界分离,在政治理论世界中,如此

---

[1] See e. g. Halpin 2011:200, Schauer 2011, Priel 2015, Dyzenhaus 2000, and Twining 1979:558.

多关于人性的有争议的概念无休止地相互争斗。这种分离不是一种可以公开辩论的教条,而是对研究领域本身的一种果断"(Coyle 2013：401-2)。贯穿当代法律实证主义严密的哲学方案鼓励并证明了这种狭隘性,将法理学转化成一个有限的辩论舞台,它不受社会或法律意义标准的约束,而是受辩论中技术复杂性准则的约束。

当代法律实证主义阵营之外的法哲学家以及内部的一些学者都注意到了这种情况。罗纳德·德沃金(2006b：213)写道,当代法律实证主义面临"知识偏狭"的风险,它将法哲学理解为"不仅有别于法律的真实实践,而且有别于对法律实体和程序领域的学术研究",有别于"规范的政治哲学"和"法律社会学或法律人类学……简言之,它是一门可以自己研究,既不需要背景经验,也不需要训练,甚至不需要熟悉任何超越其狭隘世界和少数信徒的文献或研究的学科。它与经院神学的类比是……吸引人的"。

更加克制的抱怨普遍存在。一种观点认为,法律实证主义传统通过其特定的概念和定义上的聚焦产生了"排他性和疏离",但"这种努力的弱点即其对法律的限制性理解建立在单一的见解之上,对每个人来说都是显而易见的",除了那些追求它的人(Halpin 2011：200-1)。英国实证主义法哲学的窄化使得它"学术界的受众越来越少";它未能"向自己团体之外的人传达其思想"(Richard Cosgrove, quoted in Duxbury 1997：1996)。英语国家的法哲学已经变成一个"小的、封闭的、相当狭隘排外的世界"(Leiter 2007：2)。

对于一些批评者来说,真正的不满在于当代法律实证主义已经**与法律实践**及其社会和政治背景**失去了联系**。为了解决这一问题,有必要摒弃这样一种观念,即"法教义学者所面临的最深刻的问题必须等待先前哲学问题的'解决'。另一种观点必须占上风:我们必须从法律人的角度出发,从具体层面的司法行政开始"(Coyle 2013:418)。自然法学家约翰·菲尼斯(John Finnis)的作品在过去常常被当代法律实证主义学者认为与他们的研究兼容(因为与他们的研究不同),现在他强烈谴责哈特当代法律实证主义遗产的自满、盲目或视野狭窄,导致当代法律实证主义拒绝解决菲尼斯所认为的当代社会中与法律紧密联系的重要和紧迫的政治和道德问题(Finnis 2009:180-5)。

对这些批评的回答可能是,即使他们指出了当代法律实证主义研究的局限性,他们也不会**以自己的方式**使这些研究无效。在最坏的情况下,从某些观点来看,这些批评可能是无足轻重的(e. g. Dyzenhaus 2000:715)。然而,其他批评也对当代法律实证主义研究本身产生了负面影响。布莱恩·莱特(2007:1-2)认为,当代法律实证主义关于哲学需要"通过诉诸人的直觉的概念分析方法(如在日常语言中表现出来的)"的观点,已经被20世纪60年代英语哲学中的"自然主义"革命所削弱。虽然当代法律实证主义最近有关于方法的辩论,但这些辩论是"独特的和狭隘的";它们已经脱离了更广泛的哲学辩论,从根本上挑战了概念分析和依赖直觉的认识能力。但是,在莱特看来,当代法律实证主义通常毫无疑问地假定这两个方面的可行性是其实践的基础(ibid:164-75)。

一直是当代法律实证主义核心的概念分析也受到了菲尼斯的挑战,本质上这种概念分析预设了对概念(如法律的概念)的选择(而不是发现),而任何选择都取决于寻求概念的**目的**。因此,当代法律实证主义关于法律的概念探究需要详细地阐述这些目的,由此要求当代法律实证主义对其自己规定的分析范围之外的问题(包括道德或政治问题)进行开放。[①] 在坚持当代法律实证主义基本原则的同时,稍许"开

---

① Finnis 2011:ch 1, Finnis 2009:163-6. Cf Endicott 2001, Gardner 2007.

放"的努力会导致更多的复杂性。① 此外,当代法律实证主义有时会因为对法律的社会和政治背景的本质的假设而招致批评(e. g. Coyle 2013;Twining 1979:564),它不认为这些假设是有争议的,因为它缺乏对这些背景的实证和比较研究的关注。问题在于,即使承认其狭隘领域的有效性,当代法律实证主义在多大程度上是基于足够坚实的基础来追求这一目标的。

当代法律实证主义对作为一种广泛公开探究的法理学的任何理念的作用,也因对其典型论证模式的批评而受到质疑。安德鲁·哈尔平(Andrew Halpin, 2011:180-5)讨论了整理相关论点的三种方法。第一种方法是"不言自明的脱离",在这种情况下,只接受某一特定的理论方法以确定主题,最终使之不可能与其他理论方法展开有意义的交流。第二种方法是广泛地推广特殊的"见解"(如当代法律实证主义的创始命题),以至于它实际上**定义**了相关的研究领域;不接受其他相关的见解或未能看到这些见解的全部意义将导致其被排除在争论范围之外。第三种方法是"分割主题",将相反的观点分配到不同的研究类别中(这样它们就不需要相互接触)。哈尔平最后一种方法的例子是哈特声称他的著作和德沃金的著作代表了完全不同的领域。这里对我们的重要启示是,这三种方法(哈尔平认为都有助于塑造当代法律实证主义)都是**排除争论性参与**的方法,而不是鼓励不同视角的挑战。

哈尔平所确定的方法并不服务于外向的、好奇的、探索性的法理学,它们限制了超出其预先确定领域的"外部"参与和探索。至于批评者,有时甚至是当代法律实证主义内部**确实**发生的争论,可以观察到的是其频繁的激烈程度和攻击性。正如一位评论人士指出的,"实证主

---

① 参见 Raz 1994:326-40 关于道德推理在法律中的地位;Dickson 2001"间接评价"理论。

义者和他们的批评者从探索彼此立场的弱点中获得了无数技术上的满足"(Coyle 2013：404)。这在多大程度上等同于**故弄玄虚**,等同于爱德华·希尔斯(Edward Shils,1985：168)所描述的神枪手的方法,"有些人认为智力活动不是理解力的延伸,而是一种竞赛,在这种竞赛中,公式和证明的严谨和优雅,以及证明别人是错的,都是有奖励的"①。这种与某些类型的律师辩论相关联的风格,似乎延续到了一些法学院的哲学类型中。

正如希尔斯所言,智力上的敏锐并非总是理解事物的最佳方式:"发现不是通过这种方式实现的,尤其是自我发现和在他人身上发现自我"(ibid)。但是,围绕当代法律实证主义争论不休的语言让人联想起神枪手的形象。② 事实上,在围绕当代法律实证主义的合法性观点展开的一场旷日持久的辩论中,一个疲惫的主人公明确地唤起了这一形象,并将这场辩论的高潮视为《正午》(*High Noon*)的最后对决(Simmonds 2011)。不过,这种讽刺只是强调了辩论的破坏性背景。

为什么法哲学不是法理学

如果**超越**其实证主义核心来看待当代英语国家的法哲学,其法理

---

① See also Collini 2006：113. 科里尼讨论了哈特的哲学上的环境:"以命题的形式看待事物,然后对其清晰度和连贯性进行严格的哲学指导,确实可以消除许多模糊的思维,尽管它可能不太适合于公正地处理涉及人类深层利益的问题,但这些问题必须用一系列简洁的'命题'来完整地表述。"

② 将相反的观点描述为"破坏的""解散的""愉快消亡的""荒谬的""荒诞的""愚蠢的""荒唐的""大错特错的""糊涂的"和"一个笑话",举几个例子:see Kramer 2011：116；Leiter 2004：176；Leiter 2007：4, 20, 59, 100-1, 174；and Gardner 2001：225。

效用的问题就会有所不同。当然,它包含了各种各样的领域。只有以哲学为母体,以法律为焦点,才能确定对其范围的定义限制。在早期,当哲学在学术界还没有那么专业的划分时,人们很容易把法哲学和法理学视为同义词;什么问题是"哲学的"问题,可能一直是无关紧要的。原则上,如第一章所述,没有什么能阻止法学家宣称他们对法律任何一般的思考都是法哲学的。今天,由于法哲学被确定为哲学的一个学术领域,情况就不同了。

这引入了一种新的标准,用于评估法律理论研究的价值,其基础是它们是否在"哲学上有趣"(cf Twining 1979: 569-70)。而那些可能具有法律意义的想法——因为与法律实践或经验的一般理解有关——有时会以"哲学上的混乱"出现(Leiter 2007: 60)。事实上,对法哲学问题的研究似乎可以**不考虑法律的实际背景**。例如,一种观点认为,可以依据法律的"基本"特性从哲学上详细地阐述法律的概念,无论这些特性是否存在于任何特定的社会条件中;如果条件证据表明其规制形式不符合法律的哲学概念,则其就不是需要调整的概念;而应得出在这种情况下没有法律的结论(Raz 2009a: 25, 91-2)。哲学上的本质不受偶然存在的支配。

任何与法律的理念(和理想)有关的法理学研究都存在几个问题,"法律作为服务于社会需求和社会价值的规制实践,而这些需求和价值是在特定的时间和地点被承认的"。对法律进行哲学研究,而不考虑特定时间和地点的经验,就可能会对法律相关性表现出有限的关注。法哲学主要寻求普遍真理,而不是根植于社会背景特殊性的知识,①人们有时认为获得这种知识需要"耗费生命的实证研究"和"大量数据"(Dworkin 2006b:166-7)。所以,当法哲学家提到"社会学"方面的原因时,他们通常指的是关于社会条件相关性的主张,而无须实际研究这些条件。一个著名的例子是哈特在《法律的概念》中声称自己参与了一个"描述性社会学"的项目(1994:vi)。对他来说,这主要是对人们实际如何使用语言的猜测,但没有对此进行任何实证调查,没有对其社会学意义进行任何检验,也没有对语言使用中可能存在的社会差异进行任何识别。

然而,通常将法哲学与系统的实证研究隔离开来的,最终并不是后者所声称的困难,而是一种信念,即与发现无涉背景的真理或概念化法律本质的努力相比,实证研究是无趣的,这些努力受到直觉的指导,即什么是有哲学意义的,什么是探究的可靠基础。

在这里,我们所关心的不是对法律(或其他任何事物)的真理、普遍性或本质的哲学探索是否适合作为一个哲学领域的辩论。问题在于,它是否适合作为一个**法学领域**,如果没有哲学家认为无趣或实际上不可能的实证探究,是否可以努力寻找法律世界中具有永恒有效性的知识。如果不研究社会规范可能采取的各种形式、影响理论问题形成方式的各种社会和历史背景,以及这些问题在多大程度上被视为重要和有意义的法律问题,人们能以任何有用的方式推测法律的永恒或基本特征吗?

如果将法理学理解为专注于促进法律作为一种有社会价值的规制

---

① See e.g. Raz 2009b: 104. 拉兹描述他所认为的"法哲学和法社会学之间的区别"。后者是偶然的和特殊的,前者是必然的和普遍的。然而,正如法哲学家所使用的,这种区分的方式暗示了一种误导,即法律社会学(不像法哲学)不关心或不提供一般的法律理论。事实上,关键问题是:理论化的对象是什么?是在特定社会或文明中经历的法律,还是某种脱离社会背景的纯粹形式?

实践的良善理念的法律知识,这种知识必须代表他们所在时间和地点的规制实践,反映社会法律条件的可变性。当然,以这种方式理解的法理学不必忽视道德和政治哲学中的广泛思考;它肯定会在将法律的价值和理想描绘成能够超越特定文化背景的努力中获得很多灵感。但是,这些广阔的理论视野需要在法律上加以评判,并与当地的情境明确相关。在对必须执行法律任务的情况进行实证社会法律研究时,任何关于永恒和普遍性的主张都需要被打折。

在这种法学观点中,理论资源表现为一个连续体,包括不同层级的概括性、不同的规模和范围。但是,它们由一个中心项目统一起来,即在特定的时间和地点为法律实践的理论需要服务,拓宽这一实践,同时使它植根于不断变化的经验,并通过对法律教义及其创建、解释和应用的背景的比较的和哲学上宏大的见解进行开放的探索,鼓励其中的批判性想象。

撇开当代法律实证主义不谈,当代法哲学领域中那些与道德和政治哲学相结合的部分所面临的主要法律问题并非狭隘,而可能是相反的,即努力寻找关于人类经验某些方面的真相的宏大野心。可以说,许多哲学领域不过是从某些公认的前提出发,经过严谨的推理得出结论而已。然而,其产物往往是思想**体系**,如社会正义理论、作为一种价值体系的自由主义理论、民主理论或道德善理论,这些理论声称或假定它们所处理的问题具有普遍有效性。这样的哲学体系肯定是法理学感兴趣的,但它们通常不指向法律的目的。如果如第三章所述,法律任务需要对价值和理解的冲突进行务实的、暂时的处理,并根据经验追求法律理想,同时意识到法律的运行限制,那当然是正确的。

法哲学与实证社会法律研究之间的关系,当然是需要讨论的问题。莱特(Leiter, 2007:4176)假设了实证主义法哲学的背景,坚持认为哲学必须"与实证科学保持连续性",与之"步调一致","尝试对经验知识的状态进行概要清晰的反思";换句话说,哲学的任务是从智力上组织实证研究报告中的现有内容。自然主义的批判要求实证主义的描述性法哲学的有效性依赖于对法律的实证探究。这肯定意味着,特别是基于比较法和法律社会学的相关领域,前者揭示了法律理论和制度形式的经验可变性,后者则把法律实践、制度和经验作为社会现象进行系统的实证研究。在某种程度上,菲尼斯对概念探究的挑战(之前提到过)甚至更为根本,因为它否定了将当代法律实证主义的项目从更广泛意义上的法哲学中分离出来,并与道德和政治哲学相结合的可能性。在一切事物的背后都有一个问题,那就是**直觉**在决定什么是重要的探究起点方面所起的作用。也许进步的关键是坚持让直觉变得明确和合理。这样一个方案几乎肯定会扩大学术讨论的范围。

我们可能将所有这些当代的批评解读为推动法哲学成为一个接受关于法律———一种观念、一套实践和制度以及一个社会经验领域——的各种类型知识的领域:**扩大**它(涉及更广泛的道德和政治问题)并**深化**它(评估社会法律状况)。以这些方式改变的法哲学将更接近我与法理学相关联的方向。然而,就目前而言,这类批评仍只停留在当代英语国家的法哲学领域的边缘。因此,这个领域并没有提供知识和深刻见解,以充分服务于法学家理论的**实践智慧**。法哲学的方案将它与对各种理论问题的外向型好奇分开、限制以及隔离开来,与法律相关的理论问题,以及关于法律(其被视为法律实践和社会经验的问题)实证和比较研究相关性的理论问题可能被提出,并随着时间和地点的变化而变化。

当前法哲学关注的不是法律经验的实践复杂性、伦理模糊性和语境特异性,而是哲学兴趣所界定的抽象问题。它主导的实证主义方法避免或边缘化了围绕法律实践和经验的重要道德和政治困境。法哲学对普遍性或必要性的特别关注使其对社会中法律的实证研究和社会法律理论资源所揭示的社会变化视而不见。它倾向于认为自己的关注点相对独立于执业律师和学术法律人的关注点,这一倾向通常①将其与许多日常的法律关注点隔离开来。② 但我认为,法理学必须通过认识到这些问题是如何共同构成法学家的理论世界,来找到其统一性和目的。

法理学与法学家

今天法哲学的结构特征与拼凑的法理学形成了鲜明的对比。由于缺乏坚定的方法论认同,法理学从任何可以找到的地方收集见解,包括英国分析法理学、斯堪的纳维亚法律现实主义、许多种类的美国和欧洲大陆理论、道德和政治哲学、经济分析、马克思主义、女权主义、历史法理学的比较思辨和无国籍社会的法律人类学。语言上的限制往往局限了法理学的实践范围,但没有学科规程这样做。它可以利用法哲学所提供的一切,但它是一个"哲学上的混乱"(cf Leiter 2007:60)。有什么能把它统一起来呢?

---

① Gardner 2001:203, Leiter 2004:178. Cf Coyle 2013:415, Twining 1979:562.
② 如果对法律解释和推理的研究成为当前法哲学的中心,这种情况可能会改变。See Halpin 2011:197-8. 它还不是中心(尽管法哲学家做出了重要贡献),这可能反映出,在不评估各种道德、政治或其他评价标准的相关性的情况下,令人信服地处理这些问题的难度,而这些标准为概念分析的主流实证主义方法所避免。同样,在其主导形式中,当代法哲学拒绝研究立法和行政立法的过程。See Dyzenhaus 2000:719-21.

仅仅以人们为教育法学辩护的方式来为法理学辩护是不够的：对法律人的"人文教育"同样重要。有人可能会问：为什么法律人需要人文教育？人文教育是什么？为什么需要法理学（而不是其他学科）来提供人文教育？此外，由于前面提到的原因，提倡法律人的"外倾"（与自由法学教育的观点密切相关）是不够的。在一份清单中列出法理学可能包含的各种各样的东西也是不够的。必须有某种东西把所有这些联系在一起，但那不是一门学科的理论或方法论规范。法理学不是一种对诸如哲学、社会学、经济学或人类学等学科规程法律的适用。它的方向不是从一个或多个学科**向下聚焦**到"法律"的特殊主题。它必须是一种**向上投射**，从作为规制实践和经验的法律投射到任何可以支持这种实践或使这种经验有意义的理论领域。

不难看出，这将理论问题的焦点从"法哲学"转向了法学。例如，不是抽象地问："是否有遵守法律的普遍义务？"而是问，如何才能使法律最能引起那些为法律服务的专业人士、那些对法律有诉求的人或被法律称为公民的人的责任感。不是问："作为一个规则体系的法律的本质是什么？"而是问，在法律人的实践和公民的法律经验中，规则是如何运作（以及应该如何运作）的。不是问："合法性的概念是否包含道德承诺？"而是问，合法性应该具有什么样的道德意义，以及在特定的社会法律条件下如何实现。不是一般地问："不公正的法律还是法律吗？"一个人可能会考虑法律可能公正到什么程度，以及"公正"可能意味着什么（和对谁公正）：在实践中，在特定的时间和地点，法律"繁荣"的理念应该了解什么，以及如何促进这种繁荣？不是问法哲学如何影响世界（如法律实证主义是否促进了自由或暴政），而应该问一些法理学的问题：在法律实践中，是什么导致人们在特定社会中面对独裁主义倾向时保持沉默？又有什么可以帮助人们克服这种倾向？

从这个角度很容易看出，为什么一些在法哲学中最常遭到蔑视的法律理论，却能在法理学中成为最具启蒙性的理论。例如朗·富勒和卡尔·卢埃林的著作。他们是非常不同的理论家，但毫无疑问，他们是法学家而不是哲学家，他们的焦点是作为一种实践的法律，以及事实上作为一种规制技艺的法律。正如一位作家所说，对他们来说，法理学是"对某种法律人智慧的热爱和追求"（Soosay 2011：32）。在卢埃林看来，法理学的问题源于社会需要通过它的法律专家来完成他所谓的"法律工作"，即一些实际任务，如处理纠纷、确定权力范围、社会协调、用"视觉和感觉""平滑摩擦"，以及整合法律工作的所有方面（Llewellyn and Hoebel 1941：290-3；Llewellyn 1962：322）。对于富勒来说，这些问题是使行为服从规则治理的问题，涉及法律实践和经验中核心社会价值的提升（Winston ed 2001）。

法律作为一种技艺的理念可能与任何哲学上连贯的思想体系所代表的法律理念是不相容的。一方面，法律问题是关于确保法律工具对其所要指导的社会任务的效率，并了解这些工具的技术性质和限制。另一方面，这些问题是关于通过法律阐述和促进最终社会价值的愿望，以及从这些价值的角度理解和评估法律实践和经验的愿望。因此，法理学关注的是对这些价值的法律意义的追问。因此，一方面，它指出有必要澄清法律人（和非法律人）所理解的法律理念的本质；另一方面，它指出了探索哲学家 F. S. C. 诺斯罗普（Northrop, 1959）所称的法律和伦理经验的复杂性（这是一个需要哲学和社会科学介入的问题）。①

关键的一点是，无论这些法理学研究变得多么广泛，它们都是从特定时空的法律实践和经验的条件开始并必须与之联系起来。这就是为

---

① 参见第五章，该章讨论了诺斯罗普的观点。

什么法理学不太可能成为对普遍知识的追求。要实现对普遍知识的追求,法律经验本身必须变得统一——也许在有真正全球性法律的未来时代。法律实践必须成为一项跨越所有国家和文化边界的全球性事业。它在多大程度上已经具有这种普遍性的一些有限特征,取决于如何理解它的本质。在前一章中,我曾说过,人们可能认为法学家的角色需要有比许多律师日常工作所需的更广阔的视野,也与立法者、法律改革者和大多数法官通常的关注点不同。因此,也许有可能设想一种灵活的、对情境敏感的、可以跨越国界的法律思想——坚持某些法律价值(正义、安全、团结)的结合,但对于法律可能采取的形式,要避免教条主义。然而,任何这样的法律视角都必须植根于狭义的专业人士(如律师、立法者、法官)和大众(公民)对法律的看法。

法学家的视野越宽广,所需要的知识就越普遍,法理学的范围也就越全面。它的理论拼凑,它的一系列因其潜在的法律相关性而选择的见解,只能由这些见解所支持的法律功能的具体设想来统一。但是,对法律经验广泛的求知欲的理想,这可能是法理学最吸引人的特质,当然应该受到鼓励。通过这种方法,它可能有助于促进对法律功能的更普遍的——或至少更广泛比较的——理解,而不否认其在特定的社会法律背景中的基础。但是,在法理学中,这些特定的社会法律背景在理论上该如何理解呢?下一章将着眼于有助于促进这种理解的社会学资源。

第五章 法律实践中的社会学

两个知识世界

　　社会学研究能在解决法律问题中发挥重要作用吗？这可能远非显而易见。法学研究和社会学研究似乎存在于不同的知识领域。关于法律的法学研究集中于规范性论证、解释和分析，而社会学研究通常不会如此。

　　对比鲜明的重点似乎是显而易见的。法学的重点是法律现象，主要以哈特(1994)关于规范性的规则"内在"观点的方式来理解。典型的法律关注点是法律规则、原则和概念的组织（系统化、普遍化）和解释，法律价值的澄清，以及对教义变革的有序管理。法律责任可能包括评价、完善或阐明法律规则，或运用法律规则判断社会关系。然而，社会科学家通常没有这样的首要关注点。他们关注的是观察和理解社会现象，描述和解释社会生活的本质——无论是用相对一般的术语（如社会理论），还是在具体的方面或领域。他们在观察个人的行动中将规则和规范视为个人可识别的承诺，或者将规则和规范视为社会制度（如法律）中的结构要素。但作为社会科学家，他们并没有对这些问题采取特定的解释态度。

　　法学家作为业内人士以专业的方式居住在一个法律教义的世界

里——规则、规范、原则、概念和价值;社会学家的重点当然包括规范现象,但他们的专业研究领域是整个社会,而法律只是其中的一部分。他们关注的是理解社会——即使这包括研究作为社会一个(也许是重要的)方面的法律在构建社会关系中的作用。

这种划分表面上看似乎很清楚,但即使用这些术语来说明,也意味着可能会破坏它的问题。例如,规范与事实、描述与评价、法律实践的参与者与观察者之间是否能划出一条完全清晰的界线?我认为,尽管肯定要划清并保持法律的法学视角和社会学视角之间真正的区别,但这些区别远没有人们常常假定或声称的那样鲜明和绝对。

事实上,在一些重要的方面,法律的实践、解释和阐释中的法学和社会学资源可以紧密地联系在一起,并可以密切地相互作用。社会学研究无法解决法律的规范性问题(尽管它们在法律语境中被用来解决这些问题,有时又被用来试图避免这些问题)。然而,至关重要的是,它们可以揭示和解释许多有关法律问题处理所处的背景方面的内容。有时,它们还可以显示为什么这些问题会以这种形式出现,为什么某些类型的法律论证往往优于其他类型,以及在特定的语境中,有意义的法律辩论的决定因素可能是什么。

我认为,通过这种方式,社会学的观点能够而且应该有助于解释**法律争论的含义、范围和意义**,至少在某些语境中是如此。至少出于这些原因,法学家需要社会学观点,如果他们必须充分了解情况,并具备最好的能力来完成理解、解释和应用法律原则的任务。但是,也有一些正在或已经声称的其他种类的法学—社会学相互依赖的主张,它们有时带有误导性的后果,因此,在展开本章的论点时,有必要审查这些其他主张中最重要的一个。

社会科学在法庭中的应用

社会科学被法律实践世界所接受的最常见情形是,法院考虑社会科学证据,并声称把它作为其决定的部分或全部理由。在美国和其他几个国家的法院,这种做法已经很普遍(Hughes and MacDonnell 2013; Rathus 2012; Naveen 2006; Yovel and Mertz 2004)。1908 年的穆勒诉俄勒冈州案(Muller v Oregon)①经常被作为美国最高法院大量引用(并接受)统计、社会科学或心理学研究作为证据的第一个实例。这种证据在以前的案件中也有,但在穆勒案中,律师路易斯·布兰代斯(Louis Brandeis)向法院陈述的几乎**全部**内容都是由这些材料构成的。在 113 页的报告中,只有两页提到了与本案有关的法律依据:根据美国宪法,俄勒冈州将女性雇员的工作时间限制在 10 小时以内的法规是否有效行使了州权力。

现在阅读布兰代斯案件的摘要,②你不可能不被铺天盖地的、几乎全是杂乱无章的材料所震惊——观点和事实陈述(通常是事后不可信的)的大量证据错误:从有关工厂条件、女性生理、卫生和婴儿死亡率的书籍中摘录;从数十份美国和外国官方报告和委员会、劳工统计和经

---

① 208 US 412 (1908)。
② 全文可以在这个网址找到:https://louisville. edu/law/library/special-collections/the-louis-d. -brandeis-collection/the-brandeis-brief-in-its-entirety。在穆勒案之后,"布兰代斯摘要"(Brandeis brief)一词被广泛使用,指律师在法庭上使用社会科学或社会统计作为辩论的主要依据。

济分析中引证;以一些标题组织起来,如"长时间工作对健康、安全或道德的不良影响","对个人健康、家庭生活或公共福利的良好影响",对"生产过程、就业的规律性或妇女的就业范围的影响"和"医生、雇主和雇员对于 10 小时工作日合理性的意见"。

从穆勒案开始,虽然法庭辩论变得更加复杂,但其基本性质并没有发生改变,我们应该如何看待这种法庭辩论呢?它是否代表了社会科学对法学界的渗透?乍一看,答案肯定是否定的。法庭上所呈现的一般只是证据。像所有证据一样,它提供了原始材料,法律论点可以围绕这些材料组织,或者可以将法律论点应用于这些材料。在这类案件中,法律分析与事实认定的复杂关系似乎与其他案件相同。但是,这些材料是否可以完全只作为证据来理解呢?它间或能呈现出一个挑战法院的权威吗?

在穆勒案中,问题在于俄勒冈州的法规是否侵犯了《美国宪法》第十四修正案所保证的契约自由,或者它是否属于一种例外,允许合理的国家控制来保护健康、安全或一般福利。因此,法律问题的核心是国家行为的**合理性**。至于什么是合理的取决于当时的知识状态,这个问题可以通过对布兰代斯摘要中呈现出的那种知识的调查来解决。理查德·伦珀特(Richard Lempert,1988:187-8)曾指出,"法院依靠社会科学不会出错",因为无论证据是否可靠,它最终都无关紧要;重要的是,它代表了**现有的最佳**知识,并最终证明了,在 1908 年,一个信息丰富的立法机构认为是哪些东西对健康、安全或福利构成危险才是合理的。

"合理性"是一个空洞的概念,其内容是由背景知识(在这种情况下是社会科学知识)提供的。它仍然是一个法律概念,[1]法律原则的一

---

[1] 不仅体现在英美法系思想中。See Taekema 2003:186-7. 关于"合理性"在欧洲大陆法系中广泛使用的调查,参见 Zorzetto 2015。

部分,但社会知识的输入赋予了它意义。在这种情况下,法律为社会科学创造了空间——不仅是作为事实证据,而且实际上是**作为法律规范性理解的一部分**。

当然,有人会说,正如一个卢曼系统理论家可能会争论的那样(e. g. Luhmann 2004),法律话语总是保留着根据自己的优先顺序来决定什么是合理的权力;它能"战胜"所有的非法律专家或证据提供者。然而,在实践中,一旦"合理"在法律上被确立为分析中的指导性概念,就很难排除被广泛认为是合理的现有证据。[①] 这一证据不仅支持对"合理"含义的法律评价;在实践中,它也**美化**了这些评价,甚至可能**控制**它们。即使关于什么是合理的法律决定是基于其他理由作出的,布兰代斯摘要的证据仅仅有助于使其合理化,但这都不会减少后者的法律重要性,因为它提供了法庭可以宣布支持其裁决的理由。

然而,这种法学和社会科学观点的结合似乎是一种特殊情况。众所周知,美国最高法院在布朗诉托皮卡教育委员会案(Brown v. Board of Education of Topeka)[②]中依赖社会科学证据,显示了在美国公立学校"隔离但平等"的教育中,种族隔离对黑人儿童的有害影响。法院认为,社会心理学文献中关于这些影响的发现足以证明其判决的合理性,即这种隔离剥夺了《美国宪法》第十四修正案所要求的对黑人儿童的"平等的法律保护"。布朗案**几乎没有法律论证**。它驳回了对《美国宪法》第十四修正案最初意图的上诉,理由是这是不可知的。除了普莱

---

① 将"合理"重新解释为法律人在专业上可能认为的合理而不参考更广泛的非专业意见是不容易的。呼吁爱德华·科克在《罗伊禁令》(prohibition del Roy, 1608)中提出的著名的法律"技艺理性"(法律人的知识),这与实际上呼吁广泛的文化背景中的常识有很大的不同。

② 347 US 483 (1954)。

西诉弗格森案(Plessy v Ferguson)①支持宪法中"隔离但平等"的公共设施,布朗案发现没有直接相关的先前法律依据,它完全基于社会科学证据推翻了普莱西案,有趣的是,它将这些证据称为充分支持其法律发现的"现代依据"。这些证据表明种族隔离的教育设施对黑人和白人儿童产生了不平等的后果。

这与穆勒案对社会科学的使用截然不同,从法学的角度来看,无论动机多么充分,这都是一种不明智的做法。在这里,法律论证在很大程度上被社会科学所**取代**;法学为决策腾出了一个空间,留给社会科学去占据。社会科学文献通过其发现,直接向法院提供了关于不同种族的"隔离"教育是否"平等"的答案。社会科学决定了法律。

正如人们经常指出的那样,就司法的合法性而言,这种战略是危险的(e. g. Yovel and Mertz 2004:414-6;Lempert 1988:189;Chesler et al 1988:22-4)。如果社会科学被证明是不可靠的、不可信的、矛盾的或有争议的,那么依赖于社会科学的法律程序也是如此。在布朗案中,最好从法律上证明法律上的平等总是被法律认可的种族隔离所破坏,即种族差异的法律权利**从本质上**否认了法律面前的平等。

从社会学的角度,伦珀特(1988:188-9)区分了社会科学证据可以在法庭上发挥的三个功能——**启蒙**功能(有助于展示法庭广泛接受社会知识)、**合法化**功能(就像布朗案一样,为达成的判决提供一个可信的、公众可以理解的基础),以及**策略**功能(支持法官出于与社会科学证据无关的原因而希望遵循的论点或策略)。然而,如果人们认为法律责任包括对作为规范、概念和价值结构的法律的完整性和一致性的关注,那么刻意依赖社会科学必然是有风险的,因为没有理由让社会科

---

① 163 US 537 (1896).

学家来解决这些法律问题。

在这个意义上,只有伦珀特的"启蒙"功能(例如,在确定穆勒案的"合理性"时发挥了作用)似乎完全符合(并支持)法律责任,而合法化功能(在相当大的程度上)和策略功能(在较小的程度上)可能表示最好予以避免的法律诱惑。

厚的伦理概念和事实—价值的分野

有必要回到"理性",但现在得站在不同的立场。正如一些哲学家和社会学家所强调的,有许多概念似乎以一种不可分割的方式结合了事实和规范元素(Williams 1985; Thacher 2006:1665-7; Selznick 1961)。"合理性"显然是一个规范性的概念。然而,它以广泛的**事实经验**为前提,使之可以在给定的时间和地点,在一定的文化中,基于现有的情境知识,赋予"合理的"行为概念以内容,就像英国普通法思想中常见的"理性人"概念一样(Saltman 1991; Zorzetto 2015: 117-9)。

"友谊""勇气""背叛""感激"和"残忍"这些类似的概念都被认为具有"无法分离的描述性和评价性维度"(Thacher 2006:1665; see Williams 1985: 129-30, 140-5)。哲学家伯纳德·威廉斯(Bernard Williams, 1985: 129)写道:"这些概念的应用方式取决于世界是什么样子的(例如,某人如何行为),然而,与此同时,它们的应用通常涉及对情境、人或行为的某种评价。"语言,包括法律语言,并不总是区分事实和价值、对社会世界的描述和对社会世界的规范的或伦理的评价。威廉斯所称的"厚"的伦理概念（thick ethical concepts）①弥合了这些差别。

社会学家菲利普·塞尔兹尼克（Philip Selznick）运用了有些相关的观点对合法性概念进行了分析，并将其作为法律社会学的中心焦点。就像他经常引用的朗·富勒一样，塞尔兹尼克既把合法性看作**规范性理想**的问题，特别是规则应用中的任意性的逐步减少（作为一个法律项目，这是需要努力争取的），又把它看作一组**事实条件**，涉及官方行动中的可预测性和一致性——这是法律社会学家可以实证研究的东西。制度，包括法律制度，是社会科学可以观察到的行为模式，但它们的显著特性可能来自其围绕理想组织起来的事实（Taekema 2003：148-9）。

对塞尔兹尼克来说，法律社会学家不一定要赞同体现在合法性概念中的理想，但他们必须承认这些理想，并理解他们依据律师、法官、行政人员等的行为对之进行实证研究的法律特征，只有在与法律内在价值的某种联系中才能获得其根本意义和一致性。从这个角度来看，我们不应该在法学家和法律社会学家所关心的问题之间划清界限，对于塞尔兹尼克来说，法律社会学的目标应该是理解合法性的条件和特征。

最后，我认为，尽管塞尔兹尼克强调事实和价值之间的某种相互关系是正确的，但他的一些关键论点是非常有问题的。

首先，是否可以说法律总是服务于可被定性为"合法性"的特定理

---

① 与"薄"的伦理概念相比，如"好"或"善良"是"一般和抽象的"，不需要具体的事实背景赋予它们意义（Williams 1985：152）。关于相关的哲学辩论，参见 Carson 2011，其结论（第 14 页）是，"构建我们对慷慨、残忍等的评价体验的厚伦理概念顽固地抵制评价性和描述性的分析"。在这种理解中，"平等"，就像《美国宪法》第十四修正案中所说的那样，是否本身就是一个厚的伦理概念？我认为不是。无论背景如何，平等对待的理念作为**一个理念**是有意义的。出于这个原因，我认为，就像许多评论家分析的那样，布朗案作为一个法律分析的问题，可以在没有社会科学证据的情况下，或者这个证据仅仅起了"启蒙"作用的情况下被裁决。然而，在这样一个有争议的案例中，通过诉诸社会科学的权威来支持裁决的合法性的诱惑肯定是相当大的。

想? 当然,法律的社会学研究应该围绕合法性(如权力、冲突、纠纷、协调、控制)之外的其他基本概念来组织。

其次,正如富勒的法律实证主义批评者长期以来所坚持的那样,无论有无理想,合法性不必被认为只涉及任何法律秩序有效运作的某些技术先决条件(e. g. Hart 1983:349-51;Raz 2009b:224-6)。

最后,如果合法性确实是一个理想的问题,那么这些理想在任何时间和地点都是一样的吗? 就像某些发达的西方法律体系所理解的那样,法律在任何地方对合法性的依归都是一样的吗? 或者,如果法律作为一种制度是围绕着一套统一的但往往未阐明的理想而构建的,为什么不假设这些理想不是绝对的和普遍的,而是相对于时间和地点的? 在后一种情况下,法律以合法性为导向的观点似乎要么成为不言自明的事实(合法性是法律在任何特定环境下的目标),或者太过拘泥于环境而无法从任何抽象的一般意义上描述"法律"(合法性正是"我们"所理解的意思)。

塞尔兹尼克驳斥了文化相对主义,他坚持认为,推崇人类终极价值承诺多样性的相对主义者,在实践中假定了一种普遍的跨文化理想,即尊重人类的多样性,承诺绝对尊重作为人的其他人,并遵守表现这种尊重的一般原则(Selznick 1961:25)。但是,作为回答,人们可能会说,它们肯定了**他们**尊重所有其他人作为人的特殊价值,但这并不代表任何这种价值都是普遍的或被全世界所接受的。

塞尔兹尼克对诸如合法性等价值的明显的绝对主义似乎与社会学对变化的实证研究的承诺不一致——这个假设认为,社会科学不是对永恒的绝对(合法性或其他任何东西)进行哲学研究,而是考察规范、价值和制度是如何根据它们所处的社会和历史背景而变化。社会学对经验变化的关注应该与哲学追求关于世界,包括关于法律本质的绝对真理的倾向明确区分开来。

塞尔兹尼克的观点与大多数法律社会学家的观点极为不同,后者更愿意把法律价值的探究留给法学家。他们不像塞尔兹尼克那样承认合法性是法律作为社会学上可观察的实践的内在价值,尽管它很少被完全实现,他们通常准备确认事实/价值的区别,将社会事实世界与规范解释的法律领域分开。塞尔兹尼克的法律社会学著作主要针对社会学家,特别是说服他们注意有关法律价值的法律和哲学问题。[①] 它们似乎没有明显地针对法学家,也没有过多地涉及有关法律解释的性质和对法律价值的法律认识等法律问题。

塞尔兹尼克关心的是合法性的概念,而不是对它的解释。这是因为他认为这在某种程度上是自然的,是法律经验特征的一部分,因此社会学可以将其视为社会事实和法律价值的问题。[②] 因为,在这个意义上它是自然的,所以没有必要问是**谁**确定了它的含义。但是,如果要问这个问题,答案可能是,法学家和法官有责任确定它的含义:在此过程中,他们通过对法律的解释来"控制"合法性的概念。塞尔兹尼克试图自然地将合法性描述为法律作为一种社会现象的内在的价值,这是一种将其纳入社会科学范畴的努力,但对它的分析和定义肯定仍然是法学家的专利。

我认为,作为法律原则一部分的所有"厚的伦理概念"可能也是如此。法律解释需要用事实内容填充这些概念,而要这么做可以诉诸社

---

① 他自己对合法性的主要社会学研究(Selznick 1969)特别关注合法性与大型组织(如公司)内部过程方面的相关性,这些方面通常被认为在很大程度上超出了法律关注的范围。

② 他并不否认合法性的实践和法律本身一样,在时间和空间上是不同的,所以社会学家需要研究这种差异。但塞尔兹尼克(Selznick, 1999)的观点似乎是,合法性仍然是一个单一的恒定的概念(如果在他的阐述中有些模糊):凡是有法律现象存在的地方,都是法律最终的道德归宿。

会科学或许多其他来源。但一般来说,法律解释**最终控制**了这些概念在法律中的规范性意义。

然而,这并不一定是一个简单的问题,就像穆勒诉俄勒冈州案所示。如前所述,脱离更广泛的文化理解,包括通过社会科学呈现的知识,在法律上确定诸如"合理性"之类的概念的含义在实践中往往是不可能的(即使希望如此)。一些法律概念的伦理"厚度"可能使法律分析无法将规范分析领域(它可以完全视其为自己的领域)从事实调查领域中分离出来,从而为许多超越法律控制的知识提供空间,为法律解释做出贡献。即使法律解释者可能希望这样做,也不可能拒绝这样的贡献。

在这个重要的意义上,法律认识具有潜在的"社会多孔性"(socially porous):原则上,它们不仅在认知上,而且**在规范上**都对社会科学见解的影响保持开放(cf Luhmann 2004:106-8)。

社会学法学与法律社会学

塞尔兹尼克的工作可能表明了他的雄心,即探索将法律社会学家的项目与核心的法律问题**相结合**甚至**融合**的可能性。① 许多其他以社会学为导向的研究可以被视为旨在科学地支持法律任务,改善完成这些任务所需的智力条件,甚至承担这些任务本身。在以下篇幅,我们只

---

① 他在加利福尼亚大学伯克利分校建立了一个成功的"法理学和社会政策"项目,旨在将法学、社会学和人文主义的观点融入其教学中。See Selznick 1980.

参考这些贡献的一个例子。

这个重要的例子是在第一章已经讨论过的庞德的社会学法学。庞德认为法理学应该以社会学为指导。社会可以被视为一个利益冲突的竞技场,而法律的任务是平衡这些利益,以尽量减少社会的"摩擦"和"浪费"(Pound 1942:63-80)。不过,庞德最初对社会学的认真兴趣是短暂的,①他的法理学,尽管始终贴着"社会学"的标签,却从哲学思辨中发展出了针对法律实践的基本处方。从那时起,"社会学法学"一词就一直与法哲学联系在一起,法哲学从社会科学中寻求某种合法性,但却很少或根本没有与社会科学真正接触。如前所述,庞德最初被罗斯等社会学家的工作所吸引,但他的主要指导思想却来自于像鲁道夫·冯·耶林和约瑟夫·科勒(Josef Kohler)这样富有想象力、具有社会意识的法学家。

在庞德之后,社会学法学的概念通常只表明,出于法律目的而借鉴社会学的**可能性**,或对社会科学文献非体系化的抽样,而不追求在法学家和法律社会学家之间建立真正的伙伴关系(Cotterrell 2008a)。因此,这两个阵营都不满意:既没有为法律工作提供社会学基础,也没有激励法律社会学家参与法律问题。在著名的法律社会学家中,只有塞尔兹尼克热烈地谈论了庞德的社会学法学,同时对其未兑现的承诺感到遗憾(Cotterrell and Selznick 2004:297,298-9)。

虽然庞德认为社会学的洞察力可以帮助法学家,但他很少关注这可能是一种什么**样**的洞察力,以及可以用什么**方法**来获得它。在被不公正忽视的哲学家诺斯罗普(Northrop, 1959)的社会学法学中,这些问

---

① 一个原因可能是,虽然社会学最初有时会在社会控制机制中赋予法律特权(见第一章),但后来它更加强调非正式控制,因此庞德不再将其视为他的社会学法学的有用支持。Cf Hunt 1978:19-20.

题都是通过一些严格的方式直接解决的。诺斯罗普认为,社会科学拥有揭示实际支配社会生活的社会规则的资源(无论法学家和法院是否承认这些规则)。20世纪早期,法律社会学的主要创始人欧根·埃利希(1936)将这些规则称为"活法",诺斯罗普认为埃利希受到了一种信念的引导,即法律的解释和法律的发展必须**系统地**考虑到"活法"。鉴于"活法"的复杂性和多样性,问题是如何识别并在法律上使用它(Northrop 1959:15, 29)。

诺斯罗普关于社会学法学的著作(1959)直接关注这个问题。他首先问,为什么现有的社会规范在任何情况下都应该被视为法律实践的适当指南?从法学的观点来看,如果普遍的社会实践和期望被误导了呢?诺斯罗普的解决方案是,透过社会规范的细节(这些规范在法律上可能值得遵循,也可能不值得遵循),观察它们所反映的更深层次的文化现实(这是法理学无法忽视的)。我们可以在**深层的文化模式**中找到与法律相关的"活法"(1959:35),部分可以通过社会学研究,但也可以通过哲学来理解,"它只不过是一个人或人们用来概念化经验事实的基本概念的名称"(1959:15)。

诺斯罗普的自然主义"哲学人类学"是作为一种方法呈现的,通过这种方法,人文主义和社会科学方法结合起来,建立起对法律必须在其中运作的文化的基本理解,如果法律实践要与社会生活相联系,必须让法律实践了解这些理解。他认为这一点在国际法(以及我们今天可以加上的跨国法)的发展中尤其重要,国际法必须跨越完全不同的文化,但常常对这些文化一无所知。

有人可能会怀疑诺斯罗普的方法在法律上是否可行。他识别相关"活法"的项目可能太过广泛和开放,对其益处太不确定,而且在时间和精力上代价太高。然而,这里仍然非常重要的是一种理念,**文化**(或者不管我们希望怎么称呼诺斯罗普想要掌握的社会模式)对法律运作有着非常重要的限制。法律实践如果不了解这些分散的文化元素的系统知识,就可能像没有舵的船,被他们无法令人信服地解释的社会期望和要求的浪潮所冲击。

将法律实践根植于共同社会经验的问题并没有消失,因为社会学法学识别深层文化模式的项目似乎令人生畏。事实上,最近,法律和文化的关系已被坚定地列入了法学家的议程(e. g. Nelken 2007)。但是,诺斯罗普提出的雄心勃勃的项目——以法律上充分和全面的方式概念化和解释文化——仍有待实现。

诺斯罗普的著作影响较小,肯定与它出版于1959年有关,当时正是思想发生重大转变的时候。仅仅过了两年,哈特的《法律的概念》(Hart 1994)就出版了,并逐渐激发了上一章所考察的法学思想中强大的新的哲学专业化。法哲学,尤其是在英语世界,从知识地位的角度,逐渐边缘化了它所认为的哲学上的无知或业余的早期法律思想。特别容易受到攻击的是旨在跨越学科界限的项目,如社会学法学。法律现实主义在20世纪上半叶曾在法学视野中打开了与社会科学合作的真正可能性,现在却往往被贬为在哲学上索然无味。

与此同时,社会科学正日益专业化,形成不同的学术领域。法律社会学自20世纪60年代初在许多西方国家兴起,是一种自觉专业化的和有组织的实证研究领域。对于许多(尽管不是全部)法律社会学家来说,通过与法学家的联系来推进研究的想法被边缘化了,因为他们倾向于对已确立的社会学学科的强烈认同。

这些发展解释了为什么在20世纪的最后25年,法学家和法律社会学家对于对方都没有实质性的兴趣。然而,这并不是故事的全部。当然,在经历了这些冒险之后,地位高、政治和组织力量强大的法律界可能不会有兴趣与社会学家联系。但是，由于社会学的专业地位相对较低（与法律研究相比），一些从业者可能仍然认为社会学也许能从与法律世界的联系中获益。这无疑是"法律与社会"和社会法律运动在过去半个世纪取得巨大成功的原因之一，此外，政策制定者和拨款授予机构也越来越相信，法律作为一种社会现象和政府工具太重要了，不能把法律完全交由法学家来研究。

也许是受到这种信念的鼓舞，唐纳德·布莱克（Donald Black，1989）的"社会学正义"（sociological justice）代表了法律社会学直面法律世界的一次引人注目的尝试——实际上是一种咄咄逼人的入侵。布莱克的目标是通过他所谓的"案件社会学"来重塑（甚至使之多余）许多法律论点和概念。他认为，法律社会学表明"法律面前人人平等"在实践中是不可能的。这是因为法律社会学从经验上揭示了案件是如何产生、诉讼、辩论、裁决和解决的。这样做表明，在援引法律和由法律处理时，法学所理解的一致和平等往往是无法实现的，因为许多在法律分析中没有也可能无法加以考虑的社会因素影响了律师和法院案件处理的各个方面。[①]

布莱克写道："规则提供了法律语言，但案件的社会结构提供了表达法律语言的语法。"（1989：19）如果对语法没有充分的理解，语言可能就难以理解。因此，法律社会学"通过研究法学所忽略的东西——案件的社会结构，提供了对法律生活的新理解。"（1989：94）布莱克激进的结论如下：如果不理解法律概念实际应用和获得实际意义的社会条件，那么，法学对合法性的追求就没有社会意义。事实上，除非案件社会学在法律的运作中得到充分承认，否则司法行政将导致社会不公。

---

① 类似的观点（假设而非经验证明）支持了对法学家"传统的""正义方法"的猛烈攻击，而这是威廉·伦德施泰特（Vilhelm Lundstedt）的现实主义法学的核心（Cotterrell 2016）。

最终，布莱克的案件社会学在理论层面上可能不会比最激进的法律现实主义者几十年前提出的建议多多少。特别有趣的是，这些观点现在是由一位法律社会学家而不是由一位法学家提出，并得到了系统的实证研究的支持。法律现实主义代表了一些法学界自己的成员对法学界现有方法不足的"内部"警告，而布莱克的法律社会学则是对法学界的"外部"攻击。然而，他的工作对这个世界几乎没有影响。原因不是他的论点缺乏说服力，而是他的论点并不旨在直接与法律话语交战；没有提出如何改变它，以反映影响法律程序的众多社会偏见、歧视、障碍和不平等。布莱克并没有像德沃金（1986）所设想的那样，参与任何关于法律最佳含义的大型法律对话。作为一个社会学观察者，他从外部批判了法律项目的可行性。

这一结果绝不意味着法律社会学不能与法学相结合，它只表明了法律社会学**实证主义**方法的弱点，这种方法从社会学的角度把法律只看作行为（政府的社会控制）而不是思想（Black 1976）。由于布莱克采用了这种严格的行为主义法学观点，他无法与法学家就法律思想的社会性质、存在条件和意义进行辩论。

本质上"反法学的"案件社会学可能被看作布朗诉教育委员会案所预示的一种方法（在本章对布朗案的解释之后）。不仅难以想象这种方法如何能成为普遍的做法，而且它对作为一个完整规范体系的法律的合法性将产生相当大的不利影响。然而，同样令人不安的是，法律现实主义法学家的许多实践见解在今天的法学理论中有被遗忘的危险，因为要求将这一理论导向相应的"反社会学的"法哲学。

为什么法学家需要法律社会学

前面所考虑的法学和社会学观点汇合的例子表明了一个范围。在一个极端(庞德),法律思想涉足社会学,但最终几乎不受其影响;而在另一个极端(布莱克),法律社会学考虑的是法律问题,但最终宣称它自己的方法完全优于法律分析。在范围的中间是一些方法,它们表明社会科学知识(作为法律文化背景的系统知识)确实是完成法律任务所必需的:从这一观点来看,社会科学可以**支持**法律实践,但必须**以自己的方式**做出贡献,而不仅仅是作为法学家"随时可用"的资源。

这些"中间范围"的方法肯定是最有前途的。它们假定法学家和社会学家在平等的基础上进行真正的互动。它们关注的是一般的法律责任,而不仅仅是司法责任,我们最好视之为将伦珀特的社会科学的"启蒙"功能从法庭背景推广或延伸到所有的法律论述,但要充分考虑到在这一论述中"厚"的伦理概念的普遍性。

因此,作为启蒙的社会科学将不仅仅是供法学家研究的事实证据(原始材料)。一旦认识到事实和价值(社会观察和规范分析)之间的明显界限无法将社会学研究与法学研究分开,社会学在与法律思想的真正伙伴关系中,有可能以深刻和富有成效的方式影响法律思想。规范与事实或评价与描述,在法律"厚"的伦理概念(如合理性概念)中相互渗透,充分表明事实和价值之间的界限是模糊的。

这并不是要否认法律社会学家和法学家有着截然不同的专业责

任、研究方法、指导思想和主要的知识问题。这只是表明:(1) 许多通常被用来表明社会科学无益于解决法律问题或法律发展的理性论述是没有根据的;(2) 一些早期试图将法学家和法律社会学家的世界联系起来的努力至少有部分负面结果,但不应阻止人们去寻求两者新的联系。

那么,法律社会学可能会对法律研究做出什么贡献呢?长期以来,社会学对道德现象的研究本身能否保持道德中立一直存在争议(Abend 2008)。正如在塞尔兹尼克和布莱克形成鲜明对比的方法中所看到的,在法律社会学中也出现了关于规范处理的类似问题。对于法律的社会学研究来说,规范性问题当然并不陌生。也许最终,既不需要社会学全面参与法律的规范法学分析,也不需要法律社会学完全远离这种分析。

埃米尔·涂尔干认为社会学是一门旨在进行客观实证研究的科学,然而他也认为"科学可以帮助我们找到行为的方向,帮助我们确定孜孜以求的理想",在观察了现实之后,"我们将从中提炼出理想"(Durkheim 1984: xxvi)。孤立地看,这些话可能暗示了一些类似塞尔兹尼克的价值观嵌入社会制度的自然主义观点。但涂尔干的社会学实践实际上更接近于伦珀特的社会科学的"启蒙"功能,即社会学为道德和法律决策提供信息、指导和协助,而不必假装能够提出有价值的解决方案。

在法庭上运用社会科学的最佳方法无疑是:它保留了法学家的解释责任,但使其对决策的背景有更广泛或许更深刻的认识。在某些情况下,这种扩大和深化可能具有这样一种特征,即社会科学清楚地指明了正确决策或推理模式的道路。正如在一些关于"合理性"的判断中所援引的"常识"一样,我们可能很难抗拒这些认识,而且这样做显然是不合适的。在这种情况下,社会知识并不能取代法律判断,而是成为法律判断的**一部分**——无论是在对审判即将进行的条件的概念化方面,还是在提出需要通过审判解决的问题方面,事实和价值都被整合在一起。

这一论点可以超越判决,更普遍地应用到法律实践中。例如,假设法律原则的法律解释和发展将追求社会团结作为其指导价值之一——涂尔干称之为社会生活的道德凝聚力和功能整合,那么,涂尔干的社会学提供了许多关于如何实现和加强团结的观点,如在任何特定社会中团结的限度是什么、追求团结可能会产生什么后果,以及什么样的法律和法律制度可以最有效地促进团结。

换句话说,这种法律社会学不会试图设定法律实践应该追求的目标,但其发现可能表明追求特定目标(如加强团结)的社会后果;它可能指出追求这些目标的最具社会可行性的方式,以及法律和在这种情况下特定法律策略的优缺点。[1] 这种法律社会学可能会做得更多:通过提出在特定社会中可能有实现前景的、作为社会经验的一部分似乎很有意义的那种团结,它可能阐明团结的实际含义。

法学家们可能会争论是否要采用这种社会学的观点。但它作为一种可用的资源,在一定程度上反映了法律所规制的人口的社会生活经验。用诺斯罗普的话来说,社会学观点在某种程度上与对法律所处世界的深刻文化理解有关。所有主要的社会理论形式都是如此,其中一些提供了与涂尔干非常不同的社会洞察力。[2]

---

[1] 保罗·福康纳(Paul Fauconnet, 1928)对刑事责任观念演变的经典研究,在一定程度上是对这一项目的各个方面的早期努力。

[2] 关于涂尔干社会学今天在各种实际情况下有助于澄清法律和道德观念与问题的方式的扩展讨论,请参阅本书第十二章和第十三章。

在某种程度上,诺斯罗普关于深刻文化理解的重要性的见解已经在当代法律思想中得到了清晰的反映。从某种意义上说,文化现在已经侵入了法律意识,以及在这个程度上,法律上的认识已经变成了更直接的社会学认识。如果埃利希的"活法"仍然是一个社会学的概念而不是一个法学的概念,那么将这个概念扩大和深化为一个"文化理解"的范畴,会使之在当代法律思想的某些领域变得重要。

例如,目前在某些背景下的法律实践明确地包含了对"文化权利"的主张、对"文化遗产"的保护以及对"文化辩护"的恳求。当然,这些用法隐含了诺斯罗普的见解,即法律可以(或许必须)汲取关于"文化"的深刻思想。然而,诺斯罗普似乎指的是法律最广泛的文化基础,而大多数西方社会的国家法现在面临的是其管辖范围内不同人口群体的不同的(也许是冲突的)特定文化理解。然而,文化对法律的入侵表明:在这种状况下,如果法律思想要与不断变化的社会环境保持相关性,它必须获得社会学的洞察力。

社会学仅仅通过其"启蒙"功能,就可以使规范分析有所作为。但在某种程度上,它也可能利用早期所谓的法律认识的社会多孔性。因此,人们可以说,对法律思想的社会学解释涉及有意地将许多律师和其他法律参与者通常考虑法律的方式向严密指定的方向延伸。因此,在某种程度上,法律分析是**系统的**(它通常关注发展完整的学说)、**经验的**(它必须对适用法律原则的具体背景有意义)和**社会的**(它关注的是规制社会生活)。

社会学的观点可以建立在这些熟悉的法律思想特征的每一个基础上,并以不同的方式扩展它们(Cotterrell 2006:54-63)。通过这种方法,社会学研究有时可以表明为什么教义会朝着一个方向而不是另一个方向发展,甚至为什么会陷入僵局——其根源在于社会条件(Cotterrell 1992)。换句话说,它可能有助于(系统地、经验地、社会地)澄清法律的规范环境的性质。

在法学界,必须将法律论证置于其背景之中的观点是很常见的。例如,批判性的法律学者强调政治因素和力量如何导致法律思想以这样或那样的方式"倾斜"或"具体化"——即固定在法律认识和原则中,似乎大多数人甚至再也无法想象对它们提出异议的可能性(Gabel 1980)。最近,美国宪法律师杰克·巴尔金(Jack Balkin)写了一篇他称之为**宪政历史主义**的文章。他的观点是,"惯例决定关于宪法的争论是好是坏,什么是似是而非的法律主张,什么是异乎寻常的法律主张(不要把它当作一个严肃的法律论点),这些都会随着社会、政治和历史条件的变化而变化"(Balkin 2011:177)。

法学家需要知道这些惯例是如何变化的,以及它们变化的方向。他们需要在文化背景中理解它们。对这一背景的法律认识可能是系统的、基于经验的,并在不同程度上具有社会洞察力。它越是以一种一致的方式显示出这些特征,它的社会性就越强。

有趣的是,无论是巴尔金对宪法历史主义的解释,还是在大多数情况下,批判法学研究的文献都没有援引社会学来解释法律实践发生的条件,以及这些条件是如何变化的,或者如何改变这些条件。关于这些问题的大多数学术讨论都是在政治方面。除此之外,在某种程度上,法律的经济分析提供了另一种解释。但是,社会学观点是理论系统的,经验导向的,并以一致的社会概念为中心,可能提供最广泛的、最全面的解释,最普遍可用的观点。从某种意义上说,它们应该结合政治和经济上的解释,并进一步将其置于背景中,将它们联系起来,并在更广泛的社会图景中重新解释,而不是使它们消失。

社会科学不仅可以提供在法律语境中使用的证据,而且有助于显示法学家在分析法律时可用的解释可能性的范围。在特定的时间和地点,法律实践的界限是什么？什么决定了可能的法律论证的可接受范围,正如巴尔金所说:什么在法律上是"异乎寻常的"或合乎情理的？(Balkin 2011: 179-82) 法律的社会学研究有可能通过展示法律作为社会生活的一个方面或领域,并通过阐明法律与对其所处时间和地点的文化理解的关系来探索这些问题。通过这种方式,法律社会学研究可以显示"文化"如何限制和创造发展法律思想的可能性。通过揭示法律实践中可用的解释可能性的范围,社会学研究可以服务于法学家最核心的任务:在其时间和地点探索法律理念的意义和社会价值。

第二部分

法律思想的跨国挑战

第六章 为什么法律人需要法律多元理论

跨国主义的影响

近几十年来,跨越国家边界的跨国规制数量激增。许多领域的法律关系,尤其是贸易和金融领域的法律关系,不再局限于一国法域边界之内,而是越来越错综复杂,无处不在。这些发展对法律研究中各持己见的法学家、法哲学家以及法律社会学家们提出了新挑战。

当前,有许多律师从事跨国法律业务。法律既在一国法律体系内发挥作用,也在不同国家法律体系之间运行,甚至有时完全置这些体系于不顾。对于许多以理论为导向的法律人来说,法律中的跨国主义重塑了人们所熟悉的法学观点,并提出了新的问题,例如:(1)国家与法律之间的关系;(2)法律上是否应该承认某些类型的规则为法律;(3)法律的最终权威及其合法性基础;(4)法律所针对的人口的性质以及法律要求谁来遵守;(5)国内法体系下的法律概念被跨国运用时的局限性;(6)在法理学上跨越并游走于多个规制体系的方法。

在本章以及第二部分其他章节之中,我将考察跨国主义对这些问题和其他问题的影响。本章将在当代西方语境下讨论**法律多元**(legal pluralism)的挑战,即相互影响、相互共存、相互重叠,以及相互冲突的法律制度或体系的规范化管理。本书主张,由于规制格局的重要变化,当代的法律人需要一个关于法律多元的理论视角,而法学家们则应致力于为法律人提供这样的理论视角。

不同的规制体系之间有不可化约的差异。我认为,作为一个协调不同规制体系之规范性项目的法律多元,有可能以下面两种方式根本性地颠覆当代法律思想的正统:

(1)动摇哲学家所揭示或法律人所假定的观点,即法律有某种"真实的"、基本的、永恒的本质;①

(2)提出一个观点,即法律权威并非建基于实证主义者有效性的检验,而是由不同规范秩序和实践之间的沟通和妥协构建而成。

目前,法学家尚缺乏处理这些新挑战的资源。为了应对挑战,法学的分析技巧与社会学的实证研究需要结成联盟,互相合作。我希望展示一种特殊的法律多元的理论观点。该观点以**最小化**而**灵活**的临时法律模式为中心,将扩大对法律权威的理解,以告上述之联盟。

多元主义视野

法律多元这一术语有多重含义。从法理学上来讲,它代表了对法律"多元化"这一**事实**的多种可能的规范性回应(Rough 2013:44)。如今,人们可以发现各种各样的法律制度在同一个"社会空间"内或交互作用,或彼此对抗。的确,甚至连法律人所认为的高度融合的法律体系

---

① Cf Zumbansen 2013:118."法律多元主义的丰富内涵……可以被解读为一个强烈的信号,即法律自身有一个关于其本质和功能的身份危机"。

中也有法律多元化的身影。例如,不同传统法教义学(合同法、侵权法、刑法)之间的关系也并非完全明确清晰;在一个特定的法律领域内,当法律推理发展为规范思想时,在各领域之间没有明确融合的情况下,理论冲突随之而来(Van Hoecke 2013:53;Davies 2005:96)。而不同形式的理性(如形式上的、实质上的、工具性的、表现性的)可以存在于某个单一的法律体系之中(cf Dalberg-Larsen 2000:105)。①

在一个独立的政治社会(即国家)下的国内法律体系里,有意识维护法律体系的多元化司空见惯。这通常与地理结构中诸如联邦、区域、省—国家、国家—部落或地方—中央的管辖划分相关。在许多国家的法律制度或历史进程中一直存在着某种基于个体身份的司法区分,诸如宗教和世俗、殖民和被殖民、公民和外国人、贵族和平民,等等。在这些身份区分中还有很多细分。这些不同身份的多元化通常不难理解。尽管在不同法域间很少产生完全没有问题的分工,通常存在管辖权的争议和解释的问题,但这种国内的法律争议在法律上并不新奇,它们是律师、法官和立法者在进行规范处理时司空见惯的事情。

在这些国内情况之外,其他一些不太传统的法律多元化形式不太像法律上的"家常便饭"(business as usual)。不论是欧盟法与成员国法之间的关系,还是欧盟法与世贸组织法之间的关系,并非简简单单的例行解释问题,而是常常引发关于法律制度基本性质的争论。在这种情况下,一种法律不安感会日益增长。国际法与国内法之间的潜在冲突在很久以前便引发了一元论和二元论的理论争论,即在国际法与国

---

① 法律社会学家及其他学者已讨论过制度性产生的法律多元化,即不同的国家机关独立地制定法规,对国家法的解释殊异。See Dalberg-Larsen 2000: 103-14, Davies 2005: 96, Roughan 2013: ch 12. 这种多元性不会消失,除非有若干机制,采取措施,确定并选择一个最终的"官方"法律立场。

内法间的冲突中哪一方居于最终的权威地位。但是,从国内法完全主导国际法的**实际规制经验**来看,这种争论很大程度上是不接地气的。从法律上讲,国际法权威仅仅表现为国内法权威的延伸。这种延伸通过缔结条约和自愿设立国际法律机构的方式来实现。

然而,如何处理在同一社会空间运作的国内法和国际法的关系问题已变得更加尖锐,就国际法而言:(1) 寻求更大的"独立"权威,而不轻易地屈于国家权威,如通过**强制规范**(ius cogens) 的认定(e. g. Cassese 2012);(2) 通过在许多新兴理论领域(如人权、贸易和金融、环境以及知识产权)的发展,从而在规制环境中变得更加突出;(3) 有时(如国际刑法)直接针对特定国家的公民。此外,由于国际法日益分裂成各种法律制度,呈现不清晰的关系特征,导致传统的(通常情况下无关紧要的)一元论—二元论之争让位给(实际上的)一元论—多元论之争。因此,毋庸置疑,对于法学家来说,法律多元化不仅司空见惯,而且已经成为一个理论性的问题。

除此之外,法律社会学家和越来越多的以社会学为导向的法律人也广泛认识到规制多元化的未来趋势。在社会互动网络之中,产生了许多跨国性质的规制机制,例如商人社群、①企业集团、行业组织、金融系统、互联网开发者、私人非政府组织运动②、宗教或种族社区③、体育组织等(Duval 2013),已被证明,对受其约束的人来说,它至少在实践上和法律一样有权威意义。规制多元化的主要特点类似哈特的第一性规则和第二性规则的结合。事实上,一些法律人谈到"跨国私法"

---

① 最近这方面的广泛讨论可参见 Zumbansen 2013。
② See e. g. Culver and Giudice 2010:75-7. 该书讨论了《格陵兰环保协定》(Greenland Conservation Agreement)作为非政府组织创造的跨国合法性的一个例子。
③ 最近在英国背景下的一个出色的实证研究。See Tas 2014。

(transnational private law)时,[①]至少会涉及全部或部分由这类集团或网络制定的规则。

但是,最常见的法律立场是将这些规则中的大部分排除在法律之外。只要法律人结成联盟,对法律属性的基本假设保持一致,这种方法就仍然可行。在边缘领域,可以使用规避策略:"软法"(soft law)等概念可能表明,在规范性材料中,某些通常未指明的法理相关性,也不符合关于法律的共同假设(Terpan 2015)。而且,无论法哲学家产生什么概念,无论法律社会学家在"活法"(living law,实际上是操作性法规)中积累多少证据,除了对不熟悉的法规持反对态度之外,在法理学上似乎很危险,因为这种规制一旦得到承认,就会引发许多有关其权威、合法性和范围的法理问题。

法律人如何处理法律多元化

如果低估处理法律多元化的正统法律技术的力量,或者低估这些技术如今被用来抵御可能逃脱法律控制、破坏稳定的多元化新形式的决心,那将是一种误导。这些技巧可以概括为四种:

(1)**最终一元论**(ultimate monism)——假设或构建一个统一的规范整合的规制结构或系统,以提供一个统一的伞形多元化结构。

(2)**分级秩序**(hierarchical ordering)——在监管体制或制度之间建立永久性的权力等级制度。

[①] 参见本书第八章的讨论。

（3）**临时解决**（ad hoc resolution）——实用主义地解决特定的教义学冲突，而不是解决具有普遍和持久性质的监管体制或制度之间的关系。

（4）**国家主义类比法**（statist analogies）——利用法律上熟悉的国家法律特征，以类比或延伸等形式对非国家形式的规制进行对比或延伸，从而评估其法律意义。

法律学者持续依赖上述方法解决当代规制多元化问题，即现在所谓的全球法律多元。① 作为西方法律人日常工作的一部分，这些技能在很大程度上受众广泛且易于理解。一元论常被用于（如在考虑欧盟法律与国际法或欧盟成员国法律的关系时）从另一种法学角度界定、整合或阐释某种体系或制度。等级制度将大量的法典、标准、实践规则、纪律规范和组织规则与法的权威结构相联。通过这种方法，可以对它们进行法律评估。例如，通过发展和再反思法律原则和实践之间的冲突，有助于在处理监管体制或系统之间的冲突时，寻求到临时解决办法（e. g. Joerges 2011；Muir Watt 2016）。基于此，国家法的合法性模式被广泛应用（Culver and Giudice 2010：143-4），甚至宪法多元化或全球行政法的支持者也决心承认法律现象与国家法管辖的限制处于相分离的状态，愿意诉诸源于西方国家法的法律经验的宪法或公法原则和概念。②

只要这些技术仍然有效，就不需要旨在概念化和规范化组织法律多元化的法律多元理论。不过，这些技术有其局限性。因此，**临时的解决办法**（无论在短期内有多大的实践价值）最终并不能解决将法律理

---

① 参见本书第七章。
② See e. g. Walker 2002：342-3.（论及"宪法话语""公民身份"和"主权"）Kingsbury 2009：125-6.（强调"公共性"属性）更进一步的分析参见后者第125—126页。

解为一种有组织的社会实践并指导其发展的观念所带来的法理问题。它的实用主义的解决方案只是推迟了处理多元化的任务。

许多重要的新规定产生于法律人通常认为的"私"法源,它们存在于民间的协会和组织内,或商业网络的仲裁和争议处理过程中。在上述四种技术中,**分级秩序**是界定私人和公共规制之间关系的标准法理方法。但是,只有在民间规则需要国家法或其他为法律所熟知的公共规则的承认或保证的情况下,这种做法才能成功。最近的一种情况是,不一定要寻求这种承认。然而,组织、协会和网络中的非国家来源产生的规则的扩散、突出和有效性,使得法律人越来越感到有必要在法律上考虑它们。

一元论方法似乎也同样令人不满意,因为一元论假定了这样一种观点,即所有法律现实都可以在某种程度上构建并整合成一个整体(e. g. Weyland 2002)。但是,并不存在一个可以撑起单一法学世界的阿基米德支点(cf Walker 2002:338)。一元论预设了一个可以建立它的权威;在一个全球化的法律世界中,法律一元论设想的实现必须等待一个全球性国家的出现。

至于使用**国家主义类比法**,我已经提出,即使法律上正在作出承认非国家规范形态的尝试,也要基于西方国家法律经验建立假设。但这里的问题是这种法律多元化的方法在西方法律经验中的根基。对西方法律人来说,如果不把自己法律文化的遗产强加于之上,就几乎不可能有效地审视发展中的全球法律多元。但是,全球法律多元并非西方独有的现象,随着它的继续发展,肯定会逐渐变得不那么以西方为中心。问题是,能否在很大程度上从西方法律文化的经验中"提炼"(bootstrap)出法律方法,以解决真正的全球多元化问题(Menski 2014:105)。

要总结法律技术为何不再能够有效地将法律多元作为一个问题来

解决是很容易的。许多被广泛认为具有法律意义的规范——如国际法、跨国私法、标准制定软法、宗教(如伊斯兰教)法,以及通常赋予"法"之名称的其他类型的规范——不再能够根据其是否能被纳入国家法、被视为国家法的延伸或被国家法授权或控制来进行评估。[①] 它似乎全部或部分地来自于非国家权力来源。如果以国家法类比做解释,或以国家法相关的特征来做解释,这往往意味着歪曲性质本身,并模糊了其效力和合法性的来源。

西方法学家的经验源于国内法律制度,国内法律制度最终(由于其政治一体化)可以用一元论或其内部权力的等级秩序方面作解释。虽然一元论和等级制度可能都是有问题的法理结构,但现代、自治、中央集权的民族国家的观念很容易激发它们。然而,当这种国家观念被各种方式破坏时,反映它的法律技术——一元论或等级制度的追求——便会失去坚实的经验基础。

在全球化的压力下,许多国家在立法方面缺乏自主权。由于强国通过法律(如法律域外效力、引渡安排、作为公约签署国承担义务)对弱国施加压力(e. g. Simpson 2004),[②]致使弱国的实际法律制度的创制与执行不断受到制裁。因此,有些国家的主权在扩张,而另一些国家的主权却在收缩;国际组织(如世贸组织)、区域组织(如欧盟、北美自由贸易协定)和国家之间法律效力的相互作用愈加复杂,以致法律权威和法律制度的一元论或等级论概念仍需完善。国内(共同体或宗教)权威也会对其造成影响,因为他们所支持的文化群体对国家法的反应是矛盾的,若即若离(Barzilai 2008:405-6),既承认又不承认国家法的

---

① See Michaels 2005:1227-37. 该书在冲突法的语境下讨论了非国家法的国家控制问题。

② 在欧洲,对欧盟的义务是上述压力的来源之一。See Clifton 2014.

规范至尊地位。

法律多元可以被视为一个**生态**(ecological)问题,一个法律在规范领域争夺空间的问题。"强大"的法律排挤不那么"强大"的法律,不同的法律就何者应得到承认或压制而竞争(Cover 1983:40-4)。这决定着一项规则是否被贴上"法"的标签;换言之,这决定着一项规则的法律**效力**。对权威的主张是否成功,取决于其是否被接受,因此,权威诉诸合法性(legitimacy)。[①] 一个法律多元的法理学观点,只有在其承认并因此能够评估在**法律**上有重大意义的事情,以及主张和认可**权威**的过程和条件,才能成为现实。[②] 因此,本章的其余部分将介绍以下内容:从具体的法理角度考虑规制权力问题,以及在涉及法律多元时,讨论什么才是"法律"的问题。随后的章节将进一步探讨这些观点。

在法律多元中,权威应如何被理解?

由于各种不同的理论主张形形色色,法律权威可能会成为一个有趣的话题,而那些从不同的哲学、社会学或法学立场来看待这个话题的人的观点可能也会有很大的不同。

从**哲学**的观点看来,其主要目的往往是要把"权威"概念化,将其归纳成具有普遍性意义的术语,由此这个概念不论何时被运用都能体

[①] 在此语境下,我视权威为主张的东西,而合法性是通过被个人(或群体)接受而授予权威主张的东西。参见本书第九章。进一步的讨论,可参见 Cotterrell and Del Mar 2016a。

[②] 即在该法学家所工作的社会和政治语境下被理解。

现本质。因此，人们可以大致区分权威类型（如实践性的或认知性的）或权威基础（如实质性的或程序性的）的差别，并分析它们之间的关系，从而分离出法律权威的显著特征。这种方法对检验权威是如何被主张者或接受者理解的过程不太关注。权威，作为一个有趣的具有哲理意味的概念，除了需要与**一些**假定的经验相关以外，还应该有助于评估在实践中作出的权威主张的正确性。

相比之下，**社会学**方法更倾向于将权威视为带有实践经验性质的问题，特别是那些提出、接受或拒绝权威主张的实践经验。① 研究内容主要包括对形成权威主张的条件和决定性因素进行界定。因此，关注特定社会条件下的行动是重中之重。马克斯·韦伯（1968：vol 2）关注不同类型的权威主张及其背后的社会政治、文化假设，将权威视为合法统治。基于此，只有临时概念（理想类型）或者权威的运行模式需要作为权威主张的实证研究基础。

法学方法则又不同，其作为理念和理想服务于法律的良善。法律观点应具有分析性（涉及将权威概念化）和规范性，并能够判断何时适合主张权威。仅仅只从社会学角度记录权威在面对个体行为和经验时的反应是不够的。但是，同样地，我们也需要将权威视为一种在其适用的特定语境中具有意义的理念。因此，面对法律多元挑战的法学家，不要轻易阐述权威基本的、绝对的、普遍的或"真实的"特征，或没有明确语境地在"立法"意义上抽象地正确使用该术语。真正明智的策略应该是对法律权威有可能采取的各种形式保持开放的态度，采取探索性的方法，探寻并思考权威主张如何被建构而成。

这种方法涉及社会学的研究，但并不需要法学家成为法律社会学

---

① 这个方法及其所导出的结论将在第九章讨论。

家。相反,这种法律方法应极其依赖于法律和规则的实证研究,而法学家应通过参考这种研究来形成他们对法律多元中权威不断演变的规范反应。鉴于这涉及知识信息的不断积累,在可预见的将来,在规制多元化的条件下法律上援引法律权威会呈现临时性的特征。此时,法学家们有必要拒绝概念普遍主义或本质主义的哲学取向,因为这样只会排除法学通过其不间断的实践成为一个持续学习过程的学科的可能性。

从这个角度来看,法律权威以多种形式出现。司法管辖范围差异很大,受到来自各方的压力限制和适应要求。在法学上熟悉的国内(以国家为中心)法律环境中,正统的法律权威理解(通常涉及复杂的等级制度和管辖划分)被破坏的可能性较小。除此之外,权威是一个在监管体制间的互动中进行协商、学习和逐步调整法理认知的问题。

妮可·若瀚(Nicole Roughan)(2013)认为,在当代法律多元中,不同的法律权威之间关联明显,但它们又彼此限制对权威的主张。因此,在某种意义上,对权威的主张必须是分享的,也就变成相对的了。在这种情况下,这种权威的整体合法性必须在规范性原则(一个"相对的条件")中找寻,以便统领这种相互关系。实际上,相对性条件的作用是通过参照与之对应的交织在一起的其他政体或制度的权威合法性,来证明某一政体或制度的权威合法性。在这个特定意义上,合法权威是"相对权威"。

若瀚不断尝试寻找一个最佳的且不需要与权威主张的特定类型或背景相关联的概念。首先,她探索是否有一个具有普遍性意义的测试来证明权威(2013:134);其次,通过一个具有同样普遍的和必要的"相对性条件",来确定权威如何可以共享和相互合法化(2013:143)。从法律上讲,人们可以把这个过程看作法学家能设想到的且能够促进的理想规范条件的极好说明。然而,尽管它肯定推进了哲学概念化,但它可能由于未能充分认识到全球法律多元的混乱现实,以及法学家必须在一个规制多元化必须被协商的环境中工作这一事实,而被批判。

在这种环境下,并不存在任何广泛**接受**的用于证成权威的"测试"。而法学家们也很难找到一个普遍的"相对性条件",来解决相互竞争的权威主张者之间规范安排的合法性问题。法学家必须在追求概念化与观察不同的、实际存在的、变化的、经常相互冲突和矛盾的权威实践和经验之间取得平衡。[①]

韦伯从社会学角度强调,尽管在现代西方社会中,源于合理制定的规则和程序的权威是主导类型,但并非所有的权威都存在于规则体系中。对权威的主张也可以建立在魅力(声称拥有忠诚这一特殊品质的个体或政权)或传统(已确立的熟悉的诉求)之上。不难看出,如今的许多规范权威都是以魅力为基础的(例如,对技术标准制定者、特定领域纠纷的裁决者或学说的博学诠释者的个人**专业知识**的主张)。因此,它通常来自被法律人视为"私"的法律渊源(例如,以商业、宗教、环境保护、体育或促进技术发展为中心的跨国网络)。

虽然它有时被认为是认知(cf Roughan 2013:20)或理论(Raz 1994:211-12)而不是实际权威,但在考虑法律权威时将其概念化可能是不明智的。这不仅是因为考虑到跨国标准制定机构的范围和规模,该权威颇具魅力,影响广泛和强大,而且还因为它经常与法学上常见的法律直接竞争,在实践中将后者边缘化,或在后者缺失时作为有效规则取而代之。如果在法律领域忽视这一点,就会在法学家对规范领域的描述中留下一个很大的空白。

那么,对法律多元中的权威如何从法理上进行理解呢?像若瀚这

[①] 大概是为了解决这个法学上的需要,若瀚的近作(2016)强调了哲学和社会学路径相互依赖的必要性。

样的哲学方法,不管对多元化的事实有多敏感,都能揭示普遍的管理原则,而这些原则即使组织起来,也并不能**代表**实际的规制经验。相比之下,社会学的视角仅仅把合法性看作一种**事实**:那些作为权威主张的对象或观察者的人对权威的主观接受。以实证的方式来研究权威主张的支持者(网络、团体)以及规范它们内部的运作方式是行不通的。在国家法律体系中,权力授予规则的等级制度定义了韦伯所描述的法理型权威。通常,法学家可以把这个任务留给政治理论家,让他们通过民主或其他方式使其合法化。但在当代的法律多元中,这样做会成为问题。试图就国际、跨国或国际监管体制竞争的"相对"权威进行谈判的法学家,可能需要社会学分析的帮助,以理解这些体制所涉及的共同体网络(communal networks)①。

这些都不能从根本上解决法律评估相互竞争权威主张的问题。但是,法学家必须把法律的理念(和理想)看作一种有社会价值的实践,并在其运作的特定环境条件中尝试完善、发展和解释这种理念。尽管法学家的法律观很可能被自身文化中的哲学观念所影响,但它并不能用绝对的术语来定义,因为其本质上反映了不断发展过程中的法律经验。在第三章中,我提出拉德布鲁赫的法律思想体现了灵活但有弹性的正义和安全(或秩序)价值,可用于指导当时的社会目的和文化假设,为不断发展的法律责任提供关注点。在当代法律多元中,这种规范性取向必须与一种认识相结合,即实证社会法律研究可以揭示权威形式的激增以及在其存在环境中的意义。

---

① 共同体网络是规制的一个焦点。对其概念的讨论详见本书第八章。

法律多元中的法律概念

这一相对宽松灵活且由拉德布鲁赫启发的法律思想,生发于实践,塑造于他们的文化中所认可的价值观。该思想与主流思想相悖,即在当代英语世界法律理论中将法律概念化。法学家们一直探寻对法律本质的普遍有效理解,即使他们意识到概念可能因其目的而变化(Raz 2001:10),也仍会探索最终的真理,或"法律"的一些本质(cf Patterson 2012)。当然,一些作者只关注于"我们的"(大概是他们预期的读者)法律概念的必要特征,或者根据一个假定的特定证据来阐述概念化。但是,这些限制通常含糊不清,即使被提到了,也不太被重视,几乎不妨碍有关法律性质的普遍性主张。① 从实际的法律观点来看,只关注法律本身的概念,而不联系前文已经提到过的处于发展中的规制多元化特征会令人感到疑惑:个体会思考这种与背景不相联系的概念到底指的是什么,然而一般没有答案。"法律是什么?"被视为明显而重要的普遍性问题。

与此相反,以社会学为导向的当代规制多元化,简单地认为"什么

---

① 更多讨论请参见 Culver and Giudice 2010:80-94。

是法律"这一问题是没有意义的。① 与此类似,布莱恩·塔玛纳哈(Brian Tamanaha, 2001:166)认为在一个广阔的规制多元化世界中,法律的正确概念化问题可以实践为目的,通过接受法律本身来解决,而不论特定环境下个体在实践中是如何识别和对待法律的正确概念化问题。这种方法将"什么是法律"的问题转变为一种描述性的调查(Berman 2009:238),似乎是对规范性多元化所呈现的"主题的巨大性"的自然回应(Halpin 2014:181)。从社会学的观点来看,阻止概念边界的清晰划定具有积极意义,不然会阻碍规制多元化的开放性研究。然而,安德鲁·哈尔平(2014:181)正确地指出,塔玛纳哈之理论方法所遭遇的"近乎完全地被抛弃"(almost universal rejection),源于其缺乏"分析或解释"。它没有对法律理念进行分析性的甄别(Cotterrell 2008b:8;Culver and Giudice 2010:146-7);然而,出于法律的目的,法律作为一种观念不能被抛弃。在塔玛纳哈的传统主义的许多其他问题中,目前还不清楚当在任何特定的时间和地点存在对法律的分歧时,**哪些**人的观点是重要的。当然,任何以法律为重点的实证调查,都必须明确以何种具体的法律观念指导调查。

看来,在法律多元中概念化法律的法学方法,必须在强调描述规制多样性的社会学视角和分析并提出法律普遍性的哲学探索之间找准位置。如果塔玛纳哈提出的"放弃"概念化的路径被抛弃掉,人们依然会找寻最基本的法律理念以形成"尽可能'薄'且正式的法律"(as thin and formal a sense of law as possible)定义(Melissaris 2014:113),即受

---

① See e. g. Berman 2009:237. "在多元主义背景下,关于法律与非法律的整个辩论在很大程度上是无关紧要的,因为关键问题是共同体对规范的遵守以及该遵守所导致的规范秩序之间的相互作用,而不是它们的正式地位。"帕克(Parker 2008:355)注意到,"规制和治理研究的优势之一是,在规制制度如何相互作用的实证研究中,它并不专注于什么是'法律'"。

普遍认可的全球法律多元的最低标准。但是,这样的概念化,保留了普遍的法哲学野心,要求法律概念必须"薄"到可以囊括每一种已知的和尚未知晓的假定的法律形式。

现在的问题是,如此"薄"的法律概念有哪些分析能力呢?在规制多元化导向的实践之中,无法律指导,以概念化为代价,是否能够探寻到本质和普遍特征?而且,即使方法谨慎,某些来自法律多元化的经验也可能很快被排除在外。因此,伊曼纽尔·梅里萨里斯(Emmanuel Melissaris)认为"法律是基于共同体参与者共享的规范经验"(2009:123),并将法律假设为规则和遵循规则的事务(2014:109,115,118)。然而,即使是得到法律认可的法律也不仅仅只关乎规则;标准制定权威在当代规制中具有法学家难以忽视的强大影响力。正如前文指出的,这些权威并不必然以韦伯的正式法律理性构建而成。较"厚"的非普遍论可能比较"薄"的普遍论有优势,后者要么有争议,要么缺乏分析力量。

基思·卡尔弗(Keith Culver)和迈克尔·吉迪斯(Michael Giudice)(2010)提出了一种迥然不同但同样令人深思的方法,即"制度间理论"(inter-institutional theory)。在某种程度上,这个理论由尼尔·麦考密克(Neil MacCormick)的制度主义法哲学启发而成。他们旨在提供"法律的描述性解释图景,由法律制度(legal institutions)、法律机制(institutions of law)和功能导向、内容独立的强制性规范和相关规范性力量组合而成"(Culver and Giudice 2010:xxviii)。法律制度是以目的为导向的相关规范的集群(ibid:120);法律机制则关注并调配这些规范,但无须依赖等级组织或一元论结构。

因此,我们所设想的合法性是一种变量,通常是各种相互关系的规范和制度的紧密交织,由此避免法学上常见的规章制度中占主导地位的等级、制度和官员的影响。法律多元的分析重点不应只局限于分析那些声称全面、至高无上和开放的不同法律系统的联系(这种生成在当下不再反映现实),而是关注"不同的机构是如何用不同的方法协调规范实践、共享规范权力"(Culver and Giudice 2010:58)。在某些方面,这种方法与若瀚对权威的关注点有共同之处。重点是在各种机构互动和谈判过程中寻找合法性。

这样的重点能在多大程度上满足法律需要?卡尔弗和吉迪斯关于法律制度的观点表明,规范是在各种不同类型的机构中被创建、解释、组织和应用而成。然而,他们希望解绑法律与官员——即"制度行动者"(不止包括"基于国家的行动者")的联系,因为二者的互动能够等同于"法律的设定"(2010:157)。在这里,官员的概念被有意边缘化,因为它暗示着官员在服务系统中的公共角色。从这个角度看,试图摆脱官僚化、系统性和等级制度作为合法性的必要特征,似乎有很多可取之处。然而,从法律的角度来看,卡尔弗和吉迪斯的方法的问题可能在于描述**过于丰厚**,而且,其复杂的开放性对作为实践问题的围绕规制多元化的法律商谈没有什么指导作用,与梅里萨里斯"薄"的普遍主义形成鲜明对比。

作为制度化教义的法律模式

法律协商必须解决两个需要理论支持的基本问题。一个是法律人需要在多元化环境中识别规范性材料(或**教义**)的种类。在这方面,法学家的作用是划定教义范围,确定管理者的权威程度。要注意的是,权威的来源植根于国家法的背景之中,在全球法律多元中,其假定不再适用于所有形式的法律。承认教义的权威,就意味着要在以规制为目的的特定共同体网络之中,判断教义权威被赋予的合法性程度。

另一个密切相关的问题是确定在全球法律多元中,以不同形式创制、解释、发展和执行规则的**机构**(agencies)。从法律上来说,之所以需要确定这些机构,只是因为它们是需要协商合法性的权威(规范教义的生产者、控制者和管理者)。在我们熟悉的国家法及其延伸的权威等级之外,合法性的谈判必须在卡尔弗和吉迪斯所关注的互动的"机制间"(inter-institutional)程序中进行。从不同的角度来看,这些机构是不同的权威,共享的或有限的法律权威可能需要以类似于若瀚的相对权威(relative authority)概念所建议的方式来解决。

我们应当把这些问题作为解决全球法律多元的法理中心,基本的理论点应当包括:(1) 规范性原则;(2) 制度化的机构。因此,从法律的角度来看,一个合适的最低限度法律模式就是作为"制度化教义"(institutionalised doctrine)的法律(Cotterrell 1995:37-40)。

这个模式中的教义并不一定局限于规则,还可以包括原则、概念和价值。也不必像卡尔弗和吉迪斯所要求的那样具有强制性。在全球法律多元中,教义一般居于规定性(prescriptive)和咨询性(advisory)之间(在法律术语中则为"硬性"和"软性"),并可据此加以解释和适用。因此,作为一个类别的教义可以包含规范、指导方针、标准和协议,法律人或许没有理由避免参与管理融合了各种教义元素和法规结构的规章制度。至于制度化,在这里仅指某种特定机构的存在,其任务是创造、解释或执行规范性原则。在发达国家的法律制度中,该任务主要由法院、立法机构、行政委员会和警察局等机构单独执行或联合执行。在其他类型的法律制度中,并非所有的任务都可以由特定的机构完成,存在只被部分完成的情况。因此,像法律一样,教义的制度化是一个程度问题。

这样一个单薄的、粗略的模式,既不能作为普遍的法律概念,也不能作为对法律的本质或真实性质的阐释。从法律的角度来看,它只是提出了在全球法律多元中,合法性可以通过沟通过程(识别、互动、谈判、妥协)来发展。对于法律社会学家而言,这是一个开端,暂时性地指出了规制实证研究中的一个法律重点。对于法哲学家来说,它对于推动继续寻求明确的概念化和阐释的帮助则非常有限。就法理学——作为一种具有社会价值的实践,从理论上处理法律理念并为其理想状态服务的法律事业——的未来而言,作为制度化教义的法律模式需要与法学家对与法律相关的**价值**的反思相结合,与解释法律的文化体验相结合。这一切都要与社会学研究结合起来,探讨诸如制度化教义发展的**条件**及其表现**形式**,以及**权威**的主张途径,即其在今天受到法律上重要规制的人群中是如何获得合法性的。①

结　　论

这一切将走向何方?可以说,法律人需要的不仅仅是一个系统的理论,而是一种本章所指出的实现法律多元的**方法**(cf Zumbansen 2013:131-3,137-8)。有人说,在法律多元中,除了问"什么是法律"这一问题,"我们还应该问是谁,在哪一结构中,通过哪些机构,出于何种

---

① 对于制度化教义作为法律的模式,本书第七章有更多讨论。

目的制定的法律"(Barzilai 2008:416)。所有这些都事关法律问题和社会法律问题。因此,法学应与社会科学紧密结合在一起(尽管从未被简化为)。马克·范·霍克(Mark van Hoecke)(2014:54)曾指出,"法律概念应超越实证主义的系列规则,将法律背景囊括在内",但可以进一步说,在法律多元之中,正是法律背景创造了法理意义上有用的法律解释,为制度化教义的骨骼增加了血肉,使规范性教义的法律确认成为可能并使机构制度化。

因此,对于多元主义法学而言,对广泛的共同体网络(规则在其中被创建或被处理)进行实证社会学研究是不可或缺的。而且,至关重要的是,这种规制网络的背景正在不断**扩大**,并且逐渐**去西方化**。当代以英语为母语的法哲学思想家所持有的普遍主义—本质主义倾向实际上与法学所需要的灵活性相悖,因为法学需要在不断发展的规制经验中,不断吸收学习,在实践中修正观点。适应全球法律多元的法学,不太需要全面的理论体系,而需要对法律人的技艺进行深思熟虑和富有想象力的扩展——以"零敲碎打"的方式建立或驾驭法律理论的合理性的技能,同时意识到法律实践中的文化价值。而且,正如前几章所强调的,法律的功能意味着对正义和安全的渴望的承诺,而这些西方文化中的多元价值体现了对法治的不同希望和期待。

第七章　全球法律多元下法律的概念

在一个跨国和国内规制日益重要的世界——一个如今经常被描述为全球法律多元的世界,是否需要一个普遍的法律概念来涵盖各种监管体制?① 全球法律多元是否需要一个法律概念?这样一个概念有何作用?

通过对全球法律多元的复杂性进行更深入的研究,本章将更加全面地阐述前一章所概述的法学中的法律概念。首先,本章将探讨用**一般**的术语将法律概念化何以有益,随后将讨论跨国规制形式的多样性带来的问题。本章将以哈特定义法律时提出的社会规则方法为起点,研究其在全球法律多元背景下的重要限制性因素,专门从政治和社会学角度重新解释哈特的概念缺陷,并在法律规则与体育竞赛规则之间做类比分析。最后,基于以上考虑,我将提出一些关键要素(政治的、社会的、制度的),这些要素必须存在于任何能够适当承认全方位的当代国家和跨国监管的法律概念中。

---

① See e. g. Snyder 1999, Perez 2003, Snyder 2004, Berman 2012, and Giudice 2014. 该术语的使用方式有多种。我在这里采用它是因为它暗示了跨国规制的多样性和多中心性。它并不意味着任何与法律有关的单一全球化进程、任何新兴的统一全球法律制度、跨国规制的任何同质性,或关于该规制的形式或范围的任何理论预设。

关于法律概念化的争论

哈特(1983:ch 1)有个著名的论断,即试图用一般术语来定义法律是徒劳的。然而,在他的引领下,虽然许多法律思想家不再过度追求对特定情境下法律定义的理解,但依然试图描述或解释典型的甚至是普遍的法律特征,并将实践、形式和价值视为法律中的一部分。从事这项工作的学者们提出了许多需要澄清的理由:(1)解释法律权威的可能或必要的基础(Leiter 2007:129-31);(2)赋予法律体系以身份的标准(Raz 2009b:ch 5)或将法律与其他形式的规范性制度进行区分(Marmor 2001;Howarth 2000);(3)法律作为一种知识和社会实践所必需的理解形式(Hart 1994:81);(4)法律所具备的独特规范性本质(Kelsen 1967);(5)法律存在的基本道德或政治意蕴(Murphy 2001)。人们通常认为,无论何时何地,只要法律被认为存在,这些问题就会出现。这些问题激发人们试图解释法律的典型或基本特征。

探索这类问题并不需要寻求一种让法学家无论何时何地都适用的具有普遍性或全球性的法律概念。约翰·奥斯丁(John Austin)(1885a:lect 11)将他的一般法理学限制在"完善社会的更丰富和更成熟的[法律]系统",这个系统受限于实际的文化背景,其假定与他那个时代的比较法学①和法哲学②几乎没有什么不同。一个法律概念的适当性取决于其预期的运用范围,这个问题需要联系特定的调查目的和文化背景,而不能抽象地解决。

例如,如果旨在归纳或者比较分析"两个以上的法律传统或文化(甚至法域)"(Twining 2003: 202, 246),而不是发展一个适用于所有时间和地点的法律理念,那么确实仍然需要一个法律的概念以指引该研究。但是,其中的许多要素可能是不言自明的,并且在法律传统、文化或法域之间进行比较时会共享某些要素特征。这些要素并不需要明确的陈述。然而,某一背景下明显存在的基本法律特征在另一个背景中不存在(但似乎值得进行法学或社会法学比较),又或者法律特征具有不同的形式,使其作为法律现象的性质和意义饱受争议,阐明这样一个概念就会变得非常重要。事实上,在因其法律相关性而被选中的理论概括或现象比较中,或明或暗都包含法律概念。

有学者(Twining 2003: 242)指出,对争端处理、规范执行或各种规制的性质研究可以在一个新的一般法学中进行。只要它们是**法律**理论研究,就必须参考适合该研究的法律概念。问题体现在如何灵活地规定"法律"的性质,以便根据研究经验进行修改。在与法律有关的研究中,一个法律概念,必须足以统领该项目,但又不能太过详尽,以至于提前终结对各种现象的研究,因为从某种意义上讲,这些研究可能是具有启发性的。

对于如罗纳德·德沃金这样的学者来说,通过法律概念描述或理

---

① 例如,和其他顶尖的近代早期比较法学家们一样,雷蒙德·萨莱耶(Raymond Saleilles)认为有用的法律比较仅限于"文明世界";爱都华·兰伯特(Edouard Lambert)将其范围特别限定于现代欧洲大陆法系。See Jamin 2002: 715-6.

② 英美法哲学对此问题讨论较少,但拉兹(2009b: 50)承认"当代国内法律体系"在形塑其法律概念上的重要性。

解法律的本质从根本上看是一种误导。至少作为一项传统分析法学下的法哲学研究,德沃金认为法学的任务在于理解并反思性地参与诠释实践,通过诠释实践确定法律在特定背景下的效力或真理。一个旨在对法律现象进行一般性理论研究或系统性比较的法学研究似乎与这一任务的目的相去甚远。当这样一个研究通过比较、概括和概念澄清来寻求法律的描述性知识时,它将考虑是什么使实践或规则具有法律现象的特征。它将追问"是什么使一个特定的治理结构成为一个法律体系,而不是其他形式的社会控制"(Dworkin 2006c: 97)。但德沃金给这个问题贴上了"社会学"的标签,并认为它"既没有多少实际意义,也没有多少哲学意义"(ibid: 97-8;and see Dworkin 2006b: 228)。

不论最后提出的主张有何优点,它都提出了一个问题,即为什么关于法律性质的一般性概念探究如此重要。从德沃金的观点来看,它们无助于解决实际问题,如规则作为特定法律秩序的一部分是否有效,或在这种情况下法律的陈述是否正确;在这个意义上,它们也无助于法律实践。换一种说法,这种主张没有解决,甚至无助于解决出于法律的或官方的行动目的而使法律生效的权威的最终地位问题(see also Dyzenhaus 2006: 114)。

德沃金(2006b:ch 7)认为,用哈特的法律概念也无法解释法律效力的来源,这表明任何法的解释性概念都难以做到这一点。哈特的法律概念中提出的承认规则——法律效力的最终标准——所具有的开放性、潜在的不完整性和多元性(Raz 2009b: 93-7)表明,通过一个一般的、描述性的、解释性的法律概念来确定法律权威的基础的努力是没有结果的。而法律实证主义者对承认规则这一理论在"包容性"和"排他性"之间的分歧也可能殊途同归。

对上述提到的困难不断强调的人认为,法律权威或效力的实际问题不能通过应用"法律"(源自法律概念)的谱系检验来解决,而应通过对暂时确定的法律材料进行共同理解的论证过程来解决。然而,应该强调的是,任何这样的论证过程都要以某些条件为前提。它特别预设了一个可以发生的**话语场**(discursive arena)。例如,对德沃金来说,它预设了一个特定的共同体,该共同体以某种方式将自己视为法律的制定者。

质言之,一定地域范围之内,比如以民族国家(nation-states)的法律体系作为话语场时,在其内部发生的法律论证和解释就非常容易确定范围和特征。但是,当许多种相互交叉的跨国监管体制被纳入考虑时,问题就会复杂化。那么,界定规则解释以及法律有效性和权威性的辩论之地,既重要也困难。哪些人包含在这些辩论者中?对赋予规则有效性和权威性的方法,有什么共同的理解将它们联系起来?对于以上问题,很难做出规范性法律实践的假定。此外,关于监管体制的范围、身份和内部区分等问题变得非常重要。如果这些问题没有得到一个解答,那么法律是一个解释问题的主张就会成为没有启发性的真理。这一切都取决于解释所基于的假设。

法律概念的某些目的

关于法律特征的概念探讨——用德沃金(2006c:97)的话讲,这类概念揭示了法律作为"一种特殊的治理结构",其在多大程度上区别于任何"其他形式的社会控制"——无论它们是否在哲学上有趣,其都肯定具有法律意义。并且,正如德沃金说的,这在社会学上是有趣的。德沃金将法律特征的概念探究定性为社会学问题,而许多哈特实证主义者则将其视为法律哲学的核心,这表明现在不可能毫无争议地划出分离法学、法哲学和社会学研究的明确分界线。这个观点并不新颖。早在 20 世纪初,欧根·埃利希就设定了他的法律社会学研究方案。尽管他想以一种独特的社会学方式来理解法律特性(law's identity),但他发现,奥斯丁的一般法学的比较概念研究中"至少有一部分法律实践科学材料可以传达法律社会学思想"(Ehrlich 1936:485)。

在法学上,将法律概念的发展脉络视为法律特征的标志,至少可以达到两个不同的目的。首先,可以用来明确**法律认识的基本框架**,以便在不同监管体制或法域之间进行与法律有关的思想和实践的比较。其次,它可以将"**法律**"(如法律教义、制度、论点、方法、问题)**的边界**与非法律(nonlegal)或法律以外(extralegal)的因素联系起来进行概念化。这种概念化并不一定意味着:(1) 法律的边界固定不变(不论法律秩序被如何讨论,法律边界都不会改变);(2) 法律的边界应该以一种特定的方式(作为一种永恒的、与背景无关的理想)固定不变。

通过某种特定的方式来推断法律的边界,对于将这些边界与特定的环境联系起来,反而是一种挑战(Howarth 2000)。这一挑战不仅被寻求理解法律本质的理论家所接受,也被律师们叩问,如在法律推理的特定背景下,道德或经济效率的论证可能在多大程度上合法化,或者各种公共或私人规制、软法或"有说服力的"权威(Glenn 1987;cf Lamond 2010)在多大程度上可以作为法律材料。换句话说,一个法律概念也许可以提供一个框架,用于从系统上比较分析法律的边界问题。

一个具有实践性、有用性、一般性的法律概念在法学和社会学(不论二者关系如何)的目的中可能具有相似的品质。它不是一个标志调查终止的主题定义。相反,它将是**一个起点:一个研究的框架,一套临**

时的**参数**(parameters),一个识别和澄清在各种情况下可能提出的关于法律的关键问题的手段。

从这个角度来看,法律的概念与对法律的权威性或有效性的研究有关。这种从一系列环境中通过法律的观察和经验而形成的概念,无法回答关于具体规则或其他戒律作为法律的有效性问题,也无法回答关于某一特定法域的法律声明的真实性问题。但是,它可以暂时提出一些参数,在这些参数中可以对法律的权威性和有效性进行辩论,也可以找到它们的来源。事实上,它可能暗含着法律的权威性和有效性成为有意义的想法所需的条件。它的主要贡献可能是激发人们在特定法律背景下对提出这些问题的假定。

尽管这些是实际的法律考量,但它们也与法律权威结构的社会学研究有关。事实上,法学和社会学的研究往往是相互关联的。法律从业者需要学会观察法律实施的环境,并将这些观察所得融入法律实践知识框架,使其成为专业技能的一部分,获得社会学意义上的感知。相应地,许多关于法律的社会调查,作为社会经验的一个部分,需要综合法律专业人员和其他参与者的观点。

德沃金(2006b:ch 6)批判实证主义者在一般法学中以描述性或解释性为目的确定法律概念的努力,因为法律概念并不能在"中立的""无承诺的"或无价值的立场中被界定。这背后暗示着任何法律概念都会反映特定的价值或经验。但是,这样一个概念仍然可以帮助持有不同的规制经验和价值承诺的人进行交流,因为表达这个概念有助于揭示它所体现的立场。

事实上,一个法律概念所反映的观点并不必然受到它所处的法律环境的限制。限制可能是由其创建的项目来设定(设想一下,关于法律经验的概括有多少?法律比较范围又有多广泛?)。但是,要想通过寻求一个法律概念来暗示一个不确定的、不断扩大的规制范围,并非毫无意义。任一法律概念中,无法克服的缺陷并非受经验限制,而是受想象力限制。一个法律概念,不仅可以作为拓宽视角的手段,超越在特定实际法律经验中形成的观点;也体现着个体本身对拓宽视野的希冀。

全球法律多元中的"法律"

当代跨国规制呈现出令人惊叹的规范多样性特征。弗朗西斯·斯奈德(Francis Snyder)在谈到经济跨国规制时,曾指出,"新的法律形式和制度的多样性特征令人震惊","各种机构、规范和争端解决程序在世界各地产生、形成"(Snyder 2004:624;1999:342)。尽管现在有一个囊括了"治理全球经济网络的新体制"的"全球法律竞技场"(当然还远未达规模),但全球法律多元的点位还"没有构成法律体系"(Snyder 1999:343,372,374)。目前,尚无统一的管辖权基准点(jurisdictional reference point),也没有单一的法律论证话语场。相反,不同种类的制度在相互交叉、冲突、竞争和重叠。

在这些不同的规制领域,我们尚不清楚什么样的制度适合成为规范有效性的"谱系测试"(pedigree tests)。沃尔夫·海德布兰德(Wolf Heydebrand)(2001:120)曾写道,在思考"全球层面的准法律(quasi-legal)和规制机制"时,需重新界定法律特征和"法律"概念。许多重要的跨国规制是"软法"①,而当代**商法**的内容却"似乎总存在着争议"（Zumbansen 2002：401）。同样地,"关于国际金融和银行的法律结构也不甚成熟,大部分以推出一套'最佳做法'为特征,缺乏仪式感和清晰性",而规制则强调"开放式的、灵活的指导方针"（Scheuerman 1999：255）。② 事实上,"国际商法的许多实质性规范由主导市场的巨大的'行业领导者'直接决定……越来越多的[跨国]公司行使制定法律的'主权'"（ibid：257）。在某些方面像多边谈判的条约的运作方式的实践守则,"作为标准格式的合同,由特定市场上的头部公司制定"（Snyder 1999：363）。

一般来说,在跨国领域,各种各样的监管体制共存,如公共的和私人的、国家的和国际的、"软的"和"硬的"、立法的和谈判的、集中的和分散的,这些制度之间的关系往往非常模糊。有些是通过"横向协调"（特别是通过跨国商业交易过程中合同条款的标准化）来运作,而其他则是通过位于特定规则制定或裁决机构中的权力等级来"垂直"运作。

对部分或大部分规则就是法律这一观点的否认倾向,来自于对法律性质的假设,而这种假设往往根深蒂固,难以改变。例如,法律只能由国家机构创建或控制;法律本质上是公共的而不是私人的规则;法律的目的（即使有时不成功）是以固定的规则而不是灵活的标准形式,实现明确性和相对不变性;法律是一种最高形式的规则,支配着其他监管体制;法律在其社会领域是综合性的;法律包括强制性的要求或指定的许可,但不包括协商性理解。以上这些关于法律的假设都受到了挑战,因为当下跨国规制常被贴上"法律"的标签,被认为具有法律上的重要

---

① See e. g. Snyder 2004：630-1, Senden 2005, Trubek and Trubek 2005, and Schäer 2006.
② Scheuerman 1999：255；对此事态的原因,可参见 Rixen 2013 和 Titolo 2012。

性,且越来越多地与国家法或国际法相结合。①

将法律的跨国概念作为多样性的样板来推行是否是可行的及有益的？这是否有助于拓宽与传统国家法律观不相符合的新兴监管体制的看法？不论何种法律规制行动被贴上"法律"标签,仅仅从理论上将其接受为法律,都无济于事。如前所述,这意味着放弃法律概念应以分析为目的,且不提供比较或理论研究的指导性框架。同时,面对跨国规制的与日俱增的复杂程度,作为理解这种复杂性的努力的一部分,没有理由(从法学或社会学的角度)放弃对法律概念进行阐述时曾做的努力。

从**法学**角度看,如何构建关于规制有效性及其权威来源的有意义争论,是跨国规制面临的最显著的问题,这个问题也涉及如何在跨国领域进行规范性和系统性推理。难道要创造一种能够整合跨国规范结构,并对其施加司法秩序的话语吗？相比之下,从**社会学**的角度来看,需要以两种有助益的方式将法律概念化:(1) 追踪民族国家规制中变化的、波动的力量;(2) 调查跨国规制领域与形塑它的社会、经济和政治力量的关系。

哈特与体育竞赛规则

在当代英语世界的法律理论中,哈特的法哲学方法论在最开始很有希望成为解决跨国规制分析问题的理论基础。哈特的法律概念不仅被法学家所提倡,而且也受一些法律社会学家和人类学家支持。麦考

---

① 参见本书第八章。

密克(1993)曾探讨过哈特的法律概念在描述欧盟跨国法和摆脱传统主权观所带来的限制性方面发挥的作用。① 然而,对麦考密克来说,"尽管[哈特]……在发展他的理论时指出了多元或多中心的潜在性,多元主义在他的作品中更多的是一种潜力,而不是一种实际的优势"(1993:9)。

与其他大多数法哲学家一样,哈特假设民族国家的边界与法律体系的边界相关,并限制了关于法律效力问题的法律推理讨论。他所提出的理论中暗含的多元化潜在性,主要归因于他没有**明确**地将法律概念与国家领土管辖权联系起来这一事实。与汉斯·凯尔森(Hans Kelsen)等人不同,哈特没有对法律和国家的关系进行分析(Raz 2009b:98),能与这个分析最接近的,便是在他的理论中,"官员"被赋予了一个重要角色。但是,这些官员在理论上并不被承认是国家官员,而只是被认定为与他们所服务的法律体系有关的官员。

在思考全球法律多元中可能有用的法律概念时,需要注意哈特法律概念的局限性和先进性。哈特用由客观规则结构组成的法律体系概念,取代奥斯丁提出的与法律命令说相关的主权与主体理论,推动法律概念与以国家为中心的特定政权结构相分离。例如,即使国际法和习惯法还没有国家法发展得成熟,我们可以把二者均想象成某种意义上的法律。**哈特的法律概念中心**有个著名的**真空地带**,在他的理论中,法律规则与许多其他施加义务的社会规则难以明确区分。在说明这个问题是如何产生,以及在研究全球法律多元时如何避免其产生之前,我想以法律规则和体育竞赛规则的关系为例先进行一个简要的阐述。

哈特在确定了法律是由第一性规则和第二性规则结合而成之后,

---

① And see MacCormick 1999:ch 8. 阿尔伯特等(Abbott et al 2000)曾指出,国际关系中立法的概念化曾从哈特的《法律的概念》中汲取灵感。

他曾明确指出,一个法律体系存在的最低限度需要包括:(1) 公民普遍遵守第一性规则;(2) "官员"对第二性规则采取内在的(即批判的、反思的)观点,将其作为自己和他人行为的有意义的指南(Hart 1994:116)。在拒绝对法律进行界定之后,哈特只声称这种概念化只能识别法律概念的典型援引的核心案例。然而,人们普遍认为他关注的是如何将法律与其他社会现象进行对比分析。例如,弗雷德里克·肖尔(Frederick Schauer)(2006:871)声称,"哈特帮助我们看到,为什么法律不仅不同于国家认可的武力应用,而且也不同于规范、价值观、习惯做法以及其他一系列行为决定因素,这些因素……仍然与法律有着关键的区别"。哈特方法的复杂性通常被归因于他拒绝像奥斯丁那样用政治术语识别法律。他没有将法律与主权权力联系起来,而是强调法律的规范性(作为规则)和作为社会(尤其是语言)实践的现实性。

众所周知,这种主张导致哈特(和其他法哲学家)经常在法律规则和体育竞赛规则之间做类比分析。但是,值得注意的是,他没有明确指出,法律作为社会规则的一种,与体育竞赛规则的区别何在。① 这似乎很奇怪,因为法律社会学家(与大多数法学家不同)有时会承认"私人法律制度"(Evan 1990: 123-37)和各种社会规则是法律,但他们通常不会将法律与体育竞赛规则相混淆。如果哈特不能从理论上对此进行区分,会令人感到奇怪。然而,只有极少数人论及这个问题。

哈特的法律规则是强制的,竞赛规则对玩家来说也有这种特性。他指出,并非所有法律规则在任何情况下都具有他所认为的创造义务

---

① 德沃金(2006c: 100)注意到哈特的法律概念,作为第一性规则和第二性规则的集合,无法将法律体系与有组织的体育赛事的规则区分开来。一般认为,第二性规则长久以来被认为是许多组织的规则的特点,而非"法律世界"所独有(e.g. Colvin 1978: 201)。丹尼尔曾试图论证哈特的法律概念可以脱离第二性规则(Daniels 2010)。对体育赛事组织规则的详尽讨论,可参见 Raz 1975: 113-23。

的所有属性(Hart 1994:174,175,229)。此外,有组织的体育赛事也并不一定缺乏第二性规则。对哈特来说,这些规则的出现标志着"从前法律(pre-legal)世界向法律世界的过渡"(ibid:94)。通常会有由"官员"监督的、复杂的、受规则支配的过程,以创造、承认、辩论、改变和裁决主要的强制性的比赛和体育规则(如在板球、桥牌或国际象棋中)。此时,从内部和外部的角度来看,体育赛事规则和法律规则相差不大。事实上,一些运动和竞赛的规则(如板球、桥牌、槌球)通常也被称为法律。

法律关注的是具有社会意义的事情,那么,是否可以认为,某种程度上,竞赛和体育的本质是微不足道的?约瑟夫·拉兹(2009b:116-20)强调了法律的社会主导地位、规制全面性、超越其他规则系统的至高无上性,以及支持其他规范体系的角色定位。但他认为,尽管这些方面在程度上可能有所不同,但都是"法律"的特征(ibid:116)。事实上,上述每一项法律的特殊性标志都可能在特定背景下法律的社会存在条件方面受到质疑(Tamanaha 2001:139-40)。许多公认的法律只涉及高度专业化的、技术性的小范围事项。[①] 另外,名誉、奖金、机会、赞助和职业等通常取决于体育竞赛的最终结果。在有组织的体育活动中,人们常常会对体育规则的管理和争端的裁决给予很大关注,组织体育赛事的金钱风险也很大。事实上,一些体育比赛的结果还可能与国家经济、文化或政治问题相关,并引起公众的强烈兴趣,而关于法律问题的决定却很少引起这样大的关注。[②]

[①] 哈特指出(1994:170)体育竞赛规则涉及"只有间歇性机会的活动,是故意创造的"。但这同样适用于法律规定的许多活动。在其他地方(1994:174,175,229),他承认许多法律的重要性不大。

[②] 有关体育赛事的规制不涉及具有一般政治意义事项的批评,可参见 Anderson 2006。

这里要说明的是，体育竞赛规则和法律规则都难以从理论上进行满意的区分。这意味着，在对法律进行概念化时，解决方法趋向抽象化，而关于法律在具体社会背景下的经验性问题则会被避开讨论。例如，探索法律的规则结构或规范结构，并不会为理解法律的一般性经验或现存的各种法律范式提供资源。法律体系和体育赛事的规范组织非常相似。一个法律概念如果无法将其区分为**根本**不同的社会现象，那么，对于司法实践者和从社会学角度研究其特征的人而言，该概念都缺乏合适的研究指引能力。

法律概念的语境

法律概念中的"体育赛事问题"（games problem）指出了当代法哲学中缺失的一部分，即充分认知真正在实践中有用的法律概念与其应用的政治社会背景具有不可分割性。

德沃金在他的早期作品中曾富有意味地暗示（1978：24-5），法律可以与体育运动规则区分开来。因为规则在体育运动中占**主导**地位；而法律则不然，规则无法主导法律，因为其他标准（如法律原则）是基础性的。德沃金还指出，体育运动（或至少是部分体育运动）是**自治**的体系（ibid：101），自足地存在；而法律则不同，其完全依托于更宽广的社会和道德背景。

尽管德沃金提出的观点有其重要性，但我持与之相反的观点，即不能仅由规则来管制，还需要由其他标准来管理。"竞赛精神"也非常重要（e. g. Fraser 2005：chs 6 and 7），其与使命感、公正和恰当的玩法有关,而不能破坏竞赛或"败坏竞赛的声誉"。① 竞赛也不必然是一个自治体系:从各种角度来看,竞赛也可以像法律一样,有其他的目的,如发展新技能、健身或社会交往等(Weber 1977: 116-24)。但是,必须强调的是,如果规则与其**发展和使用的特定道德背景**相分离,法律则无法被完整理解。

在德沃金的观点中,法律与道德有必然联系,但这个联系必须完全在特定的法律经验范围之内互动。但是,当代规制的复杂性要求认识到许多不同的监管团体之间的激烈**互动**,这些互动往往具有波动性,且共享部分成员。全球法律多元化的复杂性便是产生于这种互动(不一定受任何共同权威或共同理解支配)。在任何监管体制中,只有认识到解释者的参与经历必须与被他们观察到的其他监管体制共存(并将形成和被形成),全球多元主义才能够被理解。而这些被观察到的其他监管体制可能与他们的经历重叠、相关并可能发生冲突。全球法律多元的参与者将同时以观察者和解释者的身份,体验各种制度、法域和体系。

在哈特的法律概念里,他将奥斯丁主权形式中的政治权利排斥在外,无法(或者拒绝)将法律与国家联系在一起,甚至认为法律不过是规则的竞赛(a game of rules)。德沃金则将法律与体育竞赛规则区分开来,认为法律有更广的道德意义,其与社会结构有本质的联系,深深植根于社会之中。从中我们可以看到,一个令人信服的法律概念必须直接且明确地强调其**政治**维度或**社会**维度,或两个维度同时强调;还需

---

① 一个经典的案例是 1933 年臭名昭著的板球"追身投球"(body-line)争议。对此一个简短的评论可见 Blythe 1983:ch 7。一般性叙述亦可见 Alldridge 2015。亦有人称"与体育竞赛不同,法律意在道德上约束我们"(Gardner 2001: 227)。但是,这个论断有赖于如何界定道德。"竞赛精神"这个说法就是竞赛中的道德,其与维系其他社会关系网络的道德别无二致。

要从社会学角度认识(尤其是在全球法律多元的背景下)法律实践的多样性,以及法律的政治和社会生存条件的经验可变性。我们最终都要转向这些问题。

在评判法律概念的时候,应该看它是否适合它所创制的具体目的。无论是作为一种模式、框架、理想类型,还是作为"焦点意义"的体现(Finnis 2011:276-81),无论是针对法律现象中的法律话语还是社会调查,法律概念都不应该被看作对法律本质的"真理要求"(cf Marmor 2006:692),而应该被看作**解决具体问题的组织工作**。当前,存在着通过法律概念将法律真理具象化的倾向,带来了法哲学辩论的激进性和不确定性。这种倾向的背后隐含着一种假设,即所有的学者都在以同样的目的,从事同样的研究,涉及同样的法律经验。如果辩论的参与者是理论家,他们共享着关于现代西方国家的法律制度的经验,这种假设便会变得可以理解。但在面对各种国内、跨国和国际规制的相互作用,单一民族国家的法律多元的暗示(e. g. Grillo et al eds 2009)和法律思想中新的"差异法理学"(jurisprudence of difference)①所带来的挑战时,这种假设越来越难以服众。

根据手中的任务,各种法律概念都可能帮助理解全球法律多元。也许目前最紧迫的任务主要是:绘制法律多元化地图,使用法律理论展示存在着的、具有相互关联性的法律结构,以及探讨规制多样性下法律推理的可能类型(以及跨国法治的可能性)。

以上述任务为服务目的的法律概念,不仅需要熟悉现代民族国家法律体系的法律思维,还需要体现民族国家管辖范围内尚未被确定的监管体制之间的联系。法律的跨国观念所代表的经验将同时体现"内

---

① 参见本书第十一章。

部"参与规则的使用和解释,以及"外部"观察潜在冲突或竞争的规制结构和实践如何相互作用。除非身处观察的背景之中,**跨越**(across)规范制度以及在规范制度内进行法律解释将越来越难以实现。对全球法律多元的观察需要从不同的规范实践中进行解释性理解。因此,对法哲学中非常熟悉的"内部"和"外部"法律观点进行区分将愈发困难。

政治、共同体、教义、实践

　　除了对与规制相关的多元制度进行回应之外,我们还需要就法律的跨国观念提出另外两个一般性建议。这两个建议都是对前面提到的哈特法律概念中问题的延伸。

　　第一个建议是,哈特的法律概念强调用类比法对法律规则和体育竞赛规则进行分析,并不强调二者之间的显著差异。这种做法有其意义,但全球法律多元化呈现复杂性特征,且处于政治和社会环境快速发展的过程中,那么强调法律与**政治结构**的联系或法律概念在各种**共同体结构**中的根源对研究法律概念尤其重要。

　　政治上的联系表明,有必要将关于国家以及国际主权结构的新论点纳入考虑。一般来说,需要考察一个有用的跨国法概念必须在多大程度上纳入对全球化和国际关系的权力结构的敏锐认识。相应地,将法律与社会结构相联系,有助于探索许多新的和各式各样的社会关系网络,以支持各种形式的跨国规制。例如,这种关系网络可以反映跨国商业和金融网络,以及法律或其他专业部门跨国经营的方式,既对跨国规制进行塑造,又赋予其权威。这种权威在某些情况下,可能与传统形式的国家法律权威一样重要。更广泛地说,这种方法将跨国法描绘成代表共同体不同类型的社会关系网络,这些网络会带来不同的(往往是竞争或冲突的)法律影响和问题。①

第二个建议与哈特的法律概念中对非个人规则的强调有关。这个建议意味着,关注点从寻求法律的独特之处向寻找各种社会规则体系的共同之处转变。那么,一个发展跨国法律概念的优良策略则需要不仅关注规则本身,还要关注**管理规则的制度化实践**,由此重新引入人类行动的个人因素。事实上,重点应该放在与一般法律理论有关的实践上,这种实践包括法律规则、原则、概念或价值。因此,法律需要相对稳定的、公认的、既定的机构存在,以创造、解释或执行理论。

正如前文所述,将法律视为**制度化的教义**(institutionalised doctrine),是为了突出强调具体的、可识别的机制。通过这些机制,法律学说以有组织的、模式化的方式被社会所管理。② 这意味着法律从来不是纯粹的规范性概念,而是强调法律在实践中真正起作用的观点。这种主张必然会把政治或社会因素带回法律概念中,这些因素的性质取决于教义管理机构或过程的社会地位,它们由谁控制,又以何种方式被控制。无论它们的其他作用和效果如何,这些机构或过程都应被视为通过法律对权力主张的控制。它们反映了法律教义与其所处的具体社

---

① 下一章将进一步讨论这个问题,第十章将讨论其在跨国刑法这个具体场景中的运用。有关法律作为共同体网络规制的问题,一般参见 Cotterrell 2006 及 Cotterrell 2008c:ch 2 and Pt 4。

② 这种方法可以与阿尔伯特等人对"合法化"(legalisation)概念化的方法进行比较(Abbott et al. 2000)。我的教义概念暗示了义务的概念,他们也强调这一点,我的概念同样包含各种规范现象(不仅仅是规则)。但是,阿尔伯特等人使用"精确度"(precision)作为变量来解决这种多样性,而我认为教义的类型在其他方面有所不同。他们的"授权"(delegation)概念指的是我所说的制度化的各个方面,但对支撑法律程序的各种类型的权威提出了质疑。

会背景之间的主要制度性(模式化的、既定的和公认的)联系。①

在全球法律多元的背景下,不要把对教义进行创造、解释和执行这**全部**三种制度化实践,同时视为法律的必要条件。"法律"需要一定程度的正式制度来标记。但是,在这种情况下,如果要充分实现法律概念的目的,就必须认识到,虽然将创造、解释或执行这些功能中的一个或多个功能制度化是法律所必需的,但并不是所有的法律制度或法律类型都需具备这三种功能。

例如,许多发展良好且有效的"软法"缺乏正式的执行机制,而在解释跨国法规时可能需要纳入考虑的各种标准并不一定是由正规的法院或立法机构所制定。此外,国际法以及新跨国监管体制经常面临一些问题,包括跨国理论缺乏独特的裁决或解释机构;这些机构在共同存在的情况下,有时会发生竞争或冲突(Higgins 2006;Berman 2007a)。跨国法规作为法律的权威性很可能因其制度化的程度不同而有所不同。

与法理文献中早期所提的法律特征相比,有助于分析跨国规制的法律概念可能不够成熟,但更具探索性。任何这样的概念都将是一个正在进行的工作,一个临时性框架,一个正在组织新领域的实用工具,一个针对特定环境和项目的想法。但是,它将为重振一般法学的新目的服务,重新指导分析法学使其参与解决处于不断变化中的跨国领域法律问题。

---

① 讨论"机构""过程""实践""制度"并不必然重复哈特对(第二性)规则的强调,因为人们不应在所有的情况下推定或强调这些现象的被规则治理的本质(rule-governed nature)。上述现象的传统、目的、魅力和审慎的基础并不必然由统治规则形成(当然统治规则和众多规制结构结合后很有可能形成上述基础)。正如马克斯·韦伯(1968:215-6,226-54)教导我们的,并非所有的法律权威都基于规则。虑及全球治理架构的一般性的法律概念,将强调制度实践,在该制度实践下,规则产生(或不产生)或聚集(或不聚集)。

第八章 跨国法的性质

跨国规制的范围

众所周知,法律已经超越了民族国家的疆界。跨国经营的商人团体制定规则,这些规则如同法律一样在他们彼此的交易中有效地约束了他们的行为。欧洲人长期以来一直面对这样一个现实:他们的大部分法律不是来自他们自己的国家,而是来自整个欧洲范围内的机构。国际刑事司法越来越多地申请跨国抓捕重大的侵犯人权者,而不论罪犯身在何处或被指控的罪行在何处发生。在开始出现的跨国司法共同体中,不同国家的法官相互借鉴彼此的观点。国际法授权的公约为跨境关系中的人们规定了权利和义务。人权文书和机构在世界各地传播法律理念,创造了对不受国界限制的权利和保护的新期待。

对于许多学者而言,似乎有必要用一个新术语来表示法律关系:影响、控制、制度、教义和体系,这些不属于国家法律的范畴,但同样也不能被国际法范围内的扩展定义完全掌握。这个新的术语就是"跨国法",跨国法被广泛引用,但很少被精确定义。本章的焦点问题是将跨国法作为一般概念进行分析。

"跨国法"通常是指管辖权跨民族国家边界的延伸,这样,人、公司、公私机构和组织就会通过源自民族国家领土管辖范围之外的规则来解决或受到直接影响。它们位于该法域管辖权之外的地方,或者由该法域外的当局解释或执行。有时,跨国法指的是既不受国家机构保护,也不受国际法律机构或条约或公约等文书保障的规范。有时,它暗示着尚不存在(或不完全存在)但需要跨界互动的规制空间。

国际律师菲利普·杰赛普(Philip Jessup)(2006:45)称跨国法是指:"所有规制跨越国家边境的行为或者事件的法律。"在他看来,只要有上述影响,国家法和国际法都是跨国法的一部分。它可能会解决公共(国家和政府)和私人(非政府、公民社会)参与者的行为(Tietje and Nowrot 2006)。但是,其他人将跨国法在概念上与国内法和国际法区分开来,因为它的主要源头和规制的对象,既不是民族国家机构也不是建立在条约或公约基础上的国际机构,而是参与跨国关系的私人(个人、公司或集体)参与者(See Zumbansen 2002; Calliess 2007:476)。

另外一个争议就是实体和程序是否应该被重视。跨国法主要是由直接跨国界适用的规则构成,还是由协调或联系各国间可能有所不同的实体规则的协调性规则构成? 后者提出了一种多元化的方法(Berman 2007b),该方法承认并保留法律差异,但又消除法律制度之间的冲突———一种跨国的法律制度冲突。它主要关注的是程序。相比之下,在实体的路径上,可以设想的是规制方面的趋同,一个潜在的一元论路径,一个"普遍主义的和谐"[universalist harmonisation](ibid:1164, 1189-91)。其中,跨国法旨在使法律统一性逐步跨越国界,并走向"世界法"(cf Berman 1995)。也许更现实地讲,它可能会强调监管体制在有限的(通常是功能上定义的)范围内寻求统一的方式。

因此,关于跨国法的基本问题仍然存在。第一,这部法律是否仍在根本上依赖于国家法和国际法(后者得到了国家主权的支持并承认国家主权),或者它需要一种新的法律与国家之间的关系:在这种关系中,一些法律渊源现在完全超出了国家权力的范围之外?第二,如果跨国法规范了跨国关系,那么,这些关系是公民社会中个人、法人组织和社团的关系,还是如杰赛普所认为的,它也可以包括国家和政府机构的关系?换句话说,是集中于跨国**私法**,还是概念过于狭窄?第三,跨国法是建立与国家法并存的新的实体法制度,抑或主要是程序性、协调性的法律,将国家和其他法律制度联系起来为跨国网络服务?它是否指向逐步的跨国规制统一,还是必须保持大量相互交织、经常相互冲突的监管体制?

这些问题没有确切答案,但这些问题在与跨国法相关的既定规则或初期规则领域很容易被列举出来。列表中的许多项目可能会被划归传统法律类别(国内法、国际法和非法律规范),但是如果将它们合并在一起,即使仅仅是因为它们涵盖了广阔的规则范围,也可能意味着法律环境发生了变化。该列表可以包括国际人权法、国际刑法、国际贸易法、国际金融法、国际环境法、互联网法规、国际商事仲裁实践和商人共同体的跨国法规(**商法**)、欧盟法、世界贸易组织法、跨国行业的私人自我规制,以及跨国公司治理准则或原则。

同样值得考虑的是由协会、非政府组织和行政机构建立的大量规则(指南、标准、规范、原则和守则,以及规范制定、裁决和执行的程序),以及对跨国公司和企业集团的"内部"集体规则。最后,在混合跨国法律现象中,可能还有国家法的域外适用和域外效力,以及将国家管辖权的实际影响范围扩展到外国的引渡做法。

模式和地图的价值

所有这一切的范围令人困惑。跨国法是一个完全单一的范畴吗？它们都是"法律"吗？法律人经常会在各种各样的规则混合中迅速作出关于什么是法律和什么不是法律的判断。他们的判断建立在普遍理解的基础之上；最主要的想法是，所有法律在某种程度上都是属于**民族—国家的法律**。如果国际法作为法律具有重要意义，那么即使是现在也没有得到普遍认可（Goldsmith and Posner 2005；cf Berman 2006），这通常是因为它是国家主权的体现（授权缔结条约和国际公约，并明确地或通过其惯例承认国际习惯规范）。从这个角度来看，跨国法，通常被称为法律，是国家主权管辖范围的延伸，或者是由国际机构或通过最终由主权国家明示或默示的权威加以确认的国际文书（通过公认的国际法机制）建立法律的过程。从这种角度来看，除了国内法或国际法之外的一类跨国法似乎显得多余。

但是，如今，在民族国家边界之外运作的规则的范围和种类已变得如此之多，其影响如此之大，以至于需要采取不同的观点。引用一个跨国法的新观点意味着这个法律需要新的来源、新的地点和新的权威基础。把"跨国"加在"法律"上就像在加一个问号；质疑现代西方法学以国家为中心的法律认识。这也是在质疑是否需要修改国际法的思想和方法（e. g. Koh 1996；Berman 2005），以加速该领域的持续发展，从而摆脱其传统上对国家关系的关注，而广泛关注国际社会的规制问题。

仅仅着眼于**特定**的规则领域(如国际刑事司法或**商法**)而忽略跨国法的**一般**范畴就足够了吗？从社会学的角度来看,对跨国法性质的一般性探究可能会提供一个**框架**,用于比较不同跨境背景下的实证社会法律研究。如果能设计一个有用的跨国法的**模式**,即在这个概念标签下能把社会现象联系起来的工作定义,就能更好地把看似完全不同的领域中的跨国法律发展研究关联起来。通过"跨国"这个透镜,观察不同领域的历史社会法律发展的理论解释,能够发现其他视域下所忽视的共性,或有趣的相似之处和分歧之处。跨国法的概念能够帮助我们遴选实证研究的问题或形成研究假设,也能帮助我们了解一个现象领域的景象,组织有关其本质的理念,以在后续研究中检验。

对于跨国法的概念,法学的关注点可能与社会学的关注点不同。对于法学家和执业律师而言,关键问题可能是法律和法律权威的冲突。是否越来越难以确定跨国背景下的有效法律？从法律上说,"软法"[①]一词(通常与法律机构联系在一起,但在法律意义上却模棱两可)是由什么构成的？它是否与严格的法律术语无关或混淆,或者被半心半意地指定为法律(但不是"硬"法或可执行的法律),表明必须考虑到**某种**可能,即作为教义(如规则、原则、指导方针),其可能**正在成为法律**并获得一些法律权威。

当代国际法的学者和实践者特别指出(Michaels 2009:249;Calliess and Zumbansen 2010:271;Higgins 2006),有关的法律问题可能与已建立的法律制度(及其权威)的"非正规化"和"碎片化"密切相关。但碎片化似乎是法律的一个普遍特征,因此,正如第六章所论证的那

---

① 对此一个有用的定义是,"规制的工具和治理的机制,其涉及某些规范认同(normative commitment),但并不依赖于有约束力的规则或正式惩罚性的制度(a regime of formal sanctions)"(Di Robilant 2006:499)。

样，某些法律多元的概念现在必须成为博学的法学家的论述的一部分。在法律上的统一和系统的旧观念不可靠的情况下（Graver 1990），很容易感到需要找到新的方法来从法律上解释和处理法律的复杂性。

　　作为一个专业团体，执业律师有兴趣了解整个法律范围，以便能够在"法律"领域中安排并开展其活动。他们需要一种能够使自己适应法律现象不断变化的特征的方法。为了适用奥斯丁的隐喻来捍卫他关于一般法理学的观点，他们需要一张**法律地图**———一张图表，用来透视其范围和结构（Austin 1885b：1082），还有其过去、现在以及未来可能的发展方向。提供这个法律地图是一项核心的法律任务。

跨国规制中的私人和公共部门

　　格拉夫-彼得·卡里斯（Gralf-Peter Calliess）和皮尔·祖班森（Peer Zumbansen）（2010）关于跨国私法本质的重要著作是对当下法律的跨国维度进行片段和局部描绘的努力。我将在这里详细介绍他们的方法，并试图以此为基础进行构建。它的出发点是某种私法理念，这种私法理念可以跨国延伸或产生跨国影响。因此，区分公共和私人的问题马上就出现了。卡里斯和祖班森的主题之一是，在研究中不能将公共和私人分开，但是公共和私人的名称仍然是有用的。他们认为，任何可以被视作法律的事物都会具有重要的公共层面，即使这种事物在实质上是由"私人"行动者，如跨国商业网络（如**商法**）中的商人或公司和企业集团（如企业社会责任的跨国经营准则）制定的。

　　这些公共层面是政府或治理方面的问题，而非仅仅损害跨国经营集团或网络中的私人利益。但是,跨国法中的"私法"表明规范生产、发展、解释和执行的动力主要在于民间社会行动者,而不是国家的公共权力机构或国际公法。如果被规制的事项仅限于民族国家的管辖范围内,则属于(如果有法律意义的话)国内私法所关注的事项。

卡里斯和祖班森重点关注的例子包括对公司及其与民间社会的关系的规制、对跨国商人团体的实践的规制、企业与消费者之间的电子商务治理框架以及跨国技术标准的制定。在个人、公司、组织和协会的网络内进行社会(尤其是经济)互动方面的规制实践,通常比国家机关或国际机构的立法更为重要。然而,与该领域的许多其他作者一样,卡里斯和祖班森强调指出,在许多情况下,国家权威仍然很重要。

公司治理准则可能会获得国家立法机构的官方授权和支持(如在德国,书中对此进行了详细讨论),即使这些准则在缺乏官方执行的意义上仍然是自发的。公司或协会是为管理跨国私人监管体制而建立的组织,但它也可以由公共机构创建、认可或保证。软法机制可以附加在硬法上,也可以作为将准则"硬化"(hardening)为国家法或国际法的前奏。当人们不再把注意力集中在民族国家确定的管辖范围上时,公私界限就会变得模糊。

普通法律人往往会通过务实的调整来正视公私二分法的破坏。但是,对于习惯于建立牢固的法律与国家之间的概念联系的大陆民法学者来说,这个问题可能更为根本:如果没有民族国家作为阿基米德支点,那么监管机构的公共或私人地位就会从根本上变得模棱两可(Calliess and Renner 2009:265)。这样一来,可能会产生规制合法性的问题。

无论这些概念性问题如何,关注跨国私法(transnational private law)都是在一个不可思议的庞大而多样的跨国规制领域中进行临时界定的一种方式。与该领域的几乎所有概念一样,跨国私法的概念也是一个务实的概念。问题仅在于它是否有助于映射和模化,是否有助于在可靠路标和地标很少的区域进行分析。对私人的强调可以将跨国规制领域与熟悉的国内法和国际法的公共或政府规制区分开来。因此,跨国私法可能(暂时)被视为与其他示例不同的规则类别。例如,国际经济法是由各民族国家的单独或集体行为通过国内法或国际公法而建立的。可以将跨国私法(临时和实用地)视为"自下而上"的法律(在社会互动中创造),而不是"自上而下"(立法)的法律(Calliess and Zumbansen 2010:125)。

一旦提出了这些术语(自下而上和自上而下),表明采用了不同的立法方式,它们的问题就显而易见了。所有法律都是基于**意愿**(强制性权力的表达)与**理性**(经协商的、详细阐述的理由或原则)。大多数法律是由监管机构通过某种形式的武力或强制实施的,并且得到其监管机构的同意或至少是默许。卡里斯和祖班森都非常清楚这一切,但是,即使他们并不真正相信"私人"这个类别,他们也专注于"私人",他们选择从**某个地方**开始分析,而不是因为概念上的犹豫不决而停滞。目前,关于国内法和国际法对跨国规制的具体贡献的许多问题尚待解决。因此,在广泛而复杂的讨论中,它们说明了跨国经济规制直接从社会互动中产生的方式(如在商人实践、公司环境、电子商务中),这些方式总是存在于来自官方与非官方的调整力量的矛盾中。

不同种类的理论资源构成其解释的不同部分。建立既有的规制结构框架并鼓励相对自发的规范发展的规制辩证法思想,意味着"反身法"(reflexive law)理论的重要性,例如,强调"政治治理与公司自我规制如何相互促进和优化"(Calliess and Zumbansen 2010:224)。社会规范的经济理论也因其对非国家规制机制的有益强调而闻名,但因其普遍未能与广泛的、历史悠久的、更广泛的关于规范的社会法律文献联系起来而受到严厉批评。这些理论也因为过于简单、过于一般化的主张而受到攻击,其声称非正式规范比正式制度化的法律效力更高(根据什么标准?)(ibid:71-2),法院以及(在一些批评者看来)作为一个整体的当代国家普遍存在的规制"无能"和不足(ibid:253-4)。软法理论被认为与作者的方法广泛相关,但不够精确和严格(ibid:255-60)。

在治理机制工具箱中的法律

本节更侧重对经济学家奥利弗·威廉姆森(Oliver Williamson)的"治理经济学"的详细讨论。威廉姆森区分了不同的"良好秩序和可行安排"(good order and workable arrangements),以规范所呈现的不同条件,例如,"现货市场"(spot markets)(涉及单独交易)、提供持续交易的长期合同(混合式),以及适用于公司及其子公司控制和协调的"垂直"等级。重要变量是交易的相对频率以及其中涉及的资产的标准化程度或特殊性。风险和成本随交易类型和互动关系的不同而变化,表明了各种规制方法的吸引力和可能性(Calliess and Zumbansen 2010:113-18)。

在威廉姆森和其他学者的基础上,卡里斯和祖班森确认了12种可能的"通用治理机制",这些机制既包括国家法、法院和通过三方仲裁和双边谈判进行法律制裁,也包括对社会、关系(尤其是契约性的)或公司准则以及分级公司控制的依赖(ibid:118)。何种机制是最佳的或可能的,取决于交易的性质以及从事交易的人之间的关系。但是,"这种治理机制地图是……一个工具箱,通过它可以形成针对跨境商业治理的量身定制的解决方案"(ibid:113)。

正如我在第六章和第七章中所述,如果法律被认为是制度化的教义,上面说的大部分将不属于法律的范围。同样,公共和私人将以各种组合混合在一起。私人秩序机制"发生在国家法的阴影下"(Calliess and Zumbansen 2010:117,118),但通常国家法并不是在实践中塑造和保证这些机制的因素。它也不一定产生或承认那些受其约束的规制形式。呈现的是一幅非常复杂的规制图景——五花八门的治理方法,其中"法律"在跨国背景下的性质仍有待阐明。

卡里斯和祖班森在将"法律"的划分视为无关紧要的问题与认识到它作为一个实际问题的多方面的重要性之间摇摆不定。这里所说的将法律的划分视为无关紧要的问题,意指"跨国法……是否应被视为传统意义上的'法律',可以保留在当前的分析范围之外"(2010:20),并认识到它作为一个实际问题的多方面重要性(see also Michaels 2009:250)。使用社会学方法可以很容易地识别出一系列现象来标记跨国法,但是这些现象的**规范意义**问题必须解决:如果有的话,法律做了什么可以被认为是与众不同的事?法律是否具有特定的功能?它是否具有一种特定的权威(一种约束它所涉及的人的权力)和合法性(作为一种既定秩序或体系的认可)?

卡里斯和祖班森从许多角度来看待这些问题:不成系统、有点不够确定、有时含混不清。遵循卢曼(Luhmann)的系统理论,他们将法律视为重构冲突,使冲突从发生冲突的社会环境中脱离出来,并根据二元的"合法/非法"符码重新定义了冲突(2010:44-5、51),这一过程绝对没有依赖国家机构,并且可以"应用到社会组织的最后一个角落"(ibid:77)。然而,可以肯定的是,这种公认的循环性(法律是关于什么是"合法的"沟通)绝不能解决"法律"一词可能包含或排除的问题,①尽管它表明法律在一定程度上脱离了社会:一个法律从社会关系中分离出来并寻求一种特殊的功能合法性的过程。

卡里斯和莫里茨·伦纳(Moritz Renner)(2009:267)在其他地方说得更清楚。他们指出,在卢曼的思想中,法律的唯一功能是"规范性期望的稳定化"(the stabilization of normative expectations),即使面对失望(即在实践中未能实现期望),也会选择和坚持这种期望。承担这一职能的跨国治理制度可以发展为法律制度。该功能所涉及的不仅仅是提供有用的规则(在许多情况下,非法律社会规范可以做到这一点),因为它与"整个社会"有关(ibid:266)。这种描述可能意味着法律对于**整个**社会组织(稳定规范性期望)必须具有重要意义,而不仅仅是对特定社会任务或功能的规制。

对于确定跨国规制中的法律,这种系统理论方法是否是一种有用的甚至连贯的方式,仍有待商榷。卡里斯和祖班森的其他著作提出了类似于我之前所主张的将法律视为制度化的教义。"私人法律制度"是这样一个制度,其"可以将履行**立法**、**裁决**和**执法**职能的私人治理机制捆绑成有效和可操作的制度"(2010:120,着重号由笔者添加)。但是,"在现代跨境贸易的制度组织的背景下……在实践中纯粹的私人法律制度是罕见的",而国家法"通常会压制对其作为社会最高统治者的传统主张的任何潜在竞争"(ibid:120,121)。因此,有效的执法对于自治的私人法律制度至关重要,但卡里斯和祖班森指出,执法行为的减少,如降低越轨成员的声誉,威胁将其排除在共同体之外或直接胁迫等

---

① 正如本书前文所强调的,这并非呼吁要有一个法律的定义。所需要的是:第一,(为了法学的目的)确认不同种类规制(如卡里斯和祖班森的通用治理机制)的规范重要性程度;第二,(为了社会学的目的)暂时确定跨国法的研究领域。

手段,都将受到国家法的控制甚至禁止。因此,正如前面所建议的那样,将规则制度化为法律往往是一个程度问题。卡里斯和伦纳(2009:268-9,274-5)建议,迈向这种制度化的标志可能是某种形式的审判听证会上的"冲突的言语化"和通过将过去的监管决定作为先例公开来"稳定规范预期"。

互联网标准制定:自下而上的规制

无论复杂性如何,上述理念都表明有必要以全新的方式思考法律:在谈判和达成共识的"自下而上"过程中强调规范的制定及其权威。卡里斯和祖班森著作的核心是一个范例,为了(可能是暂时的)分析目的,他们"排除"了几乎所有与"自上而下"的国家机构的法律制定或法律确认有关的分析,或与法律中的强制性权威(**意愿**)因素有关的分析。

"大致共识和运行代码"(rough consensus and running code, RCRC)的概念,是指为互联网制定全球技术标准和规则的过程,具体体现在由来已久的"征求意见程序"中,技术专家、网络设计师、系统操作员、研究人员、拥有不同程度技术经验的互联网爱好者一起参与集体审议和实验,目的是为互联网的运行制定一致的技术标准。

正如卡里斯和祖班森所描述的那样,RCRC 的最重要特征是其非正式性,并在很大程度上反对等级制度。争论既不受任何既定官方机构的行为也不受多数投票的限制与终止。成员资格规则也不能决定是否参加有关标准的工作组;相反,任何人都可以参与。讨论仅以临时主席的临时声明为准,即就中间问题或最终结论达成了"大致共识"。然后,可以发布建议的标准以供进一步考虑。最终可能会遵循建议的标准草案。在"认可阶段",审议共同体决定是否在实践中采用该标准。最后,如果被广泛接受,它可能会在"绑定阶段"成为"完整标准",类似于"正在运行的代码",也就是说,类似于"一种实际运行的有着广泛安装基础的程序"(2010:136)。

有人可能想知道这是否与跨国法有关。毕竟 RCRC 仅关注**技术**标准。负责监督此治理机制的网络工程任务组在其网站上写道:"我们试图尽可能避免出现政策和业务问题。"①但是,正如对会计实践中隐含政治的讨论所表明的那样,技术规范可能会引起更广泛的共鸣(Calliess and Zumbansen 2010:256-7),并且"潜在的重要价值和政策选择可以嵌入到互联网的技术体系结构中"(Berman 2007b:1222-3; see also Froomkin 2003:809-10)。

更成问题的是,互联网作为一种社交网络与跨国经济网络有很大的不同。它的潜在价值(为自己的利益而积极推动其发展的价值)可以被视为一种开放、包容和全面的价值。它的影响范围越广,技术越统一,其操作就越成功。但这不是其他跨国网络所必需的。一个商业网络可以优先考虑其成员之间的合作和共识,但其方向将是为了成员的利益,且它不需要以开放性和包容性为目标。事实上可能恰恰相反:它可能会保护自己的集体利益,而不顾外来者的利益。这个网络内部的权力问题,以及它与外部的关系,变得非常重要。推动互联网共同体发展的共同最终价值是促进交流(Froomkin 2003:810-12),但是推动商业网络发展的主要因素通常是为了个人利益进行合作。

---

① 2017 年 6 月 7 日最后访问。

卡里斯和祖班森对 RCRC 的讨论中没有这种权力要素。[①] 的确，这一标准制定过程在某种程度上似乎与哈贝马斯的交往理性在运作上非常接近，目的是产生相互理解（Froomkin 2003）。卡里斯和祖班森很大程度上将其视为规制模式：这是"混合的、公私兼具的、动态的规范创建过程"和"一种特殊的社会自治形式"（2010：10），是对国内和国际规制的补充。它将实体与程序、规制与协调联系起来，并展示了一种通过其多阶段审议机制使规制合法化的方法（ibid：134，143-4；Calliess 2007：479-81）。不管它是否真的是一个充满利益冲突的纯净的交往理性之地，但它至少表明，作为"自下而上"规则制定的理想模式，它与熟悉的国内法和国际法模式大不相同。

法律和跨国共同体网络

那么，这会将跨国法的描绘置于何处呢？这里提到的主要描绘工具是二分法，涉及私人的和公共的、自下而上的和自上而下的、实体和程序、**理性**（原则和理由）和**意愿**（强制性权力），[②]以及教义和教义的制度化。在运用二分法时，如果过于刨根究底，则会出现问题。运用得当，它们对暂时确定初步调查方向则会具有价值，有助于系统性分析，并基于研究目的对法律的不同方面作暂时性的划分。

[①] 然而，将已发布法规中引人注目的正式细节[例如，关于如何以及由谁监督审议过程（Internet Engineering Task Force 2015）]与法规显然旨在确保的极端非法律的非正式性进行对比，将是有趣的。

[②] 有关动机/理性区分重要性的更多讨论，参见 Cotterrell 1995：165-6，317-20。

二分法的意义如何取决于背景。例如,只要制度化学说概念一直处于没有背景的状态,便只能在最基本和最抽象的层面对法律进行界定。为了进一步发展,有必要将"法律"的这个基本概念与恰当的"社会"概念联系起来,即法律所涉及的社会领域。例如,社会的性质可能决定了可将原则制度化为法律的机构类型。社会法学者倾向于认为社会主要是(国家)的"社会",即法律存在于社会之中。但是,如果跨国法与**跨越**国内社会边界的社会关系有相关性,那么,以一种避免与国家内涵相连的方式来看待社会可能会更好。

社会可被认为是由人际关系网络所组成。但是,如要受到稳定的规制,这些网络本身必须具有某种最低程度的稳定性。因此,它们可以被认为是一种**共同体**网络。一些学者将跨国法和全球法律多元与"多元规范共同体"(multiple normative communities)[①]联系起来,并将这些共同体视为跨国规制的来源和所在地(Djelic and Quack 2010a)。大卫·赫尔德(David Held)(2010)曾用"重叠的命运共同体"(overlapping communities of fate)来强调国家之外和国家之内的政治重构。但在引用具有典型性、温和性、模糊性,甚至带有怀旧性特征的共同体概念时却需保持谨慎,对许多人而言,这种概念与当代西方世界的个人主义和转瞬即逝的社会关系处于完全脱节状态。正如卡里斯和祖班森(2010: 55)所言,随着"公共空间的不断私有化,经常被称赞的'共同体'概念……也变成了一场闹剧"。

我认为,"共同体"(community)的概念对于理解社会法理论中的跨国法是有用的且必不可少的。然而,在当前的社会背景下,罕有学者提出一个**严格**的"共同体"概念。"共同体"概念中任何残余的浪漫主

---

① Berman 2007b: 1157 (citing Robert Cover's work); Berman 2009, 2002: 472-90.

义色彩必须被驱除殆尽,并对各种类型进行识别,了解其对规制事宜有何影响。相对于大多数对"共同体"的设想而言,共同体关系需要更具多样性、灵活性、流动性和易变性。

例如,合同关系(和所有稳定的**工具性**关系,尤其是经济关系类似,关注共同或有一致利益的项目)可被视为一种共同体社会关系,但基于共同的**终极价值或信念**(可能是但不一定是宗教信仰)的社会关系也可以被视为一种共同体社会关系。此外,共同体还可以指纯粹基于**情感**(情感吸引或排斥)或共同环境(如地域、语言、历史、习俗)而建立起的社会关系,这种关系可被称为共同**传统**。这些类型的共同体所暗示的不同类型的社会纽带意味着不同的规制需求和问题,这些社会纽带既可以是相对持久的或短暂的,又可以是强烈的或微弱的。最重要的是,共同体关系并不是相互排斥的状态。因此,任何一个人都可以同时参与到不同的共同体关系中。

因此,对共同体网络(communal networks)①进行思考有一定意义,它有助于整合不同类型的共同体社会关系,如工具性的共同体社会关系、基于信仰建立起的共同体社会关系、基于情感价值建立起的共同体社会关系等,但共同体网络可能受其中一种或多种类型的共同体社会关系所主导。以地域、宗教、金融、商业、专业、科学、亲属、友谊、语言或种族进行区分也使共同体网络更容易理解。这些关于共同体类型及其规制的观点已在其他地方充分阐述(Cotterrell 2006;2008c:17-28,363-72),但仍有两点值得重点关注。首先,这种方式暗示了所有共同体关系的建立都基于共同体内部成员之间一定程度上的**人际互信**(这使得关系具有一定的稳定性和连续性);其次,所有共同体都有**规制需**

---

① 在本书中"communal network"和"network of community"可互换使用。

要(以"正义"和"秩序"为目的)(Cotterrell 1995：154-7，316-7)，这些需要可能会也可能不会以某种制度化教义的形式产生法律。

有人可能认为,跨国共同体网络是其自身法律规制的最终来源,但同样地,它也受制于对其产生影响的其他跨国共同体网络的法律规制。卡里斯和祖班森所列举的跨国私法在发展中所产生的社会经济网(如跨国商法、公司治理制度、电子商务协议、标准制定组织或协会)便是如此。因此,可以设想法律探究的一种范式转变,这一转变部分是由跨国法的发展所引起的,即从关注有限的民族国家,转向新的强调具有复杂性、相互渗透性的共同体社会关系网络的法律创造潜力。

卡里斯和祖班森认为从共同体的角度分析跨国私法的想法"大有前途"(2010:39),但最终并没有对其进行深入探讨。其中两个方面尤其需要研究。首先,共同体关系几乎总是处于不平等的状态之中,并由权力差异所构成,这一点在由共同体关系所建立的规则中可以得到反馈。国内法反映了构成国家社会的共同体网络中的权力结构;国际法则反映了"国际社会"的权力关系。同样,跨国法将反映跨国共同体网络中的权力分配。其次,正如大多数研究跨国法律制度的作者所强调的,这些制度存在合法性(制度被承认和接受)和权威性(制度对受其约束者具备约束能力)问题。因此,有必要思考,如果合法性和权威性不能诉诸国内法通常被认为所依赖的民主基础,那么,合法性与权威性源于何处。从法律和共同体的角度来看,答案必须在共同体网络本身的结构中去寻找。

尽管共同体关系的性质并非卡里斯和祖班森所关注的核心,但他们在书中对共同体关系的间接影响进行了讨论。例如,他们对电子商务中"信任标记"(trustmark)系统的运作进行了思考,该系统旨在建立经济行为人,特别是消费者对他们计划与之交易的其他人的可靠性的信心。在互联网交易中,国内法的常用资源和在其"阴影之下"进行安全交易的可能性并不存在,建立潜在贸易伙伴的一般可靠性的信心极有必要,尽管在任何环境中很少有机会亲自评估这些问题。信任标记,就像信用评级机制、消费者满意度评级、专业认证和交易保险系统一样,是支持共同体经济网络中人际互信的例子。因此,它们有助于(只要它们是有效的)稳定特定环境下的(Schultz 2011)对正义和秩序的期望。

事实上,正如卡里斯和祖班森所描述的那样,跨国信任标记及其相关系统最有趣的方面在于其**脆弱性**,即信任关系的脆弱性,特别是共同体网络成员间互动关系的脆弱性(就像许多互联网交易时那样):(1)在物理上远离彼此以及完全不了解对方;(2)单次交易者(作为个体购买者或卖家)而不是重复玩家;(3)无法从任何面对面的人际交往中判断是否诚信。人际互信是所有共同体社会关系的基础。在跨国网络中支持这种信任是跨国规制的最重要任务之一。因此,有必要发展"信任标记的信任标记"(二级信任标记),依靠国内法,在欧洲的语境下就是全欧洲范围内的规则,在可行的地方,通过其执行机制来支持人际互信(Calliess and Zumbansen 2010: 169-78)。

阐述跨国法教义学

跨国法在何处可以找到它的法律权威和合法性?又或者更广泛地说,跨国法在何处可以对其有效性予以实际保障?大多数学者在以下不稳定的组合中找到了这些保障:(1)国内法和国际组织在政治上确立的权威;(2)根植于被规制人口的性质和组织中的具有不同程度权威的社会制裁;(3)基于经济需要和被规制者自我利益的考虑。但是,在考虑跨国规制是如何通过强调其在共同体社会关系网络中的位置来发展和寻求有效性方面,可能会取得一些进展。在这里,对跨国法的分析与对国内法的分析相似,因为后者的权威和合法性通常被追溯到国家共同体的假定结构之中,而民主理论、精英理论和社会契约理论则是解释时主要运用的工具。

在国家语境中,法律的强制性权威(**意愿**)主要与国家权力有关。法律的理性和原则(**理性**)主要与专家对教义的详细阐述有关(主要由普通法领域的法官进行阐述,但也通过立法起草、法典制定、法学家们的概念化和律师们解决实际问题的创造力进行阐述)。**意愿**和**理性**作为法律的基本要素,都可被视为整个法律权威的组成部分。意愿指法律的政治权威。理性可称为法律的道德权威,它与共同的文化理解产生共鸣。正如前文所建议的,所有这些二分法,二分的"分"既是一个分析上的便利问题,也是对法律的最终相互依存方面的临时性对比。

如何识别跨国法的**意愿**和**理性**?在某些方面,我们更容易发现规则的跨国发展是如何创造新形式的**理性**,而不容易发现规则的跨国发展是如何发展**意愿**的。即使国际法**理性**发展的范围正在不断扩大,国际法**理性**来源的性质并没有因为该法对非国家行动者的日益适用而发生显著改变,即前文所提的国际法碎片化问题。同样,国内法中**理性**的产生过程也可能并不会因跨国主义而发生显著变化。

然而,在"自下而上"地创造跨国私法的相关过程之中,巨大的变化肯定会发生。除了常见的各类法律制定机构或法律阐释机构(如法院、立法机构、行政机构和国际组织)外,其他机构也越来越多地参与到跨国规制教义的形成过程之中。在根据条约或公约所建立的国内机构和国际机构的规范范围之外,已经创造了一个空间,供新机构阐述新出现的跨国法的**理性**。

例如,由私法专家组成的委员会所起草的"示范法",可用于国家法或欧洲法中,抑或是交易双方的选择之中。这类事业的著名产品包括国际统一私法协会(UNIDROIT)制定的《国际商事合同通则》(Principles of International Commercial Contracts),以及由丹麦律师奥利·兰多(Ole Lando)组织、独立的欧洲合同法委员会①起草的《欧洲合同法通则》(Principles of European Contract Law)。只要这些是私人(非政府)形成的法律教义,它们就是对**理性**的详细阐述,而不是对**意愿**的详细阐述。这类产品取决于规制对象的自愿使用,或取决于将"公共"政治纳入法律。

然而,在本书中,就如其他地方一样,公共和私人之间的界限难以划定。例如,兰多原则有助于在欧盟法和政治一体化持续发展的"阴影"下推行更广泛的私法统一倡议。独立运作的国际统一私法协会是一个由63个成员国支持的政府间组织。国际公共组织或大会经常获得授权制定示范法典。由联合国国际贸易法委员会(UNCITRAL)编制的1980年《国际货物销售合同公约》(Convention on Contracts for the International Sale of Goods)一般适用于缔约国(目前为85个)之间的合约或缔约方选择以该法来规范当事方之间的合同。许多国家将《联合国国际贸易法委员会国际商事仲裁示范法》(UNCITRAL Model Law on International Commercial Arbitration)作为其国家仲裁法改革的标准。国际律师协会和国际破产从业者联合会积极参与了联合国国际贸易法委员会的示范法起草工作,以跨国规制大公司的破产(Halliday and Car-

---

① 被《欧洲民法典》研究小组(the Study Group on a European Civil Code)所接替。See Jansen 2010: 59-76.

ruthers 2007:1183-4)。

总的来说,法学家,无论是独立的还是在职的,无论是直接为国家、国际机构服务的还是间接为国家、国际机构服务的,随着跨国法的可能性的不断扩大,都获得了成为**理性**专家阐述者的许多新机会(Quack 2007)。

作为法律创造者的专家和非专家

在这里引入一种实用的(以及最终有问题的)划分,即将作为**理性**阐述者的专家与非专家区分开来。在国内法中,法律教义主要由法律专家(法官、立法起草人、法学家、律师)创建,但有时也由其他人(非法律人立法者、行政官员)创建。有争议的是,有一种观点认为,当"外行的"公民通过有原则地反对国家当局来解释法律,并以此作为他们非暴力反抗的理由时,他们可以被视为法律教义的阐述者(Dworkin 1978:206-22)。然而,在跨国背景下,专家和非专家对法律思想的阐述范围似乎都扩大了许多。现在,许多跨国法规和政策的形成都是通过无数从事制定和发展标准的协会、组织或法人团体的工作而发展起来的。

常见的私人跨国标准制定组织包括:森林管理委员会(Forest Stewardship Council),这是"一个促进世界森林负责任管理的非政府、非营利组织";[①]欧洲广告标准联盟(European Advertising Standards Alli-

---

① 有关森林管理委员会(FSC)的认证体系,参见 Maguire 2013:273-92。

ance),该组织提供了"有关如何在整个单一市场上进行广告自我规制的详细指南";制定了"全球农产品认证的自愿性标准"[1]的食品标准监管机构 Global G. A. P.。

除这些机构外,还存在其他由国内法或国际法建立、授权或庇护的机构,用来详细拟订跨国标准。但是,尚不清楚这些机构应被视为公共的还是私人的(证实了公私二分法的不可靠性)。在标准的设定中,什么才算"专家"也常常不清楚。然而,缺乏某种强制性(**意愿**)权威而依赖自愿服从的机构,其所具有的标准制定或规则声明的权威性,可能取决于这些机构对其(不一定是法律)专业知识的尊重程度,取决于他们充分代表了他们声称要规制的共同体网络中的参与者。

详尽阐述规制**理性**的**民主化**(即超出专家的控制范围)的可能性在跨国环境中无疑得到了极大的扩展。在国家背景下,国家法律权威摧毁任何与之竞争的非国家法律渊源的权力——罗伯特·卡夫(1983:40,53)将其描述为国家法律权威的"遏制规则"作用——通常是巨大的。但是,在跨国背景下,国内法不一定能运行或运行得很顺利,这种"遏制规则"的可能性就少得多。可能存在许多可以创建竞争性**理性**的来源。是什么赋予了它们权力?是什么可以使它们的教义**理性**具有说服力?一个重要因素可能是民主授权,或者是大众支持的难以抗拒的权威。

卡里斯和祖班森援引大致共识和运行代码作为规制模式,为这里的思考提供了参考。首先,审议产生具有约束力的互联网标准的工作组成员不一定是"专家",而且似乎对其专业水平没有要求。决定在审议过程中形成的想法是否有效的原因仅仅是"大致共识"的演变。其

---

[1] 引文来自这些机构的网站,2017 年 6 月 7 日最后访问。See further e. g. Scott et al 2011: 6-11.

次,请记住,工作组没有成员资格规则,任何人都可以加入。因此,这些网络标准制定者的共同体网络没有固定的边界。然而,在通过集体协商和形成共识的过程中,他们建立了标准。

可以从中学到更多的东西吗?首先,跨国法的发展可能意味着对"法律"专业知识的整体观念的修正。旨在有意义的、权威性的且能够在共同体网络中吸引支持的规制不一定是由具有法律专业知识的人制定的,而是由非常了解这些网络中的特定规制问题的标准制定者制定的,也就是说,他们是特定功能领域的专家,而不是法律通才。更进一步说,专家的观点应该被赋予特权吗?在国内法的背景下,律师、法官和立法者的权威受到他们在民族国家"官方"权力结构中的地位的支持。如果这些权力结构不再在跨国领域运作,或者至少是有争议的和不明确的,那么,专业知识的权威性可能会化为一个问题,即声称专业知识的人实际产生的**理性**——规制教义的理由和原则——如何被接受。

其次,大致共识和运行代码的例子提醒了我们,在考虑**理性**的产生时,不需要考虑共同体网络的界限。成员资格可以是开放的,而且会不断变化。拉尔夫·迈克尔(Ralf Michaels)(2009:253)批评在分析跨国法时求助于"共同体",部分原因是需要"某种边界,内外区分",而这种边界可能很难确定。但是,如果将共同体视为组合和重组的社会关系类型,而不是"固定的"社会对象,则不会出现此问题。

通过跨国组织的互联网络,大致共识和运行代码的开放共同体与大规模民意开放组织并不是没有联系,例如在线活动家团体"Avaaz",该团体(截至2017年)声称在全球拥有4400万成员。在此类竞选机构的协调下,互联网"全民公决"充分发挥了数字的力量——通过计算机键盘或智能手机进行的大规模跨国全民投票——通过完全绕开任何对专业知识的需求,或任何参与意见形成的成员规则的方式来影响立法者和政府。

跨国法中的强制和效力

跨国法的强制性权威(**意愿**)体现在哪里？跨国法又在多大程度上需要某种**意愿**来保证其有效性？正如卡里斯和祖班森的著作,以及大多数关于跨国法的讨论所证实的那样,跨国法在许多方面依赖于业已确立的国内法的强制性权威,以及以民族国家支持为基础的国际法。因此,通过私人仲裁实践发展起来的当代**商法**,有时被描述为一种自主的非国家跨国商法,而这实际上涉及"国家和非国家机构之间的持续竞争和相互作用"(Michaels 2007：465)。《联合国承认及执行外国仲裁裁决公约》则被称为将国际商事仲裁创立的"私法"与国内法的执行保障联系起来的历史里程碑(Rödl 2008：746-7)。进一步利用国内法的强制性权威的前景还在于法律冲突规则的发展,以便在国家法中更广泛地承认跨国交易方选择的监管体制(e. g. Rödl 2008；Wai 2008：123-5；and see Muir Watt 2016)。

归根结底,**国内法的强制性权威反映了共同体网络的权力结构,而民族国家及其同意形成的机制正是由共同体网络的权力结构所构成**。对此,政治理论家通常基于民主理论、精英理论和社会契约理论的角度来分析这些问题。那么,在跨国共同体网络中,是否存在类似的情况呢？我在前面曾提及如 Avaaz 这种团体的舆论形成机制。基于由互联网所开辟的交流可能性,理论上,民主意愿形成的机会在跨国范围内可以得到扩展。跨国公投和公民投票,以及不受国界限制的游说和竞选组织,作为一个技术组织问题现已完全具有可行性,但由于参与者众多,具有代表性的问题反而被掩盖了。虽然这些手段作为产生任何充分阐述的规制**理性**的方法似乎有限(往往限于对公民投票问题的"是"或"否"的回答),但它们可能为跨国机构施加强制性权威(**意愿**)提供一种民主基础。在可预见的未来,无论衡量全球公共舆论的手段是多么粗糙,全球公众舆论的想法都不再是幻想。

认为**意愿**可能取决于跨国共同体网络这一观点与前文所提的主张,即共同体不应被视为有界限的实体,而应作为具有可变性和流动性的社会关系(但在人际互信的基础上具有一定的稳定性),并不矛盾。即使是在短期、有限的范围内,参与公共关系也对共同体网络中的成员具有价值。因此,正如法律社会学家长期以来所强调的,被这些网络驱逐或排斥的社会制裁可能具有强大的强制力。事实上,在实践中,这种社会制裁较国内法的制裁更具有强制力(e. g. Bernstein 2001: 1737-9)。研究发现,跨国性的商业网络在要求遵守其主导的自我调控上有强大的压力(Djelic and Quack 2010a: 389-90)。具体的制裁措施包括:减损其在同行和商业伙伴中的声誉;取消其与共同体网络其他成员进行生产性交易的机会;拒绝其获取其他成员可获得的知识;将其列入黑名单;减少其贸易的有利条款和条件;减少其与其他成员的合作机会,最终将其排除在共同体网络之外。

为了理解这些制裁是如何运作的,不仅需要区分不同类型的共同体社会关系以及它们在网络中的不同组合方式,还需要考察共同体网络中的权力关系结构。因此,就像社会法律研究考察围绕国内法运作的权力结构一样,跨国法社会学需要进一步对跨国网络中相应的权力结构,以及这些权力结构对规则有何影响进行实证研究。

如前所述,对于大多数共同体网络来说,支持其规制的强制性权威部分来自相关网络的内部结构。显然,这属于一种**自我**规制,与许多此类网络中的参与者经历相一致,也与当前许多关于"外部"(如国家)规则的有限效用的假设相一致。当前,人们的关注正从跨国私法转向由共同体网络内部产生的规则上。但至关重要的是,共同体网络并不是孤立存在的。它们的成员通常是其他网络的成员,而且共同体网络可能存在于范围更大、效用更强的网络之中(或在其影响范围内);或者,共同体网络与其他网络复杂地衔接在一起。因此,监管机构的运作通常是内部和外部规制的混合体。

同样,没有必要将彼此之间有严格限制的共同体纳入考虑,而应观察共同体社会关系的交叉(但不稳定且经常变化)网络。因此,在任何特定的网络中,强制权力的来源可能并不相同。跨国网络往往会受到国家、国家的国际网络和其他非国家的共同体网络的规制。

结　　论

本章提及的跨国法的概念化问题,在近期有关跨国私法的法律社会学文献中已有展现。不过在庞大的主题中,被论及者寥寥无几。综上,无论如何,在思考法律和社会的性质时,必须要有所改变。

在对"法律"这一概念进行重新界定时,若想尽可能地将所有与跨国法相关的教义(如准则、原则、概念、守则、规范、标准等)全部纳入分析,于法学家们而言是一个棘手的问题。同样,在对"社会"这一概念进行重新界定时,不再将其仅视为一国境内的社会,而是将其视为涉及地方、国家乃至跨国的共同体网络,也会遭到阻力。然而,在社会学文献中,我们可以经常看到作者呼吁放弃对"社会"本身的关注,提倡以更灵活的方式看待社会,并考虑跨国社会关系的发展(e. g. Beck and Sznaider 2006;Urry 2000)。至于跨国规制本身,法律人和法律社会学者们正忙于分析其诸多方面及多样的社会背景。

事实上,有一股巨大的力量正在发挥作用,鼓励人们对法律的性质和社会的性质进行新的思考。早前,我曾言及国家规制的效率或能力的争论。国家在规制方面的能力往往是一个带有意识形态色彩的问题。但是,无论争论的性质如何,它都是对国家法的一般规制能力、国家法的限制性,以及"法律"对最了解它的政府和律师的重要性(或非重要性)的质疑。对"软法"、自我规制、非正式规制、"自愿性"标准和社会规范的兴趣,部分是由新自由主义政治运动和其他运动激发而成。这些运动是为了尽可能地减少法律在其通常"硬的"意义上的使用,如国内法,而且往往也对国际法产生怀疑。同时,人们常常对国家主权的传统观念表示怀疑,即认为民族国家完全控制或直接监督其领土内的所有社会经济管理。在面对这些不断累积的疑虑时,以不受民族国家边界限定的社会领域为参考来分析规制需求和规制问题,这一想法在理论上更具吸引力,且愈发具有现实意义。

"跨国法"仍然是一个不精确的概念。可用于分析的相关概念往往是脆弱的二分概念,只是出于实践需要而被暂时地应用。然而,法律的跨国延伸和转化越来越有可能成为法学家制定切实可行战略的最紧迫的重点之一。正如已经提到的,当前跨国法面临的最困难的法学问题是:(1)需描绘其范围(从而在跨国的维度上重新思考法律功能的范围);(2)确定能够支持跨国规制的权威机构,并找到可靠的方法从法律上评估这些机构。这些问题中,第一个问题是本章的核心重点;第二个问题则将在下一章进行更全面的考察。

第九章 跨国法律权威

当前，许多法律学者正试图将支持跨国规制的"权威"一词进行概念化。这些法律学者几乎不约而同地——也许是意料之中地——采用了能够强烈反映西方国家法律经验的法律取向。然而，在本章中，我认为，这种法律导向方法在考虑跨国监管发展时是不恰当的，因为这种方法不容易被纳入国家法，也难以被视为国家立法权力的一致行使而纳入国际法。从社会学的角度将权威普遍视为一种**实践**和**经验**以识别和解释是一个更好的切入点。基于社会学的方法，以现实的方式重塑法学观点更具可能性。

根据马克斯·韦伯对合法统治的分析，本章辨识了跨国监管可能依赖的各种权威基础，还考虑了我在第八章中提到的共同体网络这一规制的合法性文化来源。结论是，由于跨国法律权威的存在条件具有复杂性，这种权威也随之不断移位、变化以及被重新协商。如果仅将权威视为一种在任何地方都能找到的**相同本质特征**的普遍现象，权威则很难被发现。要想了解权威的来源、类型和表达方式，就需要研究各种政治结构和共同体网络，在这些结构和网络中，产生了跨国监管，权威主张被提出、承认和判断。

以**解释**和描述为目的将权威概念化，涉及与权威主张相关的实践和经验的实证研究。核心问题是，哪些现象被视为与权威有关？为探讨如何证明这是合理的，**规范地**对权威进行概念化包括询问需要辩护谁的利益,以及这些辩护应该被谁接受。因此,在跨国规制的背景下,关注背景似乎尤为必要。

跨 国 问 题

在试图使权威适应日益复杂的跨国监管世界之前,"权威"的概念似乎就已经造成了许多不确定性。在国内法律体系的语境下,法律人经常避免讨论有关权威的棘手问题,而代之以对法律**效力**的探讨。他们通过追溯法律规则、程序或决定的正式来源,来检验这些规则、程序或决定是否"合法",而这些正式来源在很大程度上来自于宪法、成文法或司法判例中确定或接受的法律权威。在日常法律实践中,权威问题主要是关于与这些来源有关的行为和情境的适当规范性解释的技术问题。对于法哲学家来说,关于权威的最终意义和正当性的更深层次的问题始终存在。

有必要考虑超越国家法的法律权威的性质,即超越一个由约翰·奥斯丁(1885a: 220ff)所称的"独立政治社会",其中具有司法管辖权的国家机构可以建立和执行法律。有鉴于此,熟悉的法律假设将从根本上受到挑战。反映国家法律经验的法学思想,倾向于将权威性预设为既定的**等级制度**。这可以被理论化为权威的"链"或"级别",例如第二性规则授权第一性规则生产和管理(哈特),或者更"具体"的规范被"更高"或更基本的规范所授权(凯尔森)。通常,在奥斯丁(1885a: 220)的简单描绘中,国家被视为所有政府权威的终极焦点,行使"决定性的和更高层级"的主权权力。这种权威的概念将法律与国家的政治结构联系在一起,可被称为法律的政治权威的概念。

只要这种观点占了上风,现代先进社会的法律人就能接受一种**一元论**的权威观点。① 也就是说,所有的法律权威都被视为可以追溯到一个**单一**的统一来源,或者至少可以追溯到严格有限的来源,这些来源存在于充分确定的相互关系之中。只要联邦制所带来的权力分配是由有效的国家宪法规定的,联邦结构就不会带来任何理论问题。那么,关于联邦权力边界的争议则被视为解释的实际问题,而不是关于法律权威的本质性问题。国际法的权威也不再被视为问题。国际法被认为是以国家的同意为基础,因此可以归入一元论的方法中。一个国家的法定权力可以在整个政治社会中行使(全国),也可以本地化,只对某些部分或方面进行规制(国内),或者适用于表达了同意的国家共同赞成规制国际领域的法律关系(国际)。即使在倡导"高于国家的国际法"时,像凯尔森这样的法学家也可以对这种法律的权威进行一元化的描述,将分级(国内)法律权威的模式扩展为整个国际秩序的单一、统一、分级的权力结构(Bernstorff 2010: 93-100)。

然而,在某种程度上,各种被规制者承认、具有法律权威性的**跨国**规制类型正在逐渐扩大,颠覆了传统的法律权威方法,即挑战了等级制度和一元论观点。现在公认的挑战是法律"话语"的"碰撞"(Teubner 1996;2004)或声称对同一法律领域拥有独立管辖权的不同监管体制的重叠或对抗(法律多元)。在这些政权中存在的任何等级制度都是片面和不完整的,可能会引起争议并容易受到挑战。

我们注意到,国际法本身正日益分化为多种多样且不一定具有凝

---

① 参见本书第六章。

聚力的司法管辖权和监管体制。① 而这些国际制度与国家法和欧盟法之间的关系有时是有争议或不可预测的。正如前一章所讨论的,现在被称为跨国私法的跨国规制形式通常是通过"自下而上"产生的。例如,组织跨国交易的律师、处理跨国商业纠纷的仲裁员、跨国组织的经济网络、国际金融体系的衔接以及通信技术的跨国影响。

从法学的角度来看,需要在一个跨国环境中建立可靠的工作方式,在这个环境中,以前稳定的权力支柱往往不再有效。法学的核心挑战不再仅仅是解释和应用**既定的**(established)法律权威;而是越来越多地去识别、概念化和评估权威,因为它在**不断发展的实践**中运作。必须承认"法律权威在本质上是相对的"这一前景出现了。也就是说,法律人将有责任评估不同法律秩序的权威主张的相对分量,这些法律秩序相互冲突或竞争,甚至否认对方作为有效的执行法律的存在。他们将不得不判断**在何种程度上和出于何种目的**(而不是"是否"),特定种类的规则可以作为有效的法律而具有权威性。

我的主张是,无论是传统的、以国家为导向的法学经验(无论如何富有想象力地重新解释),还是当代法哲学的主流(直到最近才对研究规制的新形式和新条件表现出兴趣),目前都没有资源来充分地组织这个新的跨国法律世界的主要元素。在当代各种规制背景下,尽管权威往往是以有争议的、矛盾的和不确定的方式被理解,我们初步需要从社会学的角度来考虑如何将权威理解为一个实际问题。② 在这些不断变化的背景下,有必要将权威作为一种社会现象(作为主张权威的**实践和接受权威的经验**)进行实证研究,认识到它们与国家法的关系往

---

① 参见本书第 127 页,以及例如 Varella 2013, Broude 2013, and Koskenniemi and Leino 2002。
② 夸克(Quack 2016)为我们了解此领域的重要部分提供了一个绝佳的窗口。

往不明确、不稳定、不断变化或不断发展。

鉴于作为实践和经验的权威正在快速变化,以及其中产生的一系列不可预测的规制挑战,这是一个比询问是否可以找到任何基本的和永恒的"真实"的权威理由更紧迫的研究。此外,法律社会学研究表明,有一些方法可以超越当今具有前瞻性的法律学者的努力,从民族国家背景下获得的既定法律经验中"向外"探索。法学家可能需要从完全存在于熟悉的国家法律思维方式之外的各种规制经验和实践中"向内"(进入他们的法律世界观)汲取材料,如原则、制度形式、规范性问题和概念化。

法学方法的一些局限性

一般来说,法律学者会通过改编、延伸或改造西方国内法律体系中的重要思想,或引用熟悉的法学理论[①]来参与跨国发展研究,而且这些理论本身就是建立在这些国内法的体系经验之上。

因此,法学文献中一些重要的跨国主义法学方法将西方先进政体的宪政理念和宪法原则延伸到了跨国主义中(e. g. Walker 2002)。其他方法将这些政体中常见的公法程序或组织原则扩展到了"全球行政法"中(Kingsbury 2009)。但是,宪法方法倾向于通过与国家的宪法结构进行类比,在跨国领域寻找某种意义上的有序等级制度。本尼迪克

[①] 例如,文献表明,人们经常使用哈特的法律的概念,其理论模型的终极前提是层次有序、界限分明的一套规则,建基于一个统一的承认规则之上。See e. g. Daniels 2010, Kingsbury 2009, and Duval 2013。

特·金斯伯里(Benedict Kingsbury)著名的理论中提到,全球行政法寻求"公法所具有的属性、约束和规范性承诺",并认识到需要强调和普遍建立"法律中的公共性要求"(2009：30, 55)。① 基于这种观点,私人秩序制度很难被承认为具有法律权威性(ibid:57)。但也有人声称(前一章的讨论中或许支持这一说法),个人行动者"现在是跨国法产出的核心"(Devaux 2013：843-4；see also Duval 2013：824)。

正如尼科·克里希(Nico Krisch)强调的,对宪政的关注在跨国领域很难被采纳,因为在其主导的现代形势下(为政府提供规范基础),宪法权威被认为是以某种支持性的、合法的群体——"人民"——的理念为前提的,而这种理念在跨国基础上似乎并不存在(Krisch 2010：55-6；cf Wallker 2015：101)。事实上,我要论证的是,跨国法律权威**确实**需要与"共同体"概念联系起来,但这个概念必须从社会学的角度来理解,并从经验上进行考察。试图在口头上呼吁建立全球"国际共同体"(被理解为分散的**民众**),为跨国宪政寻找民主合法性,是没有成效的。尼尔·沃克(Neil Walker)指出,宪法,**这一**"现代的框架法则",总是以"特定地点的人民对同一特定地点的权威性发声"的形式出现(2010：22；黑体为原文所加)。也许"地点"并不像它所指称的那样重要,但宪法共同体具有**某种**特殊性是非常肯定的,需要从社会学的角度来实证研究跨国领域存在什么样的共同体来支持规制。

事实上,宪法的、等级的秩序似乎与我们的生活相悖(Shaffer 2012：571)。但克里希指出,许多寻求摆脱有序等级制度并采取多元化原则(强调跨国领域中独特的、自主的法律制度和法律权威形式的多样性)

---

① 萨梅克(Somek 2009)认为,全球行政法项目的要点在于"是为了强调,过去属于现代'监管国家'的范式构成仅仅是行政程序如何在全球范围内重新实施的一个限制性案例"(第986页)。

的法学方法,最终会将这种多元化的开放性和宽容性与一些总体性的、组织性的、**控制性的**原则重叠起来。他认为,例如,马蒂亚斯·库姆(Mattias Kumm)的"国际性宪政"是"嵌在一套厚厚的总体性规范中,如辅助性、正当程序或民主,旨在指导冲突的解决";米雷耶·德尔马斯-马蒂(Mireille Delmas-Marty)主张"判断余地和平衡要求会将总体性规则变得温和";而保罗·希夫·伯曼(Paul Schiff Berman)在全球法律多元中管理冲突的想法,让人想起"像是包容多样性的宪政工具",它反映了地方分权主义的思想和联合模式(Krisch 2010:74-5)。

然而,克里希自己也不得不质疑,在他所说的后国家法的全球法律多元中,哪些政体是值得尊重和宽容的。他回答说,这将取决于这些政体在多大程度上"基于公共自治的实践:基于使自我立法理念具体化的社会实践",取决于支持它们的"参与性实践"的力度,以及它们如何令人信服地努力实现"平衡包容性和特殊性"(ibid:101)。这些说法似乎带有西方公法原则的影子。

从一个完全不同的角度来看,汉斯·林达尔(Hans Lindahl)(2010:54)坚持认为,后国家世界(postnational world)的所有法律秩序都必须被理解为具有明显司法边界的统一体,"因为边界是法律秩序的必要条件",因此,"在一个更高的法律统一体中",整合政治多元化的可能性取决于司法边界是否"可以重新制定"。法学思想经常寻求法律的规范性统一,而法律理论也找到了许多途径来将这一点概念化(Cotterrell 2003:8-11)。

但是,跨国监管可能不会(或不仅仅是)在有边界的体制方面发挥作用,有边界体制的想法是国家地域性管辖权想法的投射,这种管辖权在跨国条件下逐渐减弱,而倾向于更加渗透性的、渐进的、无明确划分的、多变的、协商的权力和管辖范围的领域。例如,在跨国条件下,法律越是可以被视为提供指导(通过各种强制性手段)和控制(通过积极的强制性规则),就越有可能被认为有助于形成不确定和不断变化的复杂规范性网络,而不是作为一个固定的管辖实体的定义结构。

根据对近期法学作品的研究,寻求管理跨国权威冲突的法学学者们似乎倾向于留意那些在某种程度上(也许不可避免地)反映他们最熟悉的国家法律体系的法学方法或基本政治原则。目前,就其独立于社会学和历史研究的运作而言,法律思想可能缺乏资源来规范地组织(同时尊重多样性)全球法律多元——其在很大程度上是混乱的叠加:(1)国内(国家)管辖权,包括其域外延伸;(2)多种国际法律制度;(3)已建立的(通常被视为)"私人"法律秩序的跨国体系;(4)为管理在范围或效果上跨国的共同体网络而出现的新型规制形式。[1]

在将法律跨国主义概念化的过程中,有一种倾向,即不仅通过既定的法学思想的视角来解释经验现实,而且有时还对其进行单方面思考,想象出一个难以与社会政治现实联系起来的全球规范领域。例如,哈罗德·伯尔曼(Harold Berman)写道:"正在出现'世界法律'管理着'新兴的世界社会'。"他认为,谈论"跨国"就是回到"国家",因此没有充分表明"全人类已经进入的新时代",一个"全球相互依存的时代",在这个时代,"地球上的所有居民都有一个共同的命运"(Berman 1995:1619,1621)。

其他学者则预示着这样一个世界:在这个世界里,权利可以在不涉及国家权力的情况下得到有效维护。吉恩·科恩(Jean Cohen)写道,世界主义者"将国际刑法的扩展和个人化、人权话语的扩散以及对人道主义和民主干预的呼吁理解为对'国际社会'的基本价值正在形成

---

[1] 参见本书第七章。

共识",其任务是"对国际社会进行管理和规范,以**保护世界公民的权利**"(Cohen 2006:485-6;黑体为原文所加)。但科恩坚持认为,这种对法律的世界性描述不过是为一些国家对其他国家的自利性干预战略披上了一层外衣。

理想化的全球法律愿景(不仅是法律思想容易受到影响)往往是一种新的一元论权威的梦想,或者是一种可能由此建立总体的法律秩序的参考点。然而,这种对法律未来的一般设想很难得到经验上的支持。对"全球法律文化"(Menyhart 2003;Friedman 2002)的愿景也可以提出类似的批评。这些都类似于社会学家和政治学家有时提出的不成熟或过于笼统的"趋同"(convergence)主张,这些主张表明政体、社会或文化正逐渐趋向于实际上全面的全球统一。

韦伯谈论权威与合法性

在研究跨国法律权威时,最好是暂时搁置所有的法学假设,并考虑如何从社会法律角度来处理这些问题——将权威的实践和经验视为经验性的社会现象,并考虑如何在跨国规制的不同背景下观察和解释这些现象。马克斯·韦伯(1968:953,954)指出:"任何权力……都会明显地为自己辩护。……受到道德偏爱的人感到永远需要把自己的地位看作某种'合法的'……每一种统治的持续行使……总是最需要通过呼吁其合法化的原则来进行自我辩护。"但在日常用语中,权力、合法性和权威这些术语通常是不准确和令人迷惑的。而且,文献中还有许多不同的概念。

维克多·穆利斯-弗朗蒂切利(Victor Muñiz-Fraticelli)写道:"只有提出合法性的**要求**,权力的行使才具有权威性。"(2014:563)苏珊·马克斯(Susan Marks)认为合法化是"权力**变得看起来**有效和适当的过程"(2000:19)。在其他的表述中,合法性是"统治的权利和**被统治者对该权利的认可**"(Jackson et al 2012:1051)。它"通常被定义为公民接受权力的原因",意味着"自愿**服从**于权威的**要求**"(Devaux 2013:845)。①

社会法律方法(a sociolegal approach)不需要权威和合法性的结论性的、永恒的定义,而只需要理解这些想法的方法,以帮助暂时确定相关的社会实践。那么,可能会有人认为,权威主要是由其持有者为支持权力而提出的**要求**,而合法性主要是由那些受制于它或观察它的人赋予权力的东西,也就是说,合法性表明对成功提出的权威要求的接受。尽管这些术语的用法有很多不同,但这种大致的区分对于承认权威和合法性是一种社会现象是很有帮助的。

有人提出,以这种方式看待合法性,"必须**由**某人来预测"(Thomas 2014:747-8;黑体为原文所加);"必须有一些社会团体根据这个团体所承认的共同标准来判断一个行动者或行动的合法性"(ibid,quoting K. P. Coleman)。"在社会意义上,合法性是通过建立实践共同体产生的"(ibid:745)。这表明,研究可能给意图解决这些问题的当局以合法性的社会团体和网络的重要性,也就是说,研究权威之下的各种被规制人口的重要性。有人指出,"同样的权力主张可能被采用不同认可标

---

① 本段的着重号为原文所加。

准的不同共同体①合法化"(Thomas 2014:748)。同时,这些标准之间可能存在冲突。

一旦认识到规制的合法性所依赖的公共关系网络可以在**国内**、**国家**或**跨国**存在,情况就有可能变得非常复杂。跨国监管权可能依赖于许多不同的社会合法性来源。这些来源(共同体网络)可以支持许多不同类型的监管权。同样,这些网络的价值、利益、忠诚和既定的做法也可能发生冲突,因此,不同的网络支持不同类型的权威,而拒绝其他的权威。

在稳定的政治社会中,法律权威的不同社会来源之间的冲突通常看起来不是很重要。国家权力的政治法律结构通常被充分地确立为权威性的。然而,当需要考虑国家边界以外的法律权威问题时,情况可能会复杂得多。那么,就有必要问,现实中可以提出什么样的权力主张?在哪里可以找到支持这些主张的证据?

通过扩展(或发展类比)嵌入国家政治结构中的既定"官方"法律权威的类比,在多大程度上可以成功主张跨国监管权?或者说,它必须在多大程度上追溯到跨国存在的共同体网络?这些网络可能会培养他们自己的权威,以支持他们为自己创造的规则,这些规则反映了他们自己的文化特征(即共同的价值观、信仰、利益、传统、历史和成员的忠诚)。跨国法的社会法律方法必须问,这种法律的现有**政治**或"官方"权威(反映和扩展国家法的权威)在多大程度上和以何种方式与可称为直接在共同体网络中产生的**文化**权威互动,即由其自身内部规制需要而产生的权威。

韦伯对"合法统治"的著名分析(Weber 1968:212-6)提供了一个

---

① 我更愿意称其为"共同体网络",以免这个"共同体"的概念被不现实地认为是一个清晰的、有边界的和可能某种程度上静态的实体。

有用的方法,他以比法学著作中经常做的更通用的方式来考虑为国家法提出的权威主张(也许还可以将这些主张延伸到跨国领域)。众所周知,韦伯根据能够支持它们的根本不同的合法性,确定了三种纯粹的权威类型。**法理型权威**依赖于对被视为赋予这种权威的理性规则的呼吁。韦伯指出,当今"最常见的合法性形式是对合法性的信仰"(ibid:37)。不难看出,许多法学思想将此作为其合法权威的模式。法理型权威的思想表明,赋予国家法律体系官员权力的规则的明确性、合理性、等级结构、一致性应用和实际有效性的重要性。它表明了宪政和法治的核心重要性。

但是,记住韦伯分析方案中的另外两种纯粹的权威类型是非常重要的(特别是在研究跨国规制时需要一些超越既定法学思想的东西)。他认为,基于对"习惯和一直如此"之崇敬的**传统型权威**(ibid:954)对法学思想的挑战在现代世界的重要性正在下降。当然,它对迅速变化的跨国舞台的意义可能有限。但韦伯的第三种**魅力型权威**值得仔细考虑(Adair-Toteff 2005)。它是建立在领导者的追随者对其(真实的或想象的)个人特质的信念上的权威,如无敌、英雄主义、能力、远见、智慧、无懈可击、圣洁或夸张宣传。

魅力不仅可以是赋予领导者个人的属性,也可以是赋予政权、机构和行政部门的属性(Weber 1968:1139-41;Turner 2003:9-10),因为他们被认为拥有某种非凡的品质(无论对错),所以值得特别尊重和敬畏。与法理型权威和传统型权威不同,魅力型权威本质上是不稳定的,因为它只有在追随者的信仰得到维持时才会存在。因此,在现代条件下,它倾向于逐渐被常规化,变为更持久的法理型权威。在社会学文献中,魅力型权威的概念具有不确定的地位,①常常被看作一个包罗万象的类别,用于描述难以用其他两种类型来设想的各种权威(Turner 2003)。

这种韦伯式的模式允许超越大多数关于权威的法学思维。首先,权威**不需要完全由规则来划分**。例如,"伟大的"普通法法官的魅力权威,他以别人想象不到的新方式发展法律(也许一开始被认为是怪异和古怪的),但事后却被认为是有价值的,这种个人权威是建立在被认为是"非凡"的智慧、远见和想象力之上的。② 实际上,这种权威是"常规"法理型权威的叠加或补充,其明确了法官的职务和管辖权。③

其次,魅力型权威**直接呼吁被规制的人口**以民众的名义或为民众的利益而采取的行动。这些行为可能包括宣布政策或发布指导意见,而不是制定法律规则。例如,相信一个政权有能力使经济变得繁荣,即可支持其合法性。作为合法的权威,魅力可以支持任何形式的政府行为,旨在维持共同体网络的福利。因此,它不受宪政的正统指标约束。强调其重要性是为了现实地认识到监管机构在社会生活中实际使用的各种方式,同时也是为了强调许多潜在的专制的、工具性的合理统治形式。

最后,将**专业知识的权威**(Quack 2016)视为一种魅力型权威似乎是合理的。正如第八章已经指出的,这对于许多形式的跨国组织来说很重要,在这些组织中,存在着标准制定机构来规范共同体网络,如跨

---

① 对韦伯概念的错误解释导致其难于被有效使用,可参见 Joosse 2014。
② 其根源是观察和解释法官行为的律师的观念,而非那些法官的实际的特定品质(尽管这些特定品质可能真的存在)。理解这一点非常重要。魅力仅存在于仰慕者的观念中,对此可参见 Joosse 2014。
③ 因此,有时一个法官的声誉可以被大大提升,凌驾于许多占据正式的高级司法职位的人之上。历史上一个知名的例子是美国法官勒尼德·汉德(Learned Hand)。See Dilliard 1960: vi, xxvi.

国产业、跨境贸易和金融、信息技术员、体育当局和跨国职业的网络。这些标准制定者有时受国家或国际法机构的庇护,但他们的权威往往依赖于他们在各自领域的特殊专长,以及他们所规制的那些认为规制者的工作对共同体网络的福祉有益的人的支持。这种"专家"机构的裁决往往不只是指导,而是要被遵守。事实上,在某些情况下,当共同体网络的成员资格在很大程度上取决于是否符合网络的管理规范时,指导和规定之间的界限可能会变得模糊,但同样,当成员将规制标准视为最佳做法并作为实现成功的宝贵指南时,他们对网络的参与可能会更有成效。

对于韦伯(1968:266-7)来说,涉及民众对统治者的赞誉的民主进程可以是一种使魅力型权威合法化的方式。然而,在定期的例行选举中投票可能最好被看作公民对法理型权威的行使(通过正式的选举程序选择代表)。标准制定机构很少是以民主方式建立的,但它们依赖于被规制者的**认可**,往往是基于假定的专业知识(Devaux 2013)。

可以说,魅力型权威的概念表明,在那些**完全独立**于国家既定政治结构的新兴跨国规制结构中,各种补充性和变革性权威(作为专家权威)发挥着重要作用。可以进一步认为,魅力型权威是目前跨国法律权威超越国家法律权威(包括通过国家的同意作为国际法律权威的延伸)而**"向外"投射**的基本手段。例如,许多作者都注意到了跨国法官共同体网络的出现(e. g. Slaughter 2002;2003;Frishman 2013),其结果是,法院有时会跨越国界相互影响对方的做法,并承认其同伴在其管辖范围之外的纯粹说服力(即专家)的权威。①

作为魅力型权威的专家权威是一种工具,既可以在以国家为中心的宪法结构之间"横向"分享一种(有说服力的)法律权威,也可以在这些结构之外,在国家或国际管辖权内无法有效管理的跨国互动的"无人区"②,(通过设定标准)建立新的"纵向"权威等级制度。

国家作为立法者的实际权威

今天,政治权威(国家及其机构的权威以及通过国际法将这种权威扩展到跨国领域)主要是韦伯的法理型权威,并辅以魅力型权威和传统型权威的因素。韦伯认为,现代条件下的法理型性权威在很大程度上是自我维持的(通过合法性形成正当性),但这是值得怀疑的(Cotterrell 1995: 146-59)。它最终依赖于合法性的文化来源(以被规制人口的利益、信仰、价值观、忠诚和传统为基础),即使在正常情况下,在稳定独立的政治社会,这些通常也可以被视为理所当然。

将权威视为一种社会现象,作为一个实践和经验的问题,我们可以问:法律的政治权威,其被视为合法的政治框架,在多大程度上正在改变? 国家为支持跨国法而提供政治权威的能力有多大? 如果这个问题

---

① Glenn 1987 and Slaughter 2003: 193, 199-201. See also Flanders 2009. 更多讨论可参见 Glenn 2013: Part Ⅳ,特别是 207-13, 220-22;以及 Groppi and Ponthoreau eds 2014 中的国别调查。有关这种发展的限制以及围绕其的争论,可参见 Lambert 2009 和 McCrudden 2000。

② 由于其所处的位置,专家型权威招致了法学家的批评(Devaux 2013),这情有可原。专家型权威是法律社会学上的现实,当然有必要适应这个现实。

能够得到回答,我们可能会更容易看到如何以及以何种方式在其他地方找到这种法律的合法性,在跨国共同体网络本身的文化条件中,也就是说,在跨国法的各种被规制人口中。①

很显然,由于当今国家行使法律权力的方式多种多样,不可能将其高度概括。法哲学家也许会以通用的理论术语来描述国家权力(e. g. Raz 2009a:ch 13),但法律社会学的路径则必须辨识有效影响国家能力的诸多因素,包括国家向其公民主张权力和通过运用法律为其政府权力的行使获得合法性。

重要的是要认识到,即使在许多强大、稳定的代议制民主国家,这种政治权威也会被削弱,而这种削弱的方式似乎往往是法学思想所意识不到的。例如,**腐败**会打破对官方的忠诚,严重扭曲法理型权威的等级流动,破坏对它的接受和行使。② 外部**私人力量**(强大的公司利益、大众媒体压力)有时会影响到权力的实际行使。③ 逃税、避税和滥用**公共财政**会减少可用于有效行使国家权力的财政资源。④ 如果一贯遵循重"私"轻"公"的意识形态,对公共利益和"共同利益"的想法不重视(Tamanaha 2006; Antonio 2013),它们最终可能**败坏公职人员**及民意代

---

① 与此有关的跨国刑法的讨论请见本书第十章。
② 参见例如 Linde and Erlingsson 2013(对纽约市关于健康、安全、公共服务、城市规划立法以及其他规制行为的规避);Linde and Erlingsson 2013(对政府态度的负面影响);Clausen, Kraay, and Nyiri 2011(对公共机构信心的负面影响)。
③ 参见例如 Wilmarth 2013(金融业破坏或抵制政府监管)。
④ 英国官方统计(HM Revenue and Customs 2016)估计 2014—2015 年税收流失(tax gap,即在理论上税务部门和海关征收的税款数额与实际征缴额之间的差距)为 360 亿英镑(占全国总税负的 6.5%)。其中,52 亿英镑归因为逃税,22 亿英镑为避税,36 亿英镑为欠税(non-payment),62 亿英镑是因为"隐形经济"(hidden economy),48 亿英镑是因为刑事攻击(criminal attacks)。亦可参见例如 Kleinbard 2011, 2013(当下大规模公司避税的实践和可能性);Avi-Yonah 2000(国际竞争的后果和避税天堂的使用);Schaeffer 2002(公共财政滥用的因与果)。

表的**道德**，影响他们的项目和政策，可能导致其质量普遍下降。① 而部分私营部门可利用的**专业知识**资源往往比公共监管机构可利用的资源要好。监管或执行监管的成本有时似乎太大，以至于被监管者认为存在**有罪不罚**的情况。

法律的实际政治权威也随着**国家**之间**的实力**而变化。全球化的压力限制了除最强大的国家之外的所有国家的行动自由，往往直接影响到立法的内容，如在经济政策领域。一些国家的官方或非官方域外执法影响了其他国家对其公民的实际法律权力（e. g. Cross 2015）。引渡条款有时也会产生类似的效果，②实际上似乎是将特定案件中的法律权力移交给另一个国家行使。一些国家甚至能够在未经许可的情况下在其他国家行使惩罚性武力，包括有权（如通过秘密袭击或使用远程电子技术）在弱国的领土上处决或扣押这些国家的居民。③ 通过这种方式，他们破坏了弱国在其境内维护其权力的能力。国家之间的权力差距反映在国际法的形式、使用和效果上（Simpson 2004；Krisch 2005），因此，国际法作为国家政治权力的延伸，建立在它们作为一个国际共同体的**同意**之上，其合法性常常受到怀疑。而即使是强大的国家之间的竞争也可能限制其规制能力（Rixen 2013）。

诸如此类的条件，如果存在的话，通常不会直接影响对法律规则和决定的有效性的判断，只要这种有效性在法学分析中仍然可以追溯到法规、先例、行政命令、宪法规定、条约等法理型权威的正式来源，但它们最终可能影响权威主张被普遍接受的程度。实证社会法律研究表

---

① 有关政府权威和有效性的决定因素的讨论，可参见 Ringen 2013。
② 参见本书第十章，第 171—172 页。
③ 参见 Heyns 2013，作者称"各国使用无人机来行使基本的全球警务职能，以应对潜在的威胁，这对保护生命构成了威胁，因为国内警务工具（如抓捕）不可用，而且战争法中更为宽松的目标定位框架就经常被用来作为代替"（第 103 段）。

明,对法律的尊重受到对法律程序的公平性、一致性和可靠性的看法的影响(Tyler 2001：382；Jackson et al 2012：1052-3)。因此,关于政治权威的性质和有效性的不确定性,以及决定如何和何时合法使用政治权威的变量,会动摇法律的合法性。

所有这些问题都可以进行深入的讨论。在此,我们只是指示性地列举了这些问题,以便为一个论点作铺垫,即有关法律权威的问题应该在法学分析的通常参数之外加以考虑,这些参数主要集中在受国家法律管辖的政治社会中本质上的法理型权威结构。同样,介绍这些事项也是为了表明,对跨国法律权威的研究不能局限于将围绕国内法的各种合法性条件投射到跨国领域。这些条件本身可能在很大程度上(如通过前面提到的全球化压力)被跨国发展所塑造。因此,在考虑跨国法律权威时,应该直接关注新兴法律结构所要解决的跨国领域的社会性质。

政治权威和共同体合法性

最近的社会科学文献发展了跨国共同体的概念,并试图识别这种共同体和研究其治理形式(Djelic and Quack eds 2010b)。据说,跨国共同体不仅仅是工具性的(通常是合同结构的)网络、市场或等级制度;共同体意味着某种共同的文化及其成员在其中的共同归属感(Djelic and Quack 2010a：384-6)。因此,跨国共同体有规范需求,并可能通过其成员的互动为自己创造规范。我们很容易设想一些这样的共同体,例如宗教、种族、语言、区域、科学或经济共同体。

然而,我们也很容易看到以这种方式思考共同体的局限性。这个概念表明了有界限的实体——可以被称为共同体的组织或社会团体。但很明显,跨国领域不能完全或主要用这些来描述(Michaels 2009:252)。共同体作为独特的、有界限的,也许有点静态的实体的想法,在今天似乎只有有限的相关性,很少存在。社会关系(尤其是那些涉及跨国法的关系)往往会四分五裂和衰败、收缩和扩张,采取不同的形式,并在复杂的、交叉的、重叠的模式中转化。但是,当这些关系具有**某种程度的**(即使是暂时的)稳定性和持久性,并且是建立在参与者之间的相互信任的基础上时,我们可以设想这些关系具有**共同的特征**。

共同体的纽带可以是在于参与者的共同或不同的项目(只要这些项目持续),他们共同的信仰和终极价值观,共同效忠的情感纽带,或者仅仅是参与者必须(暂时)分享一些共同的环境,并与之共同相关。人们有可能以任何或所有这些方式、短暂地或相当长时间地,在共同体关系中联系起来,以致这些联系的模式可能非常复杂。然后,我们可以谈论共同体网络,其中可能有一种或多种类型的纽带占主导地位,但不是唯一的。相反,存在着一个共同体关系的网络。因此,"共同体"不是一种东西,而是**一种社会关系的质量**。①

因此,跨国舞台——由跨国法规制的世界——最好被看作由在性质和形状上不断变化的共同体关系网络组成。这些网络可以由个人、团体或公司组成。它们的基本特征是:一方面,它们没有严格的界限,其范围可能界定不清,有争议,而且是可变的,因此,它们不一定为法律人所熟悉的那种界限分明的管辖权创造基础。另一方面,它们寻求并

---

① 方便起见,为和通常用法保持一致,我有时使用"共同体"(community)这个词,来指称某些群体或某类人,但我总是想用此来指称本书中所讨论的"共同体网络"(communal networks)。

需要集体规范，以表达和支持赋予它们某种稳定性的共同体纽带。这种稳定性取决于参与者之间的相互信任，只要他们希望继续成为网络的成员，取决于支持这种信任的态度，以及必要时，取决于加强和促进这种信任的规范。共同体网络不一定是民主构建的。成员可能很少在平等的基础上参与其中。在许多——也许是大多数——这样的网络中，他们可能拥有非常不平等的权力。①

共同体网络的概念有助于确定跨国法律权威的合法性来源。跨国共同体网络(如跨国商业和金融网络或宗教信仰者网络)可能会产生或多或少有组织的规制形式来管理自己。在这些网络中，这种规制当然可能拥有权威。有可能观察到在这些网络中运作的机构创造、解释和应用类似法律的教义。因此，在共同体网络的不同程度上，规范性教义可能被制度化，并有机构来发展和管理它。随着这种发展，教义似乎具有"法律"的特征——至少很难说为什么它不应该被承认为法律，除非人们回到基于国家法律经验的假设，即所有法律都必须具有的特征。②

因此，共同体网络可以创造自己的法律，其合法权威直接来自网络本身的文化条件(如成员的共同利益、统一的信仰或价值观、传统或集体忠诚)。新兴的跨国法律权威模式在一定程度上可以被看作依赖于这种跨国网络的自我生成的权威。现在被广泛称为跨国私法的很多现象肯定在很大程度上依赖于这种"自下而上"的合法权威的产生；然而由于一些原因，也远不足以将跨国法律权威概念化。

首先，如前所述，在发展跨国法时，很大程度上依靠**国家**作为法律创造者和保障者的**政治权威**。而且，由于许多跨国法是从国际法中发

---

① 这种情形会影响网络中的权威如何主张、由谁来主张。
② 参见本书第六章和第七章对作为制度化教义的法的讨论。

展出来的,它也依赖于国际法合法权威的传统来源。因此,其合法权威的主张与国家权力通过国家"同意"的一般原则延伸到国际领域的既定方式有关,此种同意在条约和公约中得到体现,特别是在根据这些"表达同意"的正式法律文件设立国际机构方面。

前面已经考虑过这种同意的观念的脆弱性,以及从围绕国家的经验条件来看国家政治权威的不确定性或可变性。我们可以将跨国法可用的政治权威想象成国家在广阔的跨国领域内伸出的一条极其细小、脆弱的手臂。这种延伸的、源自国家的政治权威肯定与构成跨国法的被规制人口的大多数共同体网络的集体生活条件(文化经验)没有什么联系。

例如,考虑一下世界贸易组织的国际经济法,它肯定会影响到许多全球共同体网络成员的经济和其他情况。我们可以想象,这部法律远远地悬浮在他们之上,被国际外交的云雾所吞噬,其遥远的政治权威在下面几乎看不到。它肯定不是从它所影响的全球经济参与者中获得这样的合法权威,而是从国家应用自己的政治权威的象征性协定的过度延伸中获得,这种权威本身主要需要得到本国公民的某种民主认可。[①]

保证这些支持跨国法的脆弱的政治权威结构的,首先是特定主导国家或国家集团的影响。[②] 正如国际关系中的权力配置影响国际法的实践和权威经验一样,就国际法和国际法律机构对其发展的贡献而言,这些权力配置也会影响到跨国法。[③] 但是,这种"大国"影响力的使用,本身就在逐步发展和改变形态(Cai 2013),其本身并不能为跨国法产

[①] 参见 Bacchus 2004,其捍卫世界贸易组织(WTO)的合法性,因为它是民族国家民主合法性的延伸,但承认 WTO 与其规制对象的知识和理解相距甚远。
[②] 还应该加上这些国家中跨国精英(特别是经济精英)的影响。
[③] 这里并不否认国际法对国际关系的反向的影响,参见例如 Reus-Smit 2004。

生合法性。它只有在接受一个中央集权的主权国家来指导跨国法律发展的情况下才会这样做。

此后，跨国法可以被统一为一个一元化的等级结构，这就涉及授权、联邦制、互补性和辅助性的结构，它比目前所经历的任何事情都要复杂且详尽。在这样的条件下，奥斯丁的法律理论（1885a：lects 5 and 6），即以一个习惯上服从的单一的、共同的、确定的造法主权为中心，以从它那里授权的造法命令权为中心，以法律与制裁过程的普遍联系为中心，可能再次发挥其作用。但这些条件在目前是不可想象的。没有一个世界国家在其形成过程中为跨国法提供可靠的普遍政治权威。

然而，由于跨国**法律多元**的性质，将跨国法的合法权威视作"自下而上"的概念也是不充分的。虽然共同体网络可能为自己制定享有合法权威的规则，但他们不可能通过这种方式制定能够充分管理其与其他网络关系的规则。这似乎会使探究回到前面提到的法学方法上，即援引"总体"原则来协调不同的跨国监管体制。但是，在跨国规制发展的现阶段，其总体形态和范围仍不清楚，其仍在迅速发展且在某种程度上无法预测，遵循这些方法将是一个错误（也许是徒劳的）。

它们涉及试图将既有的法律思想应用到一个不能被限制在这些思想之中的世界，因为形成这种思想的力量只是部分地受到关于什么让规制具有权威性和合法性的典型西方法律假设和先入之见的影响。

应对法律多元

这一问题归结为解决跨国法律多元问题的策略选择——在一个不

仅由不一致的监管体制,而且由建立在不同的、有时是不相容的权威和合法性原则基础上的体制构成的领域中规范地运行。这些差异和不兼容反映了共同体网络的不同文化以及可以被要求和接受的不同类型的权威(如那些被韦伯概念化的合法性基础)。至少有以下四种这样的策略:

第一种是,广义的**一元论**方法可能不会试图将所有跨国法组织成一个单一的体系,现在大多数法学家认为这是不可能的;它可能会援引"总体"程序或原则来控制多元性的限制。如前所述,这种方法是不成熟的,因为除非有规定,否则不可能证明任何特定的"总体"装置是合理的。

第二种是,对跨国法的性质持**不可知**态度,并避免具体说明一般合法的跨国法的任何标准。它只是承认在特定的背景下,什么才算得上是特定制度的权威规制。这无疑代表了当前跨国法的许多实践。

第三种是,**国家主义**的方法,基于那些适用于承认国家法的标准,或者只要这些监管体制可以被视为国家法的替代或延伸,就将国家政治权力范围之外的监管体制视为"法律"。但是,只要这种方法仍然与国家法的模式联系在一起,并以这种方式限制了想象力,阻碍了它对跨国法(虽然它包含许多国家法和国家衍生的法律)也包含可能具有法律意义的全新理念的认识,那么这种方法肯定是不能令人满意的。

第四种是,接受真正的法律多元——也许在某种意义上,是一种**超越法律**的法律多元。这并不意味着它是一种与法学无关的方法,而只是表明它在既定的西方法律思想形式之外寻找不同的分析模式。它最专注于从社会法律角度识别和研究在跨国领域实践和经验的监管权的全部范围。

第四种方法承认,在不同的背景下(在不同的共同体网络及其文化中),权威的实践和经验可以采取非常不同的形式,考虑合法性的连续统一体或规模是有用的(根据不同背景下采用的不同标准来判断规制可能或多或少是合法的),在不同的跨国监管体制之间发生冲突的许多情况下,没有统一的原则可以决定合法的权威在哪里(不可能有关于跨国法律冲突的全面一般原则)。当从社会法律的角度来审视合法性的全部标准和条件时,即使是看似已经建立起来的管理国家法、国内法和国际法关系的法律权威结构,也会显得很紊乱。

这似乎只表明了无望的负面结论,诸如跨国法律权威问题尚未解决、情况过于混乱、变量过多导致结果难测、现在和未来都存在太多的不确定性等。但是,我们不应就此下定论,认为不可能取得进展。就目前而言,我们有必要寻求新的方法,而这些方法应该是实证社会法律调查方法。但是,这些方法应是旨在寻找解决实际法律问题的方法。

第一,需要从保障或破坏跨国法律权威等级制度的社会法律条件的角度,来审查由**国家法和国际法**创建的现有等级制度。这对于现实地评估可用于形成跨国法律秩序的政治权威的形态、质量和形式是必要的。

第二,在**共同体网络**中,法规的发展、执行和被视为权威的条件需要进一步研究,以超越现有关于"活法"、社会规范、私法系统、跨国私法和跨国标准制定的广泛文献。有必要对正在形成的各种跨国规制的社会合法性的潜在来源进行审查。

第三,可以进一步研究共同体网络之间的**协商和冲突解决**的过程,以及法律文化之间有效沟通的条件。这对于探索建立管理跨国监管体制共存的制度框架的可能性是必要的。

第四,**法律的理念**需要摆脱将其永久地与国家法形式联系在一起的定义标准,防止发现可能被有效地认为完全存在于国家法或国际法范围之外的法律规定的现象。在前面各章中阐述的一些最低限度的法律模式，即制度化的学说，可能是正在进行的关于潜在的跨国法律权威协商的工作基础。

在某些方面，建立跨国法律权威的进展将取决于通过努力加强(1) 支持国际法的政治权威；(2) 国家独立权威的合法性，缓慢地建立跨国法的强制性权威(**意愿**)的可靠等级。在其他方面，它将取决于跨国共同体网络的沟通、协商和推理过程，旨在发展法律原则体系，即使这些体系在网络之间不统一，至少可以在它们之间变得越来越容易理解。通过这种方式，一些可以被认为是跨国法**理性**(理性和原则)的东西也可能会慢慢发展。正如所有的法律一样，"**意愿**"和"**理性**"的可靠结合(Cotterrell 1995:317-20；Neumann 1986)将最终为跨国法创造令人信服的合法权威。

第十章　跨国的犯罪概念

政治、文化、犯罪

犯罪是法学所关注的最基本话题之一。但是,犯罪与大众对不当行为的看法有什么关系呢? 与不断变化的社会政治状况,特别是那些与法律的跨国延伸有关的状况有什么关系呢? 本章说明了如何通过法律概念的社会基础的不断变化来挑战法学理解,甚至可能在某些方面使其不稳定。犯罪的概念是所有现代法律制度的基础。在这里,它被作为焦点,来探讨为什么法律认识需要经验和理论上的社会洞察力——即社会学法学——尤其是面对法律的跨国延伸的时候。

有人说"犯罪不存在'本体论现实'"(Hulsman 1986:300)。这个术语似乎指的是那些不存在于法律定义之内的不可简化的、独特的社会现象。犯罪是国家(或国家授权的某些国际机构)通过法律来宣布的。国家法律通过指定一种侵犯行为为刑事犯罪,来把犯罪行为和适用于犯罪行为的惩罚种类联系起来,而且似乎**任何**行为都可以通过这种方法来定义。犯罪行为仅仅是由某一特定社会在某一特定时间的刑法所规定的。

然而,由于"刑事犯罪的数量呈指数增长"(Husak 2004:768),各种各样被称为犯罪的行为常常受到社会的议论和关注(Stuntz 2001)。

在这种情况下,对"犯罪"作为一个类别的一致性的怀疑往往被搁置一边。因此,威廉·斯特恩兹(William Stuntz)(2001:512)建议刑法"不是一个领域,而是两个领域。第一个领域包含一些核心的犯罪行为……第二个领域包括剩余的所有犯罪行为。刑法课程、刑法文献,以及对于犯罪行为的热议大多包含在第一个领域里,而第二个领域则主导着刑法"。换句话说,犯罪作为一种基本的社会范畴可以很容易被理解,但这种理解可能仅限于少数几个突出的犯罪行为,而常常忽略其他许多行为。

无论就法学和大众观点而言这是否属实,犯罪学家一直关注将犯罪概念化,并在此过程中主要分为两大阵营。一个阵营明示或默认采用关于犯罪的一种广泛的法律划分作为其实践重点,即国家通过其法律将什么行为标记为犯罪,这为犯罪学提供了基本主题和学术领域。但是,出于强烈的智力和道德—政治原因,许多犯罪学家拒绝承认他们研究领域的主题是由法律—政治赋予他们的。由于害怕成为"无国之王"(cf Van Bemmelen 1951),所以他们希望能有自己独创的犯罪概念,或者说直接摒弃犯罪的概念转而更加专注于他们自己的知识领域(Henry and Lanier eds 2001)。与此同时,由于道德和政治方面的原因,人们也在努力开放或取代犯罪的概念以涵盖一些行为。这些行为通常没有被国家法律定为犯罪或者没有得到政府的足够重视,还有些行为是国家及其代理人本身就卷入其中(e. g. Rothe and Friedrichs 2006)。

直到最近,这种逃避国家法律关注的努力肯定收效有限。如果国家无法独占地宣布何种行为构成犯罪,那么,还能在哪里找到定义犯罪的权威呢?批判性的犯罪学家有时会举行听证会来抗议国家法对于犯罪的定义。这是他们在呼吁国家来关注严重的不法行为。他们的目的是将有关"犯罪的严重性"的公认的流行观念与其他广泛感受到的社会问题联系起来。除了"刑法中规定的就是犯罪行为"这一普遍的假设之外还有其他流行的观点存在，比如什么是严重的社会错误？[①] 什么行为**应该**被视为犯罪？或者什么才算是"真正的"犯罪，即便法律中没有明文规定。但是，对犯罪的权威概念能从如此分散的大众认识中产生出来吗？

可以认为**文化**权威是犯罪概念的基础。与国家的**政治**权威和它的法律仆从相比，文化在这里指的是共同的传统、利益、信仰和价值观或在相对稳定的社会共存条件下将人们团结在一起的情感忠诚。这种文化权威在某些情况下重要吗？研究其特性本质上是社会学的范畴。

当国家将犯罪延伸到某些限制之外时，大众可能不会认同这种做法。人们普遍认为犯罪行为是"本质上错误的"（mala in se），这可能与某些国家"法律所禁止的行为"（mala prohibita）（即仅仅因为被禁止就成为错误的行为）的范围和特征明显不一致。这种观点在国家法律"犯罪化不足"（undercriminalise）时也常常出现。"犯罪化不足"即国家法律宽恕有罪者或提供不合适的惩罚。通常情况下，当国家法律的判决被视为服务于特殊利益而不是广泛的公共利益时，或者当公共利益的概念混淆时，就可能出现这种情况。当国家在犯罪行为的定罪方面的做法开始受到质疑时，对犯罪的文化定义也可能会因此受到一定程度的影响。

因此，当一个国家的文化权威**确实**大力支持政治权威对待犯罪的方式时，这说明该国家的监管机构是安全可靠的。这个观点被马克斯·韦伯（Gerth and Mills eds 1948: 78）称作国家垄断了暴力行为的合法性，由于人们普遍认为国家及其法律代表着相对稳定的社会政治和

[①] 关于政府和大众对社会错误的看法之间关系的一般性问题，将在第十四章进一步讨论。

经济秩序,所以犯罪行为很容易被大众视为一种需要国家识别和处理的严重威胁。

本章我将论证国家犯罪垄断的削弱状况。这种状况的出现主要是由于刑事管辖权的跨国使用的常态化。也就是说,越来越多的人认为犯罪概念的应用应该不分国界。因此,怎样定义犯罪以及谁来定义犯罪的问题显得愈发重要。由于塑造犯罪定义的政治权威变得不那么明确,所以使用文化权威(日常社会生活中产生的大众观念的权威)来塑造犯罪的概念可能有新的意义。因此,在下文中我提出了一些建议,即国家判定犯罪的特权是如何变得不稳定或受到限制的。那么,问题来了:在跨国背景下,在哪里可以找到文化权威来给犯罪行为下定义?答案就是新兴的跨国共同体网络。这些共同体网络现在已经超越了各种社会网络,而有关犯罪的全国性的大众观念正是从这些社会网络中产生的。

国家与犯罪:社会理论视角

如果说国家定罪的特权已经被大众接受,那大概率是因为没有其他权力机构与之竞争。但这也可能是因为"什么是国家规定的犯罪"的主流假设符合"什么是犯罪"的主流观点。在这方面,斯特恩兹关于刑法"两个领域"——一个已知领域,一个未知领域——的观点就变得极为重要。人们普遍认为,国家对犯罪概念的管理是合法的,但实际上**这只是国家广泛的刑事化实践的一部分。**

这一观点在韦伯和涂尔干的社会法律理论中可以找到一些佐证。① 韦伯并没有直接谈论犯罪问题。在他看来,定罪的权力只是国家许多规制技术中的一种,而且这种技术可以务实地进行部署。这些技术的核心是现代法律相对形式化的特征,它支持这样一种观点,即现代法律作为一种理性体系的自主性和作为一种万能的规制工具的有用性,既可平等地用于私人目的,又可使国家履行其行政职能。如果说现代国家通常能够成功地垄断合法暴力,②那么在韦伯看来,国家的大部分权力是通过明确的规则来行使的,而行政机构(而非政治机构)则是代表了国家和社会的日常生活。③ 他对理性管理的强调很容易就能转变为更抽象的当代社会理论。这些理论设想系统和网络以某种方式独自存活着,甚至可能最终不受民族国家管辖范围的限制。

随着国家行政结构和行政任务的延伸以及法条数量的激增,犯罪化的可能性也在扩大。犯罪化在有限的规制领域内的扩大反映了现代社会和经济组织的复杂性。这种复杂性也表现在"行政"定罪方面。"犯罪"这两个字在韦伯的代表作《经济与社会》(Economy and Society)(1968年)的英文版索引中根本没有出现,但我们可以想象,违法行为的类别会在他所说的现代状态下激增。因此,如果刑法真的包括两个领域,一个在大众意识中高度可见,另一个在很大程度上是看不见的,也许看不见的部分的增长真正代表了现代社会的进步和国家的繁荣。

那么,我们能否推测,随着国家雄心的增长(韦伯的理论没有提出强有力的证据说明反对的原因),犯罪的行为也发生了变化。那么,政

---

① 某种平行的比较可参见 Terpstra 2011。
② Gerth and Mills eds 1948:78. See also Weber 1968:314."如今通过暴力的法律强制是被国家垄断的。"
③ 在这点上一个显著的例证是,即使政治过程未能产生政府,一个稳定的国家也可能有效地继续行政职能。See e. g. Bouckaert and Brans 2012,and Devos and Sinardet 2012.

治与法律的犯罪化过程可能包含了越来越多的与日常流行的犯罪概念相距甚远的错误。这种脱离大众观念的做法会不会产生其他的问题呢？

埃米尔·涂尔干(1984)提供了一个与这种观点形成鲜明对比的理论。他也认为，现代国家的规制能力和雄心正在不断扩大，所以肯定会有越来越多的法律条文。但是，与韦伯不同的是，他非常注意评估这其中有多少是应该被视为刑事的。尽管韦伯的现代国家似乎不需要特定的文化授权来进行其犯罪化实践，涂尔干的理论却需要。惩罚犯罪行为必须被视为法律的一个**特别**重点，应当与法律和国家必须处理的许多其他规制目标有明确的区分。

随着现代规制的扩展，这种扩展的目的大多不是为了定义和惩罚犯罪，而是在和平地协调和修复社会关系。例如，保证政府发放赔偿金、修正政府的部署、增加实用的行政结构、促进社会的合作和相互依赖。尽管在现代条件下对国家有许多新的规制要求，犯罪的概念仍然是由"社会"而不是国家决定的。所以，国家通过我之前所说的文化权威来定罪和惩罚非法行为。

在涂尔干的社会学理论中，有一种既强大又不真实的悖论。这一悖论长期以来在犯罪学文献中产生了深刻的两极分化观点。尤其是涂尔干对斯特恩兹所提及的法律的两个领域中"看不见的领域"的分析。"看不见的领域"对大多数人来说基本上是未知的，如规制、技术、管理、行政、公共卫生等本身不一定被视为违法的领域。涂尔干偶尔也会提到这些领域的犯罪案例，但这些显然并非他关注的重点，从而大多都被其所忽略。涂尔干所说的犯罪行为指的是社会上普遍谴责的东西，即冒犯了普通人共有的道德观的事情。所以，他只看到了法律所强调的一部分。

另外，涂尔干社会学理论的优点是，其中的犯罪观念具有强制性、持久性（尽管有各种规制的变化）和稳定性。国家的政治权威（代表社会）在惩罚犯罪方面的观点与文化权威想要使犯罪变得更容易理解的概念相吻合。犯罪是一种独特的道德现象（无论它是何种形式）。它包括被公民普遍认为对社会的道德安全（不仅仅是个人的特殊利益）构成严重威胁的不法行为。这种不法行为需要通过国家机构的集体行动加以压制。正如涂尔干所说，犯罪往往会触动社会的集体意识（或良知）。

从韦伯的观点来看，跨国犯罪化的主要问题是要确保有充足的政治权威来进行适度规制。关键是国家垄断合法暴力后会发生什么？它能否跨国延伸，与其他国家共享，或者以某种方式授予跨国政治当局？然而，在涂尔干看来，随着犯罪观念的国际化，政府必须为这些观念找到文化权威，这样它们才能保持连贯性和重要性（Nimaga 2010）。

然而，这一点的意义可能远远超出涂尔干著作中的任何内容。如果犯罪的概念以某种方式从国家对犯罪化的现代垄断中解脱出来，它会成为潜在的无限**斗争和争议**的焦点吗？确定犯罪意义的权力是否有可能成为一项需要争夺的政治奖品？如果犯罪的概念被用来识别对社会秩序的威胁，并证明使用刑事暴力来压制这些威胁是正当的，那么，如果有人提出**竞争性**的主张从而利用犯罪的概念来达到这些目的呢？如果以相互竞争的方式看待威胁的性质及其来源呢？最后，如果那些曾经被国家牢牢地贴上罪犯标签的人现在援引犯罪的概念来**谴责国家**及其代理人是罪犯呢？最终的情况是，犯罪的概念可能会变得不受控制且不稳定。因此，在概念化犯罪和使刑事处罚合法化方面，文化权威问题再次困扰着无保障的政治权威。

在刑事司法的跨国发展中，对犯罪内涵争论的重要性也在逐渐显现。例如,引渡和域外执法常常会引起广泛的争议。例如,是否所有国家都赋予"犯罪"同样的含义,或者一个国家是否试图将自己对犯罪的理解(以及应该如何处理)强加于另一个国家。随着跨国主义的发展,民族主义的犯罪观开始引起广泛的关注。对跨国刑事司法合作的严格的双重犯罪要求的"松散解释"①或依赖不同法域犯罪之间的"类推"可能会引起关注(Lardo 2006:889-92, 898-902)。由媒体报道煽动的普遍的民族主义的"引渡愤怒"(extradition fury)②表明,犯罪的概念不能完全委托给国家与其他国家进行谈判,文化共鸣才是重要的。但这可能是特例,因为需要引渡的犯罪不属于斯特恩兹所说的大众"皆知"的犯罪领域,所以它的不法性可能取决于技术定义。③

网络犯罪的各个方面提供了其他例证。黑客和网络攻击的目标是国家或其他公共设施、私人企业、银行账户和数据库,这些攻击不仅是由个人或有组织的犯罪团伙实施的,还有可能是国家机构试图镇压反对派或攻击其他国家的行为(e. g. Billo and Chang 2004)。因此,跨境犯罪可以打破国家机构和犯罪分子之间的区别,并且消除网络犯罪、网络恐怖主义和网络战之间的区别(e. g. Lin 2016)。**刑事国家**(或其代理人)的概念是国家从刑事司法过程的总体监督者和控制者转变为这些过程的参与者或主体——有时是受害者、代理人、罪犯,或刑事司法的促进者或阻碍者——这一广泛转变的一个方面。

据说,国家正在"失去对迄今为止在其庇护下的强制垄断的控制"

---

① 要求引渡的行为必须在被请求国和请求国都构成犯罪。参见 Kester 1988:1461(声称在美国实践中"双重犯罪的要求通常意义不大");Lardo 2006:890(注意到"美国检察官支持的对双重犯罪的自由解释")。根据欧洲逮捕令(European Arrest Warrant)程序,该要求已被削弱或取消。

② 强烈反对将同胞移交给另一个国家进行审判和可能的惩罚。

③ Kester 1988:1492(强调"即使在西方民主国家之间,社会规范、商业道德和义务也存在很大差异,而且并不违和");有关英国和美国的争议,参见 Lardo 2006:898-9。

(Mittelman and Johnston 1999:123),但是这样宽泛地说并不准确。在某些情况下国家肯定会受到攻击(来自恐怖分子、腐败和有组织的犯罪)。即使国家的资源和权威都在被削弱,政府仍旧努力将这些攻击定为刑事犯罪(e.g. Garland 1996)。一些国家非但没有置身于刑事纠纷之外,反而发现自己置身其中,在面对大多数人都不感兴趣或存在争议的案件时竭力推行自己的犯罪观点。这样一来,犯罪标签似乎就不再重要了(只是强制力量的平衡)。犯罪被用来服务于那些希望利用它来谴责对立者利益的人。否则,犯罪化实际上在逐步通过私有化倡议或被委托给跨国刑事司法机构(如国际法庭),或被更强大的国家用强制执行的方法从国家的控制中部分脱离出来。

犯罪的概念和国际刑法

在过去的半个世纪中,随着国际刑法(ICL)的出现,跨国犯罪行为也开始在舞台上崭露头角。在这个舞台上,一些国家(至少,他们的代理人)已经成为司法审判的潜在主体(而不是控制者)。有必要说"一些"国家,因为其他国家肯定在这个跨国领域的实践中占主导地位,他们在领土上继续垄断合法力量以保证国际刑法的运作。由于这种保证是有限的、有选择性的和不平衡的,因此一些国家可能无法享受这种保障。国际刑法被认为还处于萌芽状态,其合法性也并不可靠。① 虽然

---

① 这个问题引发的争讼已久,例如 Copnall 2010(仅聚焦于非洲的国际刑法);以及 Milne 2012(国际刑法下北大西洋公约组织[NATO]领导人的有效刑事免责)。See generally Köchler 2017 and Henham 2007.

它被称为**国际法**，但最好被描述为跨国法（Leonard 2005:6），因为它针对的是个人而不是国家，在某些情况下与国籍或公民资格无关（Werle and Jeβberger 2014:paras 119,123,270-1）。

　　就像国家背景下的刑法一样，国际刑法可以在法律上合理化为一种思想体系（e. g. Ambos 2007:2667-71），但它并不认为犯罪是一种社会现象。犯罪主要指由《国际刑事法院规约》和法院的公告所宣布的违法行为。该规约列出了种族灭绝罪、反人类罪和战争犯罪这几个标题下的特定犯罪，除了它们所包含的具体罪行外，标题本身并没有被定义。① 这个假设似乎是根据国际刑法的历史而建立的。即这些罪行只需要说明一个容易被接受为犯罪行为的实例。例如，只要它们包括诸如"谋杀""灭绝""奴役""酷刑""强奸""造成严重的身体或精神伤害""强迫"、肆意"破坏和侵占财产"，以及"抢劫"，这就是一个合理的假设。国际刑法的中心思想显然是建立在所有现代西方社会的法律和公众所能接受的犯罪类别之上的，这正是斯特恩兹的刑法犯罪的两个领域中的第一个领域作为犯罪概念的跨国延伸，"已知"领域在大众认识中最清楚地定义了犯罪。然而，除了这些国际刑法中的犯罪概念之外，还有更多其他的违法行为。例如1949年《日内瓦公约》或其他国际法原则中所规定的非法行为，包括旨在摧毁特定受害者群体的行为、肆意破坏自然环境或文化遗产，以及发动战争的一系列非法武器和战术。

　　从文化合法化的可能性来看，国际刑法中的犯罪种类像是一个包含许多相对独立元素的纲要。其中包括：

---

① 《国际刑事法院规约》第5条至第8条。规约确实增加了上下文要求，例如，危害人类罪是对平民人口进行广泛或系统性攻击的一部分。2010年对该规约的修正案定义了侵略罪，以前只是在文本中提及。

（1）努力使现代战争"人性化"（如禁止使用某些类型的武器或战术）。也就是说，在国内（国家）文化对犯罪行为的理解中，实施暴力的方式肯定很少或根本不存在。

（2）当犯罪发生时，群众普遍认为这是一种根本上的禁忌。保护自然和文化环境在许多西方法律体系中都存在，但这往往是作为民事事项而非刑事事项。

（3）在大众的观念中，这通常是非常明显的罪行（如无正当理由故意对人身或财产造成严重伤害）。

如果国际刑法具有被大众认可的合法性，那么，这种合法性可能很难用一般的术语来描述。但这可能是不必要的，因为有充足的政治和法律权威，依赖条约支持国所拥有的对暴力的联合垄断，维持着某种不连贯的跨国犯罪概念。

然而，仅仅依靠政治和法律权威似乎并不是维持跨国犯罪概念的稳定基础。自从纽伦堡审判以来，国际刑法一直被人们当作正义的象征，而现在却出现了许多质疑的声音。即国际刑法是一些国家试图将全球刑事司法制度强加于其他国家（通常是弱国）的一种手段。因此，犯罪概念似乎是一种能够超越国界来控制外国人口的军警控制机制，也许类似于由国家刑事司法所提出的"危险阶级"或"下层阶级"。避免国际刑法被这样看待的唯一方法就是清楚地识别出它可以被利用的文化合法化形式。同时也要认识到，在目前的条件下，没有哪个文化可以使跨国犯罪概念完全合法化。相反，共同体网络可能会更加重要一些，这些网络不仅存在于国家内部，而且还存在于国家之间，它们可以支撑跨国界犯罪思想的扩展。

根据法律定义构成危害人类罪的严重暴力行为似乎是极为明显"罪行"的缩影，以至于文化权威也无法否认这些罪行。文化的吸引力在于"人性"这一全球性的概念。但是,一个人眼中的暴行有时会被另一个人视为正当的打击报复;肆意的破坏可能会被视为附带损害;有针对性的杀戮可能会被视为镇压暴政组织;而恐怖主义暴力则可能被视为反对不公正和实现自由的行动。如果像杀人、强奸、奴役或者侵占财产这样的行为是针对那些被视为敌人或者完全陌生的人,他们的犯罪性质有时会被完全否认。

对犯罪的普遍理解是以**共同体网络**中一定程度的**团结**(solidarity)为先决条件的,无论这一网络是国内的还是国际的。值得怀疑的是,除了对未来的渴望之外,"人类"如今还能指定这样一个团结的共同体网络(cf Gould 2007)。但是,除此之外还可能存在一些不那么重要的东西,比如一个不断发展的跨国平台。在这个平台上,一些关于人权和人的尊严的概念正在获得相对稳定的含义,因此可以为犯罪化提供依据。

如果没有对犯罪的稳定的文化理解,那么,它的政治法律定义将面临持续的挑战,尤其是因为它最终由国家权力保障,所以犯罪概念无法逃避关于国家权力行使范围的争议。对于把战争作为国家工具的态度已经赤裸裸地揭示了这一点。在20世纪,人们已经确立了这样的观点:刑事责任可能仅仅是由国家追求战争而产生的(这与追求战争过程中发生的任何事情都不同)(Werle and Jeβberger 2014:Pt 6)。因此,国际法中的民族国家权利被缩减了。军事历史学家马丁·范·克里菲尔德(Martin van Crefeld)写道:"一旦国家长期声称的武装力量的合法垄断权被剥夺,战争和犯罪之间现存的区别就会被打破"(quoted in Cohen 1996:16)。

其中一个后果可能是战争(涉及侵略、军事干预和强行更迭政权),虽然在现代法律上区别于惩罚的概念,但可能会被视为国家对犯罪活动的一种制裁。一位作家认为,战争作为惩罚的观念"在现代社会的道德想象中仍然存在,尽管外交官和律师小心翼翼地将其从武装冲突的官方理由中剔除"(Luban 2011:300-1)。虽然他反对这种战争观点,但他认为就像企业一样,国家没有理由不承担刑事责任。

国家犯罪行为的概念在法学上一直存在争议,但有人认为这种行为不应被称为犯罪,"因为它们不会引起与国内法类似的惩罚"(Nimaga 2010:62)。可惩罚性无疑是一个关键的问题。但是,可以对国家实施制裁,包括经济制裁(这可能类似于国内法中的罚款);孤立、抵制,或者在国家间的国际交往中被当作"贱民"(pariah)而排斥(这可能类似于犯罪者由于监禁而被"社会"排斥);或者实施政权更迭的军事行动(这可以说是对一个国家实施"极刑")。

如果针对"罪犯"国家的行为只被视为服务于另一个国家(或一个有限的国家联盟)的特殊利益,那么,这些推测仍是不真实的。只有当这些行为的目的不是为了解决某些受害国家[①]的"私人"利益,而是为了解决对整个"国际社会"的严重威胁时,这些行为才能被合法化为一种惩罚。也就是说,我们需要采取行动来保护一个共同的国际社会政治秩序,而这个秩序是由国际刑事司法为之效力的。

总结目前的跨国犯罪化形式,本书强调了跨国犯罪概念的两个基本要求:第一,有**惩罚罪犯的机制**;第二,由**跨国共同体网络**为代表进行犯罪化和惩罚。通过国家间的跨国合作,第一个要求正在努力解决。一方面是简化引渡和《欧洲逮捕令》程序,另一方面是国家联盟参与人道主义干预的意愿,这两方面形成了鲜明的对比(无论围绕它们的是怎样的争议)。但支持犯罪化的跨国社会网络的性质需要更多的分析。国际刑法上"国际共同体"或"人类共同体"的说法在很大程度上

---

① 战争通常是这种"私人"国家间冲突的问题,这是 Luban(2011)否认它可以被接受为一种惩罚形式的一个关键原因。

仍然是纯粹的辞藻而已,因为社会学关于此种"共同体"的含义是什么以及它可能有什么样的存在形式的研究,尚很欠缺。

在共同体网络中定位犯罪的概念

为了使犯罪概念化,本章提及"文化(与政治—法律相对立的)权威"一词。该词产生于各种不同的共同体网络之中。正如前几章所述,在稳定性、流动性、短暂性和永久性上处于不同程度的共同体纽带可能来自于:(1) 共同或趋同的利益;(2) 共享的理念或终极价值观念;(3) 共处于特定的文化或实体环境中;(4) 情感忠诚。在社会生活中,这些不同类型的纽带(通常是在某些类型中占主导地位的纽带)由规模、复杂性和稳定性皆不同的社会网络结合而成,例如金融或贸易网络、宗教信徒网络、社会或意识形态运动、种族或亲属群体,以及主要由共存于同一领土或共同的历史或传统而联系在一起的当地或语言人群。存在于这些网络中的成员互有重叠。人们在各个网络中或进或出,有时候还会同时参与多个网络。如今至关重要的是,正如我们已经注意到的,这种共同体网络不仅可以是全国性的,也可以是一国之内的或跨国的,因此其范围不受民族国家边界的限制。就像新兴形式的跨国法在跨国网络之中需要以文化权威作为基础一样,跨国犯罪这一概念也是如此。

针对产生于上述共同来源的犯罪观,能否以一种笼统性的术语进行概括呢?早前,学者们试图思考一个观点以取代犯罪在政治—法律层面的界定,因新观点能够反映当时的主流观点而获得了一定的认可。

在犯罪学和刑罚学文献中,有三种最为突出的观点。

第一种是犯罪的**社会危害概念**。基于该视角,犯罪从本质上(也可能是犯罪的法律观点仅能部分解决的基本问题)被认为是一种会对社会带来严重后果的损害(e. g. Lasslett 2010),且可能对个人以及社会带来危险、重大风险或不安全感。第二种观点认为,**犯罪破坏了**社会的"**道德平衡**",因此正义需要惩罚犯罪者来重建这种平衡——以宣告社会的谴责、对罪行严重性的识别和判断。基于该视角,可发现法律在实践中并不总是提供人们所要求的刑事正义。① 第三种观点建基于**保护人权和尊严的需要**,认为犯罪是对人类有权享受的基本生活条件的严重剥夺或攻击。②

在上述讨论之中,基于政治—法律层面的犯罪概念不断得到补充和修正,即不再局限于刑法本身,而是逐步关注概念可能反映的情绪、利益、价值或传统观点。因为这些观点倾向于关注犯罪行为,而非罪犯的本质,一些犯罪学家将它们不仅适用于甄别个体层面的罪犯行为,还适用于公司、团体、国家、国家机构,或国际组织层面的行为(Friedrichs and Friedrichs 2002),甚至在极端情况下适用于甄别并不总是有特定的、可辨识的行为人的不道德行为之中,如贫穷、种族主义、性别歧视、帝国主义、殖民主义和剥削等。

然而,批判性犯罪学家认为这些观点"过于模糊且具有争议"(Cohen 1996:6),因为这些观点超出了主流犯罪观所包含的范围。例如,杰弗里·雷曼(Jeffrey Reiman)(2006:363)便对这种过于模糊、宽泛的犯罪概念进行了批判。他指出:"个人会思考他们的行为,他们会对争论和道德考量作出回应,他们的行为受制于他们的选择。但这些都不

---

① 引自 West 2005 论"刑事"法官。
② 对这些不同导向的讨论可参见 Henry and Lanier eds 2001。

太适用于群体或组织。"因此,他认为,个体责任观是当代大多数犯罪观的基础。超越个体责任本身的延伸则需要特殊的理由。

在对犯罪概念化的过程中,若要打破上述限制,则需回到共同体网络概念本身。任何有意义的犯罪概念都不可能详尽无遗,涵盖**所有**被大众认可的伤害、不公正或侵犯权利行为。如何对涵盖的犯罪行为进行一个区分呢?犯罪必然涉及在一个以共存的基本条件为前提的共同社会环境(包括受害者和犯罪者)中,他人的行为所产生的伤害、不公正或非人性的权利侵犯。如前所述,如果没有这样一个共同的环境,犯罪的概念就会引起很大的争议,从而在实践中行不通。

因此,主流犯罪观实际上以某种共同体网络为背景进行了预设。即使个人成为犯罪的受害者,犯罪的严重性最终还是要根据其对**整个网络的影响**来判断。如果错误行为威胁到了整个共同体网络的秩序或安全,以及其中被广泛假定的正义的一般观念,抑或是威胁到了支撑共同体网络形成的信任基础及其相互依赖(团结)的基本条件,那就需要刑事处罚而非个人补救。人们之所以对犯罪充满热情,是因为他们将犯罪视为**对社会生活——即他们认为自己参与其中的共同体网络——必须被组织起来的方式的威胁**。

这种对犯罪的看法显然更接近涂尔干的观点而不是韦伯的观点。韦伯指出,现代强国的规制能力不断增强,意味着其行政犯罪(强调社会经济的管理复杂性)的范围也在不断扩大。由此,不难想象,这些国家正通过国家间的合作进行跨国扩张。即使如此,犯罪观念的文化授权(cultural authorisation)问题并没有得到解决。因此,有必要通过一些例子来了解犯罪观念是如何被跨国共同体网络所塑造并保持稳定的,以及犯罪观念的跨国文化合法化的限制是什么。

国际海盗犯罪就是一个生动有趣的例子。无论是过去还是现在,国际海盗犯罪似乎都是全球公认的,在国际惯例中由来已久且已获得普遍管辖权支持的犯罪的完美案例。任何国家当局在国际法上都有权起诉海盗,而侵犯者和受害者的国籍在很大程度上并不会对起诉造成影响。因为,海盗被认为是"全人类的敌人"(hostis humani generis),理应受到刑事惩罚(e. g. Randall 1988:792-5)。

那么,国际海盗犯罪是一个由真正普遍(全球的)的共同体网络,即一个真正的"人类共同体"支持的犯罪化的罕见例子吗?也许不幸的是,答案是否定的。支持这一犯罪观念的并非是基于信仰或终极价值观结成的全球共同体(这种共同体或许专注于普遍的人权和尊严),而是跨国贸易中存在的共同利益。因此,相关的跨国共同体网络带有经济性质。而各国在解决海盗问题时,虽以保护其国民免受人身伤害为出发点,但更根本的(当然是在建立惯常的海盗管辖权方面)是需要保护通过公海或空中航线的财产和**经济互动**。① 在这方面,国家代表跨国贸易网络行事,并从中谋利。

许多其他跨国犯罪也是以跨国经济网络中的利益为纽带进行的。因此,这种跨国犯罪的文化合法性来自跨国经济网络,而非任何更广泛的全球授权的支持者。许多行政性的犯罪化(administrative criminalisation)②都是为了促进有效的工具性联系,跨国界的生产性经济互动结构日益复杂,而工具关系正是依赖于这种关系。在这种情况下,洗钱、欺诈、造假、内幕交易、腐败、操纵价格、敲诈勒索、环境污染以及类似的违法行为层出不穷。

这类跨国犯罪行为的性质和实际意义主要由所涉及的主要经济共

---

① 海盗行为被定义为出于"私人"(即通常是经济而非政治)目的而实施的犯罪;根据旧的习惯国际法,它涵盖抢劫但不包括谋杀。See e. g. Kontorovich 2010:252-3.

② 这个词并非来自马克斯·韦伯,但确实反映了他的社会学理论观点。

同体网络(如商业和金融网络,以及国家和国际执法者对其进行管制的网络)的内部理解所决定,大多数人对其中的许多罪行知之甚少。因此,在这些网络**内部**发生的行为可能很容易被理解为犯罪——本质上违法的行为,而发生在网络外部的行为很可能只在某种模糊的意义上被视为犯罪,如法有禁止即违法——法律禁止的行为。①

有鉴于此,用涂尔干的方法来理解跨国背景下的犯罪,肯定需要做大量的修改才能令人信服。一般来说,跨国犯罪不能被看作对某种包罗万象的跨国集体意识的冒犯(Henham 2007:84-5)。正如将全球"国际共同体"视为一个普遍政治—法律权威的神话基础一样,将这种全球意识视为犯罪化的普遍文化权威也是一个神话。

有一种更合理的说法,即有限的跨国网络依赖于不同类型的共同体主导关系。其中,很多网络主要是工具性(经济的)共同体。另一些网络则以领土为基础,即以单一环境共存为基础的传统(如历史演变)共同体关系为主导的区域网络。这些网络间互有重叠,因此由欧盟所支持的欧盟跨国刑法,既可以被视为一个由地理和历史因素所决定的共存区域(一个涉及共同命运和共同传统的问题),也可以被视为一个相对一体化的经济网络(一个在工业、商业和金融方面日益增长的工具性互动问题)。此外,欧盟跨国刑法还可被视为基于一个全欧洲的信仰共同体即"欧洲价值观"所塑造的文化权威。这种价值观甚至蕴含着对一种假定的需要保护的独特欧洲身份的情感忠诚。

尽管有困难,涂尔干对犯罪的理解是与集体意识有关的。他将集体意识界定为人们共同持有的,且将他们团结在共同体社会关系中的一套信仰和终极价值观,认为其不应被抛弃。涂尔干指出,无论普遍共

---

① 相比之下,威胁当地共存环境的人身和财产攻击(如凶杀、盗窃)很容易被广泛地"视为"犯罪,因为这些环境对生命至关重要。

享的信仰和价值观在复杂多样的现代生活中可能会变得多么有限,这种集体意识在现代政治社会中都是一种现实。他认为,"道德个人主义"是一种捍卫每个人的自主权和尊严的价值体系。在纷繁复杂的现代社会中,作为首要的道德纽带,它必须存在。只有把每一个人都视为与自己具有同等价值的人,才有可能与那些经历、生活方式、愿望和理解与自己截然不同的人建立建设性的关系。因此,涂尔干认为道德个人主义可以被看作普遍人权话语的原型。在纷繁复杂的现代社会中,实际上是基本团结的必要条件。①

如果说道德个人主义的价值体系在范围上会受到限制(例如,在尊严和自主的含义上还有很多需要填补的地方),该体系在命令层面则涵盖广泛。在刑法方面,它既规定谴责侵犯基本人权的行为,也规定对罪犯和囚犯给予人道待遇。它禁止包括死刑在内的所有残忍和不寻常的惩罚,并将所有故意对个人(无论是自由公民还是在押囚犯)造成的严重身心伤害列为最重要的罪行。因此,有人认为,这一价值体系可提供强大的道德权威,用以支持国际刑法对许多最重要的罪行的认定。

在某种程度上,上述想法确实存在。国际刑法所拥有的文化权威被认为是从某一跨国共同体网络中获得,该网络主要由对以人权为中心的信仰和终极价值观的共同承诺所组成。它的权威在政治上不仅来自各国对《罗马规约》和国际刑事法院管辖权的接受,还来自一个事实,即这项法律及其法院反映了民众对实现人权价值的广泛愿望。然而,还需承认的一点是,这个共同体网络并非是全球性的。因为它与其他网络共存,这些网络可能信奉不同的信仰或价值观,或者在终极价值观或信仰上没有任何共识。事实上,有观点指出,人权支持者反映了一

---

① 完整的讨论参见本书第十二章和第十三章。

种特定的欧洲经验,非欧洲国家和人口可能会也可能不会找到将自己与之联系起来的理由。而共同体网络的概念始终强调文化权威的**相对性**,即其定位的多样性和偶然性。

虽然体现国际共同体价值的人权经常被说成是国际刑法的基础,但值得注意的是,涂尔干的道德个人主义价值体系并不是在法学或哲学上得到了证明,而是在**社会学**上得到了证明,原因在于该体系**与复杂的、世俗的、高度多样性的现代社会相适应**。这种价值体系是必要的(即使在实践中经常被违反),以团结和巩固现代社会中的相互依赖的网络。人们可以推测,只要世界上越来越多的地方具有现代社会的特征,道德个人主义就会蔓延,扩展强调西欧意义上的人权的跨国共同体网络。但是,从社会学的角度来看,这种扩展可能并非是不可避免的,因为人权观念仍然是**某些**共同体网络的财产,而非"人类共同体"的财产。

犯罪概念的相对性

如前所述,犯罪并不仅仅纯粹地与政治法律相关,还与文化相关。犯罪最好被视为威胁共同体公共网络存在的行为——威胁它的基本秩序条件、潜在的正义观念或团结的根本性支持。因为,难以计数的共同体网络意味着背后潜藏有各不相同的纽带,这些纽带代表着共同利益、共有的信仰或终极价值观、情感上的忠诚和排斥,或仅仅是在共同环境中共存这一事实。基于此,个体对犯罪的看法也会有所不同。犯罪作为一种相对观念,植根于特定的社会环境之中。因此,刑事责任的概念不是以人类身上所必不可少的特征为前提的,而是以赋予犯罪概念意义的**社会环境**为前提的。只要国家在其领土上保持对合法暴力的垄断,任何文化合法性都来自作为共同体网络的国家政治社会。但是,随着犯罪化越来越多地跨越国界,甚至无视国界,这种社会环境,如果要赋予文化合法性,本身就必须成为跨国的。

因此,犯罪化必须反映出关于秩序、正义和团结的跨国观念。如果不能反映这些价值,则难以在法律实施中获得民众的支持。和所有跨国法一样,跨国刑法要想拥有可靠的基础,则需依赖可以在文化上"拥有"这种法律的人群。忽视了这一要求,规则的政治法律权威可能不再存在。这一观点并不新鲜。欧根·埃利希(1936)早在一个世纪前便指出,由国家制定和监督的法律要想足够强大,就必须考虑到人民生活中的"活法"(living law)。用本章的话说,即政治—法律权威必须以义化权威为基础。

在共同体网络中理解犯罪概念的相对性,于某些重要方面可能会令人不安。尽管网络内部成员认为共同体的关系具有价值,但网络外部成员有时会将这种关系谴责为病态和邪恶。在一个这样的网络中被视作犯罪的行为,在另一个网络中可能恰恰相反。例如,在一个以种族灭绝为共同目的而形成的纳粹共同体网络中,为了更大的共同目标,任何形式的暴行都可以被证明是正当的。至少对一些成员来说,这样的网络也是建立在共同信仰的基础上的。那么,以任何方式挑战这些目标和信仰的人都可能而且经常被判定为十恶不赦的罪犯(Koch 1989)。

如今,从一些跨国共同体公共网络的角度来看,特别是从基于共同信仰而建立的共同体网络的视角来看,西方世俗国家可以被谴责为罪犯。同时,在许多共同体网络中被界定为恐怖犯罪的行为,在其他共同体网络中可能被誉为英雄事迹。此外,在一些经济共同体网络(如一些商业共同体)中,对可接受或有预期的行为也可能存在截然不同的"内部"概念。因此,在某一共同体背景下被视作腐败或其他犯罪的行为,在另一个共同体中可能被认为是正常且必要的。一些跨国共同体网络存在的目的可能就是为了追求那些被视为明显且严重错误的事业(跨国有组织犯罪)。

随着跨国犯罪化进程的加快,对犯罪本质这一问题的不同理解,可能部分地通过有力压制其他人的某些理解而得以解决——正如战争中纳粹政权的垮台和对其领导人的定罪。在这种情况下,韦伯所声称的民族国家对合法暴力的垄断被转化为由国际军事联盟或以国家军事力量为后盾的国际机构进行的有组织镇压。在其他情况下,可能采用不使用军事力量的方式,如胁迫、感化或说服。

广义地说,我们需从两个层面来设想犯罪概念的跨国化过程。第一个层面涉及国家之间的**政治**关系,以及由国家政治权威所支持的国际组织间的动态联系。第二个层面则需考虑**跨文化**的对话。这种对话涉及共同体网络之间的交流、渗透和最终协调。上述提到的两个层面都是法律思想形成的必备条件。

尽管涂尔干的理论并不一定能使人权思想在全球实现普遍化,抑或是消除主流观点的解释差异,但该理论为预测人权思想的持续发展提供了一些依据。然而,在政治—法律和文化层面上,很明显,我们将通过谈判和妥协来最有效、最持久地追求犯罪概念的跨国化。反过来,这将取决于在团结的框架内不断努力,对无数可以被认为是对秩序和正义的普遍愿望的共同理解进行跨国转化。这一过程的可能性和局限性表明犯罪概念在多大程度上可以获得稳定的跨国内容。

第三部分

社会学视角下的法律价值

第十一章 作为法律问题的文化

一个多元文化背景

前几章已经讨论了我所称的文化权威,至少在某些情况下,似乎需要它来支撑法律理念和法律规范。这些讨论至少表明,"文化"对法律很重要,它指明了法律人必须理解的现象。无论以一种在法律上有用的方式来定义文化的概念是多么困难,都必须在法学理论中以某种方式系统地加以考虑。本书最后一部分的大部分内容专门关注作为文化要素的社会或群体价值观。但在本章中,文化的法律意义将被更广泛地思考。人们可能会认为,探索这一意义的任务非常紧迫。文化多样性和多元主义——以及对多元文化主义的法律回应——现在是当代西方社会讨论的永恒话题。

本章重点关注**多元文化主义**给法律思想带来的挑战和可能性,即在这种情况下自定义的文化群体在政治社会中广泛地和(至少在某种程度上)成功地努力维护和保持他们所认为的文化独特性,并实现公众对这种独特性的承认和认可。在当今复杂的西方社会中,多元文化主义给法学理论——法理学——提出了哪些一般性问题?法学家如何处理这些理论问题?

我认为,在这一背景下,在法学理论中将"共同体"和"沟通"的概念联系起来是有帮助的。"共同体"的概念经常被用于指代以文化来定义的群体,但我将按照本书的方法,以不同的方式使用它,以表明法律必须规制的相对稳定的社会关系类型。正如将要出现的,"沟通"的相关概念强调了法律的一些方面,这些方面可能在涉及多元文化主义时特别重要。

社会的法律形象

  法律社会学家和法律人类学家在通常考虑法律的性质和功能时,文化显然是一个重要概念。但是,法学界对这个概念比较谨慎。尽管如此,法学界在许多方面明确地阐述了当今的文化。法学界很少对"文化"下定义,但文化通常指代共同的信仰或价值观、习俗、传统或继承、忠诚、依恋和观点等。

  这些引用文化的例子包括对比较法中法律文化概念的探讨;对部落身份①或种族或宗教团体的成员资格等文化地位的法律定义;在刑法和其他法律领域中使用文化作为辩护或者原谅的理由;批判种族学者通过文化少数群体的经验来解释法律;以及运用法律保护多种形式的文化遗产(Cotterrell 2006: 97-102)。文化权利现在成为国际法和人权法的重要内容。在英国,法院常常不得不根据少数群体的特殊宗教实践来判断结婚和离婚的重要性,有时试图通过"假定结婚"来使法律

---

① See *Mashpee Tribe v Town of Mashpee* 447 F Supp. 940 (D Mass 1978), affd, 592 F 2d 575 (1st Cir), cert denied, 444 US 866 (1979).

上非官方的安排正式生效（Shah 2007）。在其他情况下，必须面对为多配偶制婚姻中未受法律保护的妻子和子女提供救济的问题（e. g. Shah 2005：ch 5）。在许多欧洲国家，关于穆斯林女性着装的争议产生了大量的法律问题。在英国，关于在学校和工作场所穿宗教服装的法律问题已经凸显（e. g. McCrea 2014；Sandberg 2009）。这样的例子还有很多。如果文化曾经在很大程度上不为法律所知是因为法律具有单一文化的管辖权，那么，现在它正越来越成为一个影响许多法律领域规制选择的问题。

　　法学理论没有跟上这种情况的发展。这里的问题是，这一理论如何看待**社会**——法律规定的社会生活或社会领域。现代法学理论通常将被法律规制的人口概念化为由被法律平等对待的公民或主体组成的未分化的社会领域。在这个社会整体中，根据现代自由主义原则，个人的法律状态应尽可能只因其自愿行为（例如，通过他们的契约、侵权或犯罪而获得的义务）或他人授予权利的行为（例如，根据遗嘱或合同，或因为他们做了坏事）而有所不同。正如威尔·金里卡（Will Kymlicka）（1995：26）所指出的，"在所有自由民主国家中，包容文化差异的主要机制之一是保护个人的公民权利和政治权利"。通过关注这些通常与文化无关的权利，法律使人口群体能够以文化上独特的方式组织起来，但没有明确的法律承认这种情况。

　　英美的法学理论呈现出两种截然不同的关于社会的形象（Cotterrell 1995：ch 11）。一个是**统治权**的形象。它将社会描绘成个体主体或公民的集体，只有他们共同服从上级政权才能团结起来。在杰里米·边沁和约翰·奥斯丁看来，一个独立的政治社会的特点是，大多数人（为此目的而未分化的群体）习惯于服从一个主权。相比之下，在哈特（1994）看来，法律控制的社会是由公民和官员组成的，他们的关系被社会规则的运行所确定,其中最重要的社会规则是法律。公民必须至少遵守基本的法律规则,官员必须从内部的角度接受使法律系统得以运行的规则。因此,社会生活要服从法治。但在主权理论和哈特的"规则模式"中,社会的形象是通过服从等级秩序——至高无上的人或团体的权威,或法律秩序的规则结构的权威——而统一起来的在法律上没有差别的个人。

更高的、"垂直结构的"权威通过这种法学理论的棱镜提供了社会的统一性。个人的形象是受官方权力控制的,但在一个反应灵敏、组织良好的法律体系中,官方权力也会支持他们的个人目的以及保护他们重要的生活条件。

相反的形象是**共同体**。①它是许多经典普通法思想的基础(e. g. Postema 1986:19,23,66-76),也存在于非实证主义的法学理论中,如罗斯科·庞德和朗·富勒的理论。但这一形象在罗纳德·德沃金(1986)从法律作者的角度提出的清晰的政治共同体理论中表现得最为明显。

在德沃金看来,共同体由相互作用的、法律授权的、拥有权利的个人组成。法律源于一个活跃的共同体,在某种意义上,这个共同体拥有并创造了法律,并在任何情况下提供了法律的最终意义和道德权威。法的根源在于一个被视为统一实体的社会群体,其价值观、信仰、共同利益、忠诚或传统(我们可以说是它的文化)为之提供了基础。法律的共同体来源在理论上被看作一个单一的统一实体。每个民族国家的法律体系都有自己所属的政治共同体;事实上,德沃金(1989:496)将政治共同体等同于民族或国家。他并不认为这样的共同体在道德上是同

---

① 作为一种**社会形象**的共同体不应与本书中使用的共同体网络的经验概念相混淆,后者指的是社会学上可以确定的公共组织形式。

质的,而是认为它支持一种共同的文化和语言(ibid:488-9)。没有任何资源来考虑可能的文化差异——这个问题在理论上并不重要。按照德沃金理论的目的,制定和拥有法律的政治共同体被视为一种文化统一体(see also Kymlicka 1995:77),一种单一的、统一的法律来源。

与统治权的形象相反,共同体的形象暗示着法律权威是"水平的"而不是"垂直的"结构,即一种通过共同体中个人的相互作用而不是通过权力的强加而赋予的权威。在统治权的形象中,法律与支持它的国家权力统一了社会;而在共同体的形象中,社会已经通过互动和共识而统一起来,且这种统一是通过法律来表达的。

所有最具影响力的现代法学理论都倾向于这两种相反的社会形象中的其中一种。他们把社会描绘成**统一的**,只要这一问题与法律性质的概念化有关。而且他们把社会描绘成在很大程度上由**个人**组成,即法律上平等的公民或主体(公司,出于很多目的,在法律能力方面与个人的地位相似)。在统治权概念中,社会不是由共同体构成,而是由公民或主体构成。即使在共同体的概念成为核心的情况下,如在共同体概念中,在自由主义的影响下,共同体通常被视为由个人而不是群体组成。通过这种方式,仍有可能将社会概念化为一个单一的政治共同体,而不是分裂成不同群体的共同体。这个共同体(或其律师代表)被认为是在集体解释的过程中建立法律的。在德沃金的法哲学中,不同文化群体之间是否有可能就法律的"最佳"含义展开辩论,这不是一个理论上的问题。一般假定它们有着共同的语言和文化。

法学理论与社会的分化

当然，这一理论事态是高度不稳定的。事实上，社会统一性的观念在法学理论中受到了三个主要方面的挑战。

差异法理学

首先是明确地建立在**社会的模式分化**观念上的方法的出现。马克思主义法学理论是这一取向的先驱，它强调依据阶级的社会的基本划分。如果说马克思主义法学理论对主流法律思想没有什么真正的影响，那么女权主义法学理论则取得了更多进展，它强调了性别划分的重要性，并坚称法律观念的真正意义在面对女权主义的重新解释时变得有争议和不稳定。最近，批判种族理论（critical race theory）和其他少数群体法理学（other minority jurisprudences）侵入了法律思想。结果是建立了一种"差异法理学"，它的见解直接来自于关于社会分化的主张（Cotterrell 2003：ch 8）。

最终，这些法学理论的批判方法指向了这样一种观点，即法律不能再作为一种对象来分析，而必须被理解为一种经验形式。当法学家来自社会的单一阶层时，他们对法律的意义和性质的主观看法可能会显得客观。现在，差异法理学表明，"现实中的"法律是什么，取决于观察它的立场和体验它的方式。社会分化的意识已经侵入了法律思想——

通过女权主义律师、批判性法律学者和与多种少数群体有关的律师的工作，将其带入了法律思想。他们以不同的方式体验法律，所以法律对他们的意义也不同。

这一切对法律思想有多大影响？就目前而言，仍然有可能将差异法理学边缘化，将其孤立于法学教科书的不同章节中，或将其视为针对特殊群体的问题。主流法律思想的大厦仍然存在，但裂缝开始显现。忽视这些发展的法哲学似乎与社会法律的现实脱节。

如果差异法理学成功地重塑了法律思想，那会导致什么后果？要认识社会的模式分化，需要注意用于概念化这种分化的类别——性别、民族、种族等。这些类别对于法律分析的目的有多大意义或限制？它们在多大程度上真正体现了个体的身份？本质主义是一种错误的假设，它认为个人或其经验的本质特征可以仅仅从性别、阶级、种族或族群等特征分类中推断出来，它是差异法理学的一个问题，这一点在女权主义文学中得到了广泛地认可。[①]它表明，这种新法学的分类（如种族和民族）最终是不够的。既然对文化差异的认识是这一问题的一部分，就需要新的方法来理解文化的复杂性。

法律之内的文化

对关于社会统一性的法学假设的第二个挑战来自这样一个事实：如前所述，法律学术研究已经解决了许多文化多样性的问题，但文化概念的范围还不清楚。出于法律目的，文化需要被分解成构成要素，而且

[①] 结果之一是提倡"交叉"方法，承认种族、性别和其他类别的重叠和相互作用，但分类本身的问题仍然存在。

在实践中常常如此。它一方面与共同信仰或终极价值观有关,另一方面与传统有关,包括共同的语言、环境或历史经验。在第三种意义上,它指的是共享的情感忠诚和感情。在第四个方面,它反映了技术和生产发展(物质文化)和工具的(特别是经济的)社会关系的水平。

法律可能不会以相似的方式与这些对立的要素联系起来。它们提出的法律问题——法律应如何表达和保护基于信仰或价值观、传统、情感或感情纽带,或常见工具(主要是经济)项目的共同体社会关系——可能截然不同。社会是由不断变化的、不断重塑的共同体网络构成的,这些共同体将所有这些不同的文化成分的各个方面结合在一起。正如塞缪尔·舍弗勒(Samuel Scheffler)(2007:119)指出的那样,"文化不是……规范性权威的来源,因为它们根本不是明确的合理化结构"。文化不是一个可定义的统一体,其本身并不能证明法律决策和策略的合理性。人们与文化的不同组成部分而不是与一个无定形的文化集合体产生关联。舍弗勒(ibid:124)提倡从政治和法律主张的争论中"消除文化语言"。

但在多元文化社会中,不同的文化元素很容易相互**叠加**。多元文化主义的发展有可能将现代社会常态的多元化——不同的利益、价值承诺、传统和忠诚在共同体网络中结合在一起——转变为僵化的、不可逾越的社会分化。当特定的社会群体似乎在(经济)利益、传统、信仰/价值和忠诚这四个不同的文化维度的**全部或大部分**方面与其他群体分离时,就会出现这种情况。

很容易看出这是如何发生的。贸易和就业的工具(经济)关系可能变得相对自足和封闭。例如,雇佣惯例可能倾向于排斥其他种族或宗教团体的成员或那些具有不同语言或习俗的成员。贸易和商业网络可能变得具有歧视性、排他性和自闭性。因此,主要为工具(尤其是经济)目的而存在的共同体网络的边界可能会反映出主要由宗教或其他信仰所界定的网络的边界,或者那些主要由基于种族或其他偏好和依恋的情感忠诚所塑造的网络的边界,或者那些由共同的习惯、语言或共存环境所界定的网络的边界。

所有这些边界可以合并成一个。基于不同信仰/终极价值、情感上的忠诚/拒绝、冲突的群体利益和对立的传统之上的社会分歧可能会相互强化。因此,他们在共同体网络之间创造了僵化的、几乎是完全的隔离,这很容易被视为相互对抗的、无法渗透的单一文化或亚文化。

面对这些问题,法学理论的任务当然不是发展一种法律的文化概念,而是探讨基于共同的信仰和价值观、传统和共同的经验或环境、情感或感情关系,以及工具(主要是经济)关系之上的共同体社会关系的规制,在多大程度上给法律带来了根本**不同的技术问题**,①在多元文化主义的特定条件下,这些问题有时会急剧而紧迫地汇集在一起。

是什么统一了社会?

对法学理论的第三个挑战来自刚才所说的。如果用文化来解释社会群体之间的差异及其法律要求和愿望是有问题的,那么,用文化来假定社会的统一性肯定也是有问题的。问题不在于文化是否将社会统一起来,而在于它的任何组成部分——文化的可分离要素——能在多大程度上促成这一点。这些文化要素是否有助于支持法律的社会团结?

如果没有全面的社会信仰或价值观、共同项目或共同利益、传统要素或足以支撑法律的情感忠诚,对法律的运用可能会成为一种无限的

---

① See Cotterrell 2006: 121-6, 153-8; 2008c: 23-5, 26-7.

自由（cf Tamanaha 2006）。在多元文化社会中,传统既可以分隔也可以统一人口,这些人口由不同的移民群体组成,他们以共同的语言、历史经验和集体记忆等形式发扬自己的传统。情感纽带(包括团结感情的爱国主义)可能很强烈,但不稳定;很难理性地对待它们或预测它们的影响。专注于互惠项目的共同利益的纯粹工具性联系可能是短暂的、转瞬即逝的和多变的,只有持续从中获得好处时,才提供社会联系。

然而,更根本的可能来自个人主义价值体系,美国和欧洲的学者都以不同的方式将其视为支撑各自社会中的法律和社会的基础。功利主义和个人主义的表现形式(辅以共和主义和其他思想),在美国被称为统一的"心灵的习性"（Bellah et al 1996）,它们与欧洲的道德个人主义并行,如在涂尔干的社会学中所表达的那样。①在这两种情况下,一种要求普遍尊重他人作为个体的人类尊严和自主的意识形态,无论其性别、种族、族群或性取向如何,可以帮助统一信仰和价值观原本非常不同的当代西方多元文化社会。它在许多方面与为当代法学理论提供了很多信息的自由个人主义大体一致。但它不仅需要假设,就像在这个理论中,还需要在理论上被认为是多元文化主义的必要基础。

人们可能会认为,在多元文化的条件下,继续呼吁自由主义足以统一社会。威尔·基姆利卡（Will Kymlicka）声称,自由主义确实能够应对多元文化主义的挑战。他认为,在西方社会中,对于因移民而产生的族群来说,有一个正常的融入更大的社会统一的过程,而对于民族群体来说,如他们的家园最初是被征服而合并的,则没有这个过程。基姆利卡(1995:76)看到了少数民族人口具有他所称的社会(自给自足、包罗一切)文化方面的差异,这些文化提供了"包括社会、教育、宗教、娱乐

---

① 参见本书第十二、十三章。

和经济生活在内的所有人类活动的有意义的生活方式"。在他看来，民族群体可能拥有这种文化，但移民群体往往没有。他们在许多方面与更大的社会相联系，其中一些文化差异要素在几代人之后就弱化了。

因此，对基姆利卡来说，不同的权利适合满足这些不同群体的愿望。自治权利可能是必要的，以使民族群体能够确认他们自己的社会文化，而移民群体的"多民族权利"可以作为一种让他们更容易融入更广泛社会的方式，这种"多民族权利"支持移民群体的文化，并可能使他们免受更广泛社会的与他们特定文化习俗根本不一致的法律的约束（ibid：27-31）。基姆利卡并不是说文化差异会消失，或者应该消失，而仅仅是说从法律上把文化差异与不同的社会统一联系起来或许是合适的。他认为，这些法律策略与自由个人主义是兼容的，只要个人在他们的文化群体中有基本的自由，包括离开群体的自由。

然而，如果需要一个全面的价值体系来维系社会统一结构中的多样性，那么这种方法就有问题。首先，很明显，许多文化差异的主张挑战了自由主义原则。它们往往要求以不同于自由主义的理解方式来理解个人尊严和自主。尽管如此，他们仍然非常强调这些价值观，并可能认为自由主义在某种程度上与这些价值观不一致。因此，在实践中可能寻求的是 X 对 Y 的尊严和自主的承认，然而，这也包含 Y 希望表达尊严和自主的方式可能与 X 的方式不同，甚至不一致。

以个人主义为中心的价值体系可能需要认识到，价值体系本身的意义将在文化群体之间的沟通过程中得到发展，即在这些群体不断努力相互学习的过程中。因此，我们有必要牢牢把握那些可以跨越文化差异而统一起来的价值观，但同时也要准备在寻求理解另一种价值观的过程中,反思和修正自己对这些价值观的解释。①

其次,基姆利卡对源自移民的族群的描述可能并不令人信服。这意味着,在这些群体中,文化差异是不稳定的,而法律的任务是将他们融入更大的社会。但是,至少在欧洲,包括英国,这些群体对法律的要求不仅仅是特殊的支持或让步——从一般规则中"选择退出"。通常的要求是,法律一般应表现文化多样性,这是其主要目的之一。不应将文化差异视为规范的例外情况,而应朝着适合永久文化多样性社会的法律的方向发展。

这是一个相当大的挑战。它可能涉及的不只是法律上的例外(例如,宗教着装元素的例外,如改变学校或工作场所的制服)。还可能需要一个**总体重新解释法律概念**的过程,包括对熟悉的普通法概念的新理解,例如"合理性"。在这种情况下,社会的统一并不是通过特定的特殊法律变化而预设或设计出来的。似乎最好把法律看作一种促进和引导永久的跨文化对话的愿望——在多元文化主义背景下为法律设定的一种特殊目的,通过这种对话,群体之间可以相互学习。

鉴于法学理论的既定观点,它如何接受这种对话呢? 统治权的观点意味着通过法律的强制权威**意愿**促进公民之间的团结。在这一形象中,任何跨文化的对话都会受到法律官员领导层的强烈影响和指导。法律权威被视为一种"垂直"的社会结构,这种趋势可能会强调"官方法的国家中心假设……与以少数族裔自己的亲属网络和宗教领域管理少数族裔社区的假设之间的深层冲突"(Shah 2005:10)。跨文化的沟通可能受到官方或国家法律的控制。

相比之下,共同体取向更容易看到反映或表达文化条件的法律,但

---

① Cf Raz 1998:204-5. 强调多元文化主义可以在不同的文化背景下以不同的方式实现,在努力理解这些价值时,这些不同的方式值得尊重,而不仅仅是宽容。

需要进行调整,以明确承认法律解释共同体的多样性。德沃金通过解释寻求法律的"最佳"含义,现在看来,这似乎是从跨文化对话中寻求关于社会应该如何治理的最佳的相互理解。

作为沟通的法律

关注这些对法学理论的挑战,使用"对话"和"沟通"这样的词似乎是很自然的。面对多元文化主义的挑战,法律观念正在发生变化,但我强调的是带来这些变化的沟通过程,而不是变化本身。事实上,很难对这些变化进行概括,因为法律的变化主要不是与统一的文化观念或多元文化主义有关,而是与以复杂方式反映文化多样性的社会关系有关。如果法律与多元文化主义有关的最独特的任务是**沟通**和**促进沟通**的任务,那么,多元文化主义所要求的法学理论的重新定位主要是对这些法律沟通目的的新的强调。

长期以来,人们一直认为,目的的概念不能定义法律的性质,因为它并不客观(Berolzheimer 1912:350)。有必要了解考虑的是**谁**的目的;否则,法律目的的归属是武断的。人们对朗·富勒的法律目的理论经常提出批评,他认为沟通是法律的主要目的 (Fuller 1969:186)。

然而,法律作为一种沟通和沟通促进者的理念对多元文化主义具有特殊的意义。文化群体必须相互沟通,以获得共存的利益。在某种程度上,差异法理学可以被理解为沟通少数人经验的努力,以及在法律辩论场合中的法律解释。在统治权的概念中,法院和立法机构的沟通失败是法律必须克服的障碍,这样才能把它的权威和命令传递给那些似乎对它充耳不闻或抵制它的群体。沟通不能成为全面的法律理论的基础,但它是法律的一个方面,是其参与多元文化主义的核心。

科恩·雷斯(Koen Raes)写道,法律沟通"**使**不同人生观之间的对**话成为可能**"(Raes 1996:38;黑体为原文所加)。对马克·范·霍克而言(2002:7,8),反映哈贝马斯和其他人观点的法律给了"人类沟通的框架……考虑到不同的观点和……一些辩证的观点交换"。詹姆斯·博伊德·怀特(James Boyd White)(1990:261)认为法律调和了几乎所有的话语,但在这个过程中创造了一个新的话语;这是一种转化手段。雷斯(1996:38-9)强调法律主体性的"虚无"(其抽象化),通过简化法律必须沟通的情境来促进法律沟通。后现代主义作家认为法律是一种没有基础的知识形式,它可能适合在不同文化理解之间进行调和。对怀特(1990:267)来说,法律"在生活的其余方面有着根本的不确定性,缺乏坚定的外部标准"。

但法律不是一个空的容器,它带有文化预设。它不是中立地规范沟通渠道,而是根据主流文化的理解来指导它们。法律是一个棱镜,通过它,特定的文化主张以可预见的方式折射出来。但这并不意味着法律就不能成为沟通的促进者。因为文化不是一个单一的情况,而是聚集了不同类型的共同体社会关系,这个集合体的每一个组成部分都是一个沟通的场所,当这些社会关系在法律上被提出时,就可以尝试协商新的理解。因此,诉诸法律可以使多种文化之间的对话得以发生。

一旦这种对话在某些领域发生,法律就可能提供一种相对平和、没有激情的秩序。这将取决于法律在多大程度上以一种合理的方式处理与之相关的文化关系的不同方面——工具、信仰/价值观、情感和传统。这在很大程度上取决于法院或立法机构传达其对所涉问题的理解的敏感性,以及取决于有关法律的信息传达给那些它声称要规制的人的方式(如通过大众媒体报道)。但是,如果这种对话没有发生或没有圆满地完成,法律程序可能仍然是一个激烈的、常常是充满激情的、相互冲突的沟通,影响、说服、要求或威胁的努力——不仅是权利之战,而且是利益、理念、忠诚或传统之战。

在上议院(当时的英国最高法院)审理的一个被广泛讨论的案件中,可能说明了法律作为沟通的媒介和场所,在与多元文化主义的关系中扮演着潜在的复杂角色。17 岁的答辩人贝根(Begum)①认为,她被学校开除了,因为她坚持穿"希贾布"(jilbāb),一种"像大衣一样的长衣服"(案件报告,第 10 段),遮住她的头,而不是脸——她认为这是她的信仰要求她穿的一种伊斯兰服装。她认为学校的做法违反了《欧洲人权公约》第 9 条,该法条保障了她表达宗教或信仰的权利。法院指出,问题不在于学生穿伊斯兰女性服装是对还是错——很多英国学校都允许这样做——而是学校维护其校服政策的权利。在同家长和穆斯林顾问多次协商后,校方设计了一套可变的制服(包括可选择的伊斯兰头巾),以满足学校多元文化学生群体及其家长的宗教要求和传统。

法院驳回了答辩人关于第 9 条权利受到侵犯的主张。在穿了两年校服后,她决定穿回"希贾布",在法院看来,她可以"毫无困难"(第 25 段)地转到另一所允许穿这种服装的学校。法院认为,考虑到学校的需求,校服政策是合理和相称的。学校认为校服对促进"积极的社会认同"、避免学生着装上"明显的财富和风格差异"而造成分歧(第 6 段)、"促进包容和社会凝聚力"(第 18 段)都是很重要的。"我们已经为制定一项尊重穆斯林信仰的统一政策付出了巨大的努力,但这是以一种包容、无威胁、无竞争的方式做到的"(第 34 段)。法院指出,有证

---

① R v Headteacher and Governors of Denbigh High School [2006] UKHL 15. 关于贝根的申请,由她的诉讼伙伴拉赫曼(Rahman)提出。

据表明,该学校的穆斯林女孩担心,如果某些人被允许穿"希贾布",她们会面临压力。法官霍夫曼勋爵指出,被告和她哥哥拒绝了妥协方案,她哥哥经常为她说话;他认为他们是在"寻求对抗"(第50段)。

我关注的是通过这个案例传递的社会信息。① 它传递了(显然是有意为之)被告及其支持者的坚定信念,即认为一种特殊的伊斯兰服装对于其所代表的信仰是很重要的。这个案例还传递了社会凝聚力的需求,这体现在学校对其校服政策的看法上。一项判决(由黑尔男爵夫人提出)广泛引用了学术文献,阐述了伊斯兰头巾和其他形式的伊斯兰女性服饰的重要性,以及穿戴它们的宗教、家庭、政治和其他原因。这些看法因此被写入审判记录,潜在地将它们传递给那些阅读判决或其他案件报告的人。在法院看来,这也是对于该案件中出现的问题应该如何加以论证的方式。学校处理多元文化主义的方法得到了解释和批准,且与针对学校当局的威胁和顽固行为形成了含蓄的对比。

在本案中,法院是如何进行沟通的?它没有让学校作为一个**机构**(更不用说让地方当局或国家作为一个实体)与**个体**被告对立。沟通依赖于保持对个人自主权和尊严的尊重——这里指的是个人诉求(包括信仰和终极价值观、传统、利益和情感依恋),无论这些诉求是在法庭上提出的,还是由法庭唤起的,实际上或潜在地与案件所提出的问题有关。所以,学校的制服政策是由法院来描述的,不是以一种抽象的官僚主义的方式,而是作为多元文化环境中平衡个人之间**共同体社会关系**的象征——因此强调与父母和具有代表性的宗教当局协商,并强调学校里其他女孩的意见;因此,强调社会凝聚力也是学校制服政策的主

---

① David Nelken (2014). 戴维·内尔肯批评以下各段论据的较早版本含混不清,质疑其意图在多大程度上是对贝根判决的法律评价,或是对法院言辞的社会学研究。事实上,只有后者是有意的,但我认为,通过观察和识别某些司法风格及其交流策略,这样的研究可能仍然有助于增强法律意识。

要关注点。

可以这么说,同样重要的是,这种个性化策略有时会走向反面。实际上,法院通过将其含蓄地描述为另一种东西,从而淡化了莎宾娜·贝根的个人主张:也许这是一个有政治动机的团体的主张,而她只是作为代表——甚至可能是(但这里几乎没有暗示)从她的个人情况中提取出来的虚假要求(她显然已经接受校服政策两年了,在法院看来,如果她认为这是不可接受的,她本可以毫不费力地转学)。一般来说,只通过观点中事实的报告来涉及这些问题,几乎没有评论。法院让法律报告的读者们从它精心收集的一揽子注意事项中自己得出结论。

当然,该案件所传递的信息并没有得到各方的好评。但是,司法意见书的目的显然是想直接与关心这些问题的不同文化团体沟通。法官的方法是详细解释和描述、平衡证据、审查动机、关注其他判例法(英国法院和欧洲人权法院),以及使用学术的法律文献和其他文献。法官们力图使他们的沟通尽可能具有权威性,但他们不仅依靠法律论据,还依靠诉诸跨文化的合理性以及事实细节积累的说服力。

总的来说,这一案件对化解围绕其特定问题的争议起到了一定的作用。不管这个判决是对还是错(e. g. Sandberg 2014:258-9),它特别清楚地说明了——正是因为它充满了激烈的争议——法院试图策略性地跨越文化差异进行沟通,同时捍卫自己在这些差异之上的权威。

结　　论

法律在应对多元文化主义条件中的基本目的是促进沟通。在一个极具多样性的现代社会中,法律本身必须传递充分和平等地尊重所有个人的自主权和尊严的需要。在适当情况下，它必须坚决执行这方面的要求。没有这一个人主义的价值体系，就不可能有稳定的跨文化沟通。一旦认识到这一价值体系的某些方面本身可能就是在法律场域内正在进行的谈判事项，这一点也不无道理。当围绕文化的法律沟通以激烈的权力斗争的形式出现时，重要的是，这些斗争的最终结果——以及在法律上处理它们的目的——是产生和平的、常识性的相互理解，以及明确承认文化差异同时促进日常社会互动的常规监管，从而使跨文化交流成为可能。

第十二章 社会学能阐明法律价值吗?

一个范本

社会学能告诉我们如何区分对错吗？对于大多数社会科学家而言（当然也包括大多数公民），答案显然是否定的。社会学声称是科学，而不是道德哲学。例如，法律社会学旨在解释法律的社会属性，而不是解释任何特定的法律或法律制度是否公正或道德上合理。但是，一些著名的现代法律社会学家对此持不同看法。正如我们在第五章所提到的，菲利普·塞尔兹尼克认为，将合法性作为实践中追求的理想来研究的社会学有助于阐明和实现这一理想（Selznick 1969；1992：ch 1）。不过，这是一个不同寻常的少数派立场。

尽管如此，古典社会学理论仍然可以提供一些有用的资源，以重新审视社会学是否有能力提供道德和法律评价的正统观点。最重要的是，这些资源可以在涂尔干精心发展的道德社会学中找到。然而，所有的注意力都集中到涂尔干社会学思想的其他方面，并将这些方面与法律研究联系起来，而他思想的核心方面——道德社会学，就其与当代法律研究的潜在相关性而言，在很大程度上仍未被开发，且常常被忽视（e. g. Lukes and Scull eds 2013；Cotterrell 1999）。

涂尔干为研究法律价值提供了一个强大而独特的社会学范本，旨在表明通过确保所处社会的凝聚力和一体化所需的条件,并与这些条件保持一致,法律价值是如何获得共鸣的。本章解释了他的主要观点,他认为这些观点是现代法律价值所需的社会学框架。然后,本章试图从他的角度思考两个最近突出的法律—道德问题——为保卫国家安全而接受酷刑以及限制佩戴伊斯兰头巾,来说明这些观点可能提供的启示。

这些问题可能看起来完全不同,也毫无关联,但在本章的语境中,它们为探索道德个人主义的各个方面提供了便利的工具。因为**社会学的原因**,涂尔干认为道德个人主义这一价值体系必须是现代复杂西方社会中所有法律的基础。涂尔干式道德个人主义的核心要素是普遍尊重每个社会成员平等的人的尊严和自主,无论他们的观点、地位、生活条件或角色有何不同。我认为涂尔干通过对道德个人主义的分析,提供了一种发人深省的、批判性的社会学观点,替代了我们熟悉的关于人的尊严的法学讨论。

我认为这一替代提供了与当代问题相关的重要见解。例如,它不仅可以明确地说明为什么在当代复杂的社会中使用酷刑在道德上是站不住脚的,而且还可以阐明为酷刑**辩护**的背景(就国家安全的各种概念而言)。关于伊斯兰服装,涂尔干关于团结和身体的观点之应用表明,禁止**某些**形式的服装而不禁止其他形式的服装违反了人的尊严的价值。除此之外,我认为涂尔干揭示了作为法律价值的人的尊严和自主的复杂性,并提出了有关其适用范围的重要问题。当然,这并不是说这些价值**必须**以涂尔干的视角来看待,而只是说这样做会使这些价值的范围和意义具有新的启示性。

涂尔干一贯主张"价值中立"的道德社会学——声称要客观地研究道德价值,因为这些价值体现于具有特定社会或社会群体特征的实践、宣言和假设中。但加布里埃尔·阿本德(Gabriel Abend)(2008)认为涂尔干实际的社会学实践是非常不同的,因为他执着于一个观点——正如他阐明的那样——"科学可以帮助我们找到行为应该去的方向,帮助我们确定我们摸索着寻求的理想",以及在观察现实之后,"我们可以从现实中提炼理想"(Durkheim 1984:xxvi)。

阿本德称涂尔干为"规范相对主义者",涂尔干认为道德基本上就是在特定时间和地点的人们认为是道德的东西。所以,社会学家可以根据社会成员所认为的道德来记录一个社会的道德。在此基础上,一个人可以(从社会学的角度)决定,对于一个既定的社会或社会类型来说,行为是否"道德"(Abend 2008:92,102)。然而,对于涂尔干来说,事情比这复杂得多。涂尔干的道德**不仅仅**是人们在特定时间和地点的想法。社会学家也可以指出什么在道德上(和在法律上)适合**某种类型**的社会,而这取决于对确保社会整合或凝聚力所需方面的社会学理解。

按照涂尔干式方法,社会学无法揭示**普遍的道德真理**(至少,它需要足够的经验证据来表明任何特定的道德原则对所有社会都是适用的)。社会科学不追求永恒的道德理解(就像道德哲学一样)。任何规定什么是在道德上恰当的标准,都与所关注的特定社会类型的社会学特征有关。涂尔干认为社会学可以把社会生活作为一种"社会事实"来客观地加以研究。在这样做的过程中,它可以识别与特定社会类型中稳定的社会关系相容(甚至是必要)的道德原则和实践。从这个意义上说,社会学可以为道德问题提供指导。它并不局限于描述人们在道德方面的想法,以及他们实际做出的道德选择。在某种程度上,它还可以提供评价和批评这些选择的标准。因此,社会学有时可以就法律应该规定或允许什么提出建议。当社会学揭示某些道德原则在特定社会条件下的根本重要性时,需要面对的一个问题是,这些道德原则是否应该通过法律来表达和捍卫(Cotterrell 1999:ch 13)。

显然,这里概述的社会法律方法与法律社会学领域大多数已确立的研究方向完全不同。法律与其说是道德的表达(如涂尔干所见),不如说是权力的表达。在西方社会,法律已经越来越多地被理解为纯粹的工具性术语(Tamanaha 2006),也许尤其是法律社会学家这么认为(Cotterrell 2009)。然而,也许现在公民[①]对法律提出了更多的要求,法律在道德上的表现潜力需要更多的探索(e.g. Zeegers et al eds 2005; Van Der Burg and Taekema eds 2004)。在这样的背景下,社会学可能有助于澄清某些法律价值的想法至少值得考虑(e.g. Thacher 2006),特别是在它们的要旨和基础以及发展的适当方向存在不确定性的时候。问题是:在何种意义上(如果有的话),法律可以不仅仅是实现任何政府或私人目的的工具?

因此,法律价值的社会学将是一种寻求法律的道德意义的事业,不是在哲学上,而是在经验上,对特定时间和地点的个人与群体共存的可识别的条件的探索,即在历史发展特定阶段的特定社会环境中。

涂尔干关于正义与道德个人主义的论述

首先,有必要概述涂尔干关于道德的一般论述。对涂尔干而言,社

[①] 请进一步参见本书第十四章,该章讨论了大众和政府对法律的期望之间的紧张关系。

会学无法解释**为什么**特定的道德信仰仅存在于特定的社会之中。社会学不认为道德观念产生于社会需要。"无论一种需求多么强烈,它都不能**凭空**创造出满足自己的手段",他写道(1992:35),"仅仅因为(一个特定制度)……是可取的,并不能说明那是可能的"。道德是与特定的社会环境和历史条件有关的"无限的特殊规则"(Durkheim 1961:25)。选择和实践在特定的环境中获得其道德意义。原则的普遍化即使有,也是后来才出现的,而且也只给出了"一个概略的表达"(Durkheim 1975:268)。要理解道德,就必须对社会生活进行**实证**研究,因为道德存在于特定的时间和地点。

如果抽象地谈论"人性"或"人道",好像它们作为道德与法律思想的来源,具有永恒的、与环境无关的特性,是不会取得进展的。正如诺伯托·博比奥(Norberto Bobbio)所说:"许多权利都源于人类慷慨和乐于助人的天性"(1996:4),但学者们对这一天性是什么并没有达成一致,所以人权冲突有不同的解释,随着时间推移而变化,有不同的适用范围,对其内容缺乏绝对的基础和没有争议的定义(ibid:ch 1;Laughland 2002)。

在一个整合较好的社会中,最重要的道德准则——那些基本的社会关系所依赖的道德准则——都在法律中表达出来了。但是,国家及其法律在很多道德争议中不能偏袒任何一方。各种类型和规模的社会群体都需要为自己理顺道德结构,并实现自我调节。涂尔干强调了复杂现代社会的巨大的道德多样性,但没有深入分析它,只是强调了职业群体的多样性及其自我调节的需要(e. g. Hearn 1985)。在他的第一本书《社会分工论》(*The Division of Labour in Society*)(1984)出版后,他的著作非常强调一种终极价值框架的必要性,以支撑统一的、全社会的规制,在这种规制下,道德多元化可以蓬勃发展,而不会导致社会的分裂。

这一价值框架是**道德个人主义**,或涂尔干经常说的"个人崇拜"或"人的崇拜"(1957:54,69-70,172)。它要求无条件地尊重所有个体的尊严和自主,因为他们具有共同的人性(Durkheim 1969)。在涂尔干看来,这是唯一的道德基础,基于此,在复杂的现代社会中,人与人之间的互动可以自发地发生,并具有可计算性、安全性、稳定性和相互信任。这些社会的特点是社会角色和经济功能的日益专业化,由此公民的生活方式、道德观和社会理解的差异不断增长。道德个人主义确认了将人们团结在一起的方面——基本的、不可减少的人类价值,尽管人们以无数的其他方式彼此分离。它为人际和群体间的交流,特别是关于权利和义务的交流,提供了重要基础。它可以将人类以相互尊重和人类同理心的纽带联系起来,尽管在较大的社会复杂性的条件下存在各种社会差异。

关键是道德个人主义并不是自由主义(cf Cladis 1992),尽管它像自由主义一样,也把个人置于道德世界的中心。但是,道德个人主义并不像自由主义思想那样,通常赋予个人一种凌驾于社会之上的地位。正是**社会**(它在现代复杂和多样性的环境中对团结的需要)赋予每个人以绝对的道德价值(不论个人的条件或性格如何)。社会的存在不仅仅是为了满足个人的需要;相反,个人主义是有价值的,因为它符合(特定类型的)社会对团结和统一的要求。个人的自主性和尊严是社会所要求(和需要)的。自主性作为一种价值,要求个人能够自由自发地与他人互动,而不是说个人可以从社会中脱离出来。而国家、法律和规章制度对于实现个人的自主性和尊严是不可或缺的。当然,国家可能会对这种自主性和尊严构成威胁,但其他人的几乎任何行动,无论是否有政治组织,都有可能构成威胁。因此,重要的是创建参与的结构,以确保规则,无论其来源是什么,都能够反映和促进道德个人主义。

道德个人主义如何与通常和法律最直接相关的价值即**正义**联系在一起？在《社会分工论》一书中，涂尔干将正义描述为在一个复杂的现代社会中，确保劳动分工（专业任务和社会功能的分化和重新整合）正常运行所必需的价值；在这样一个社会中，正义可能被认为是相互依存机制的润滑油——确保社会和经济角色与功能顺畅、复杂地相互作用。因此，正义应该嵌入到日常的社会关系和交易中，这是一个**实践**问题，而不是道德理论问题。例如，安妮·罗尔斯（Anne Rawls）(2003)认为涂尔干的正义与共同的信仰或抽象的价值体系无关。根据一种解释，这种正义根本不会刻意寻求扰乱社会现有的"自然"特性，而只是为了稳定和规范与社会内部交易相关的预期（Sirianni 1984）。另一种解释是，正义可以推动实现更重要的平等理想，但仍然在很大程度上受制于现有社会组织的实用性（Green 1989）。

涂尔干式正义本身并不是一个完整的价值体系，而是一套基本的实践条件，如果在复杂的社会中，社会互动要建立在可靠的预期和稳定的相互理解之上，就必须满足这些条件。这是实现这一目标所需的最低程度的规制。因此，对正义的需求似乎直接来自经济交易和社会关系本身，以便实现它们并让它们蓬勃发展。正义是"一种功能性的需要，而不是一种理想"（Rawls 2003：299）。

正义，至少如涂尔干所解释的那样：(1) 必须取缔任意的歧视和官方的障碍，这些歧视和障碍阻止人们自由地与他人交往以及参与社会经济关系（即他所说的"强制劳动分工"）；(2) 保证交易中适当的互惠（即"公正合同"的概念）；(3) 去除以继承财富形式存在的任意经济优势；(4) 总的来说，提供清晰的、一致的规制认识来规范社会互动（防止失范）（Durkheim 1984：bk 3 chs 1 and 2；1957：ch 18）。正义的最后一个方面涉及整个法治机构，包括正当程序和法律平等（Rawls 2003）。

法律通过"清楚地表达事物的自然相互关系"和"与事实的本质相适应"而得到尊重(Durkheim 1957:107),换句话说,法律通过表达植根于特定社会关系和交易之中的正义的特殊道德要求而得到尊重。

或许,当涂尔干写《社会分工论》时,他认为通过法律表达的正义,在这个意义上,足以支撑现代社会中促进团结的规制。然而,在他后期的著作中,他看到了对其他方面的更多需求:一个广泛的共同信仰或最终价值体系——道德个人主义。那么,为什么需要这种价值体系来补充植根于特定交易和社会关系中的正义呢?涂尔干从未明确指出正义与道德个人主义之间的联系,但他的观点可以发展,以启发为什么后者必须补充前者。正义鼓励人们在交易、合作、计划公共项目、避免摩擦、利益妥协和承认彼此依赖时相互信任。但对人们来说,正义并没有让他们觉得自己是**一个更大的整体**——有凝聚力的、统一的、整合的社会——的**部分**。这样的社会需要一个肯定每个成员正式成员身份的价值体系,没有这个价值体系,社会"无法维系"(Durkheim 1969:66)。①

鉴于现代社会的道德多样性,这一至高无上的价值体系的范围将受到严格限制。它不仅承认差异,而且支持和赞美差异;它不会强制实行道德统一。但它将坚决地谴责那些因个人或群体被视为不同而将他们**排除**在社会之外,或者**阻止**他们在全社会范围内与他人自由互动的行为和政策——也就是说,阻止他们在现代社会团结所依赖的相互依存的网络中,尽可能有效地发挥作用的行为和政策。它将是这样一个价值体系,不仅消除互动的障碍,而且**积极激励**所有个人在社会中发挥

---

① 比较拉德布鲁赫对"正义"和"适用性"(即法律存在的环境为其设定的文化目的)作为法律理念中固有的独特价值的认识:参见本书第三章。在涂尔干的观点中,提倡道德个人主义很可能被视为"现代"(复杂的、高度分化的)社会为法律设定的压倒一切的文化目的。

其作用。通过强有力地肯定其人类价值,给予他们这样做的信心和地位。它将促进所有社会阶层之间的**交流**。它将是包容性的,反对各种形式的社会边缘化。

因此,道德个人主义的正当性不是哲学意义上的,即从抽象的"人性"概念推论出来的(cf Mautner 2008),而是**社会学**意义上的,即满足促进全社会经济和社会整合,以及肯定一个多样性社会的道德统一性的需要。在涂尔干看来,这是能够满足这种需要的"唯一的信仰体系"(1969:66)。道德个人主义是否或在多大程度上真正地在实践中得到尊重、在大众舆论中得到支持、在政府政策中得到肯定,都不是问题;**不论其是否得到承认**,它都是唯一适合于现代复杂社会的价值体系。但是,涂尔干将其视为一种标准,一种西方法律和法律体系在实践中越来越多地被广泛评判的标准。

人类尊严的社会学

在将涂尔干的论点应用于具体问题之前,还有两个问题需要考虑。第一,在他的分析中,为什么道德个人主义在西方社会变得更加突出和明确——例如,在关于人的尊严的法律观念中?第二,社会学能否阐明人的尊严和自主作为法律相关价值的意义?这些问题可以一并解决。

至少在某些法律语境中,人的尊严被判定为"一个无用的概念"和"极其模糊"(Macklin 2003:1420)。然而,它在当代法律中被广泛援引。一些学者认为它是人权的核心(Mautner 2008)。对奥斯卡·沙赫特(Oscar Schachter)(1983:851)而言,人的尊严"包括对反映个人自主性与责任的独特的个人身份的承认",但"个人自身是更大集体的一部分",且尊严以一定水平的物质福利为前提,因为如果缺乏基本的经济生存手段,人的尊严则无法维持。

一些学者区分了主观的尊严感和客观衡量的"真正的尊严"(Lee and George 2008:174)。因此,客观上,一个人可以被判断为牺牲了自己的尊严,即使主观上他可能感觉不到或不关心这一点——反过来也是如此。因此,社会可以决定是否个人的尊严受到侵犯,而不管他们自己怎么想(Dworkin 1993:167-8),一个人可以通过自己的自愿行为而丧失人的尊严(e.g. Wheatley 2001: 22-3)。因此,人的尊严作为一种法律价值,并不是指不受任何约束的自由。它指的是(正如德国法院所表达的那样)"个人的人格权"和"人格的繁荣而不是衰退"(Fletcher 1984:179)。毫无约束地贬低自己作为一个人的自由不是尊严或自主性的表达。

这些观点与涂尔干关于尊严和自主的理解是一致的,它们是由社会定义的,而不是植根于一些前社会的个人自由的概念。然而,如果个人的尊严和自主是**社会**确保其整合、凝聚力和道德统一所必需的,其只有在**个人**体验到它们的时候才有意义。那么,从社会学的角度来说,社会需要个人去体验什么呢?为了充分参与社会,一个人必须感到自己能控制自己的生活条件,这意味着他或她从主宰个人选择的本能的专制中解放出来,从外部控制和任意的禁止中解放出来,从破坏个人身份感的剥削中解放出来。

例如,未经允许公开私密照片很可能被视为侵犯隐私和丧失人的尊严。但是,如果这些照片经被拍照者的允许而公开,被拍照者欢迎由此产生的公开和因公开带来的机会,可能就不会有这样的负面体验。从主观上讲,人的尊严和自主的丧失就是个人对自身生存条件失去控制。

然而，这仍然是高度复杂的，因为什么算是"控制"是一个相对的问题，在某种程度上取决于（有关的个人和整个社会）认为可能的控制的种类和数量。身患绝症的人可能无法控制他或她死亡的时间和环境，但在这种情况下，谈论"有尊严"地死去仍是可能的，这意味着他们能够在环境允许的情况下施加个人控制，并尽可能地持续促进"人格的繁荣而不是衰退"，直到生命的尽头。这意味着保持个人身份和完整性的意识，并持续坚持这些，尽管这样做会有各种障碍。被谴责为"残忍和不同寻常"的惩罚在这个意义上经常被视为剥夺了所有保持尊严的可能性。

控制尊严条件的手段也可能根据社会给予个人的地位而有所不同。例如，在一个"体面的"工人阶级家庭中，负债可能相当于对个人的某种侮辱，这种状况贵族是不了解的。对于贵族来说，靠贷款生活一点也不丢人。例如，由于贫穷，无法有效地维护其"人格权"的人可能会看重尊严的"徽章"，而这些"徽章"对其他人来说显得相对不重要，因为他们拥有物质财富，有很多方式可以维护他们的人格权。涂尔干因在分析社会团结的条件时对社会地位关注不足而受到批评（Adair 2008）。但从他社会学的视角来看，很明显道德个人主义所要求的尊严和自主与个人的能力密切相关，即个人在与其他人的关系中控制他们生存条件的能力，以及个人在现代复杂社会的劳动经济分工中保持地位以使他们可能发挥与其才华和能力相匹配的作用。

然而，如果这就是全部，社会和经济互动可能仍然是有限的，限制在特定的社会或经济群体内，或被地方性或共享的传统所限制。对个人生存条件的控制（主观体验到的人的尊严和自主方面）也必须与社会定义的更加客观的尊严和自主方面联系起来——尤其是通过法律。

这就是定义人的价值是不可减损的与尊严是个人不可剥夺的方面。

从社会学的角度来说，为什么这一方面是必要的？前面提到的"有尊严地死去"的例子提供了答案。单凭主观的尊严感无法表明，比如，对一个人的处决本身是否是对人的尊严的一种侮辱，或者，实际上，对个人自由的任何限制是否都是对尊严的侵害。因为，每个人的生活都受到约束，道德个人主义必须定义什么是人的个性，以及什么构成了对个性表达的不正当的约束。它必须这样做，不是根据个人的想法和感受，而是根据社会需要什么样的人的个性，以适应一个多样性的、良好整合的社会中的社会互动条件。

从这个角度来看，**随着社会变得更加复杂和分化，道德个人主义变得更加重要**。以人权和人的尊严形式存在的共同人性的观念，从社会学角度看是现代社会所必需的，但却不是前现代社会所必需的。由社会关系的特殊性而产生的正义观念在现代社会中需要普遍化。随着社会互动变得不那么地方化、更多样化、影响更广泛，以及随着社会互动成为更为广泛的经济与社会相互依赖网络中的元素，现代社会还需要一个总体的个人主义价值体系作为补充。

随着这些网络变得越来越复杂，其中的交易也变得越来越匿名；人们依赖对非个人系统的信任，就像依赖人际信任一样（Luhmann 1979）。在这些系统中，个体必须与无数"不露面"的人打交道，因为不知道他们是谁，很多都必须被假定，而这些假定需要道德—法律的保证。关于人的尊严和自主的成熟观念越来越成为这些假定和保证的基础。因此，**人类尊严的普遍观念是社会和经济复杂性的产物**。

我们需要这些价值以促进**全社会**的人际沟通、自发的社会互动、经济信任与协调、社会包容和集体承诺，以及多样性的相互欣赏。这些价值的适当内容由它们所服务的对象所决定。在涂尔干看来，既然现代国家有责任促进这些目标,人的尊严和人权的价值并不是必然地与国家相对立,而是作为个人以合法要求的形式反对国家的武器。它们是社会学建议国家倡导的价值观,并且绝不会反对国家对越来越复杂的社会和经济生活进行必要的广泛规制。

惩罚与酷刑

涂尔干认为,人的尊严和自主的核心是人的身心完整。因此,在他的分析中,道德个人主义所做的最重要的事情之一,就是限制**惩罚**的残忍性:"通过侵犯违法者的尊严来为被侵犯的[犯罪]受害者的尊严报仇,这是一种真正的和不可矫正的矛盾。唯一的办法,不是消除困难(因为严格地说它是不能解决的),而是减少困难,尽可能地减轻惩罚"(Durkheim 1992:42)。道德个人主义要求惩罚不再作用于肉体(Durkheim 1961:182-3)。即使在严重的情况下,它也只应作用于违法者的自由(监禁)。所有残忍的体罚都是不可接受的,因为它们直接侵犯了人的尊严。这同样适用于国家机关强加于个人的任何身体虐待。在此基础上,史蒂文·卢克斯(Steven Lukes)认为涂尔干式社会学绝对谴责**酷刑**,认为酷刑完全不符合现代社会的道德基础(Lukes 2006; see also Levey 2007)。

虽然我认为他的结论是正确的,但事情并不像卢克斯所说的那么简单。注意之前引用过的涂尔干的警告:他说,惩罚的道德性的困难(社会的道德故意对那些威胁要伤害社会的人施加伤害)是,"严格地说……不可解决的"。道德个人主义的价值体系在社会学上是合理的,因为它促进了社会中所有人的包容和参与,以及促进了社会的凝聚和整合。但是,破坏这一目标的不仅有针对身体的暴力,还有监禁,因为监禁将违法者排除在社会团结的网络之外。事实上,任何惩罚只要妨碍个人的社会参与,就可能使违法者与社会的联系减弱。涂尔干认为,为了捍卫那些守法者的价值观,惩罚违反社会价值观的人是必要的,但一旦我们看到这些价值观本身在惩罚的过程中被损害,正在做的事情的道德性就变得模棱两可了。

涂尔干立场的逻辑(他没有发展这一逻辑,毫无疑问是因为他想要捍卫惩罚的必要性)似乎是,**所有的惩罚,无论哪种惩罚,都是对人的尊严和自主的侵犯**,并与道德个人主义相冲突(see also Joas 2008:171)。

惩罚(通过违背社会价值观来捍卫社会价值观)所呈现的道德矛盾,是否只有将违法者视为社会*之外*的人才能消除?违法者不是社会团结网络的一部分,而是一个应当为了社会的利益而牺牲的社会的敌人?这样一个没有吸引力的结论与涂尔干的人道主义观背道而驰,涂尔干的人道主义观拒绝任何个人——即便是违法者——可以被用作达到目的的手段。如果酷刑的受害者像违法者一样,也被视为"外在"于社会,并可以作为一种达到目的——保卫社会,抵御敌人——的手段而被牺牲,那么就可能得出酷刑是合理的结论。

然而,很明显,涂尔干并不认为违法者是社会之外的人,因为他坚持认为道德个人主义的社会价值体系也适用于他们。这就是为什么对身体或思想的"残忍和不寻常"的惩罚在道德上是不允许的。在他的著作中,为了社会的利益而惩罚违法者的观点逐渐被惩罚作为社会与违法者的一种沟通过程的观点所补充,即向违法者展示社会的价值观及其意义是很重要的(Cotterrell 1999:77)。惩罚在这样做时是否有用是另一回事,但现在这被视为其正当性的一部分。如果可能的话,违法者似乎会被拉回到社会的互动与相互依赖的网络中。

所以,我认为看待涂尔干惩罚的最佳方式是将惩罚视为一种令人不安的**妥协**,在这个过程中违法者的尊严和自主确实被牺牲了,但这种惩罚是以一种严格限制的、慎重的方式,且始终持有一种观念,即这些被损害的价值会尽可能地被修复。

从这个角度看,攻击身体始终是道德个人主义最严重的刑事犯罪,这一点并不是不证自明的。长期监禁并不比学校的体罚更明显地侵犯"个人的人格权",涂尔干(1961:182)明确谴责学校的体罚,认为它与道德个人主义的价值观格格不入。但是,如果目标是**完全摧毁**个人(如在死刑中)或个人的人格,这显然是对涂尔干所理解的这些价值观的最公然的侮辱。因为**酷刑**的目的是要摧毁受害者对其生存条件的任何个人控制,以致剥夺可以使他们反抗审讯者要求的任何自主性或主观的尊严体验,所以它与道德个人主义是绝对不相容的,而不像惩罚那样是价值妥协的问题。

我们注意到,对涂尔干来说,常态的违法者并不是社会之外的人。惩罚是社会**内部**的一个过程。但是,道德个人主义的价值体系是否应该延伸到保护非社会成员呢?令人遗憾的是,最近为酷刑实践正当化所做的罕见尝试,将酷刑作为保护国家社会的必要手段,以抵抗其存在的**外部**威胁(美国前副总统切尼, as quoted in Danner 2009)。正如一位官员所说:"你有一大群人都同意基本的令人钦佩的人道原则……他们都在努力解决这个极其困难的问题,即你们如何保护系统免受此类敌人的攻击"(美国负责政策的国防部前副部长道格·费斯 quoted in Sands 2008:231)。

涂尔干的话（1969:70）给出了一个答案："这是多么可悲的计算啊——为了生活，放弃了一切构成生活的价值和尊严的东西。"他是在德雷福斯事件的背景下写下的这句话，这一事件反映了19世纪晚期法国社会中对敌人的恐慌，涂尔干反对任何社会内部二分（朋友/敌人）的观点：道德个人主义所提供的团结（凝聚、整合、包容）的观念与这种分裂的观点格格不入。但是，来自社会外部的敌人呢？他们没有理由寻求融入社会，成为社会团结网络的一部分。

关于人权和尊严的哲学思想可以简单地宣称这些价值的普遍性超越任何政治边界，无论它们基于这种普遍性的人性观念存在多大的争议。但是，对这种普遍性的社会学辩护似乎站不住脚。道德个人主义的价值体系服务于某种社会的需要，而不是抽象人性的需要。它支持复杂现代社会中的社会团结。是否有任何理由援引或适用道德个人主义于复杂现代社会之外的社会，以及不是这些社会的成员的人？

涂尔干的回答不会是一个支持普遍人性的简单宣言。它将以对社会团结的条件和威胁的权衡为基础。社会通过它的代理人——国家，必须处理对社会团结的"外部"威胁，就像它处理由犯罪造成的"内部"威胁一样：通过精心安排的妥协。但是，它不会"为了生活而放弃一切构成生活的价值和尊严的东西"。

显然，正如涂尔干所认识到的，识别和定位社会的局外人（替罪羊）经常是在危机条件下捍卫假定的统一价值观的一种方式（Goldberg 2008；Gane 1992：109）。因此，将不法之徒、恐怖分子、外国人或有文化差异的人视为"越轨的"是很方便的，这样对他们的压制行为就不会表现为针对社会成员的行为。在这种情况下，对"局外人"（如"外国人""疑似恐怖分子"）受害者的尊严和自主表示最大蔑视的行为有时会被描述为对社会价值观的紧急防御;在某些情况下,对这些受害者的暴力可能是没有限制的(cf Durkheim 1961:192-3)。但出于几方面的原因,这一策略最终会弄巧成拙。

第一,在一个相互联系越来越多的世界里,社会的边界是多孔的,难以把道德个人主义的价值观局限于某一特定社会的公民,或甚至某一特定社会类型的公民。在复杂的当代社会中,人们通过与这些社会边界之外的人的社会互动和相互认识而日益紧密地联系在一起。在一个全球化的世界中,社会的道德边界正变得模糊。局内人与局外人之间的界限不太容易划分,或者不同的人以不同的方式划分这一界限,或仅仅被许多可能不确定自己局内人/局外人地位的人拒绝。

第二,即便道德个人主义最终是由社会学相对主义(对特定社会类型的明显特征的分析)而不是哲学普遍主义(对人性的思索)赋予连贯性,它越能在大众意识中被概括为一种简单的理念,即尊重共同的人性,就越有力量。在涂尔干看来,道德个人主义的有效性取决于它是一种可以相信的理想,因为这种理想关注作为一种抽象的人类个人主义,正如**普遍理解**的那样,我们很难将这种抽象限制在特殊的、经验性的社会环境中。

第三,道德个人主义,即便是由复杂的现代社会的经验所塑造的,现在某种程度上已经成为一种被认为适合出口到所有社会的整体价值体系,特别是出于政治原因。虽然这种观点在社会学上可能是非常有问题的,但道德个人主义存在的事实给一些尝试造成了障碍,这些尝试认为某些人比其他人"不那么像人",无论他们是谁,无论他们在哪里(cf Gould 2007)。这种尝试会造成使价值体系显得虚伪的危险。

性 与 头 巾

涂尔干的道德社会学在解决法律问题上的重要性可以通过参考他社会学思想的一个非常不同的领域来进一步说明(尽管这提出了一些与前面讨论的问题类似的问题):他对性的讨论。一个有趣的方面是,正如将要出现的那样,涂尔干在这一领域的作品可以间接地为欧洲最近争论最激烈的法律问题——关于女性伊斯兰服装的规定——提供新的见解。但是,涂尔干在这个问题上的立场必须建立在他的总体观点之上,根据道德个人主义的社会学必要性,他认为女性伊斯兰服装是性的问题特征。

身体是涂尔干关于人的尊严的思想的核心:"我们和同伴保持距离,他们也和我们保持距离……我们隐藏我们的身体和我们的内心生活不让别人窥探;我们把自己隐藏起来,与他人隔绝,这种隔绝既是道德个人主义赋予我们人类的神圣品格的象征,又是其结果。"(Durkheim 1979: 146)涂尔干这句话的背景是关于性教育的讨论。如果说惩罚是使道德个人主义陷入矛盾的一种情况,那么,性关系则是另一种情况,至少在他的著作中是这样讨论的。

从某种角度看,性自由是现代个人自主性的一部分。但从涂尔干的立场来看,这一观点是很有问题的。在他的讨论中,19世纪晚期拘谨和严肃的倾向似乎已成为他性格的一部分(Greenberg 1976),这种倾向与头脑冷静的、有时是惊人的洞察力相结合,使他看到调和性亲密与尊严和自主的复杂性。

对涂尔干来说,性关系"本质上……违反了社会精心建立的个人之间的界限"(Gane 1992:120);"性行为是最不端庄的行为"(Durkheim 1979:142),在这种行为中,对个人自主性和尊严的正常防御被消除,以产生"两个有意识的存在之间的最亲密交流"(1979:147)。通过故意侵犯最亲密的人,这种"奇怪而复杂的行为"包含了"基本不道德的种子",然而,当它产生或肯定两个人融为一体的独特纽带时,它不仅得到了救赎,而且变成了某种"深刻的道德"(1979:145,146-7)。

我在这里关注的不是涂尔干关于两性关系的争议颇多的作品,而是他将性与人的尊严和自主联系起来的评论。我们在其中发现了一种**道德上的矛盾**,这种矛盾与他惩罚分析中隐含的矛盾极为相似:在涂尔干看来,性关系和惩罚都包含了尊严和自主的有计划的牺牲。在以尊严和自主为基本价值的社会中,这种牺牲是一种定义模糊却极为重要的例外。

假设我们在道德个人主义的价值体系中接受这一"例外岛屿"的形象,也接受涂尔干的观点,即现代法律的任务主要集中于捍卫和表达这一价值体系。在这些前提下,可以合理地推断出,这些例外情况将给法律带来特殊问题。的确,在囚犯权利的实际执行中,往往存在深刻的矛盾:在囚犯尊严和自主中的一些重要方面已经因监禁而丧失的情况下,却努力保护囚犯的尊严和自主。相应地,当性亲密侵犯个人自主权时(正如涂尔干所看到的),维护尊严和自主的权利,即使在理论上很清晰,在实践中却常常很模糊。

举个例子,考虑对强奸的成功起诉和惩罚这一永无休止的困境,在英国,直到 1991 年,法律都不承认婚内强奸。[①]因此,在这一时代错误被消除之前,存在着一个例外的岛屿,尊严和自主的重要权利要求在那里根本无法在法律上得到主张。法律上的明确性是以忽视这些权利要求为代价的。在当代西方社会,随着对性的主张变得更加随意及其经常被自由地商业化,随着社会关系总体上变得更加有性的特征(e. g. Orbach 2009),对性行为的道德—法律含义作出明确的判断有时变得更加困难。

涂尔干将性亲密视为道德个人主义大厦的重大缺口,这可以用两种方式中的任何一种来解释:它可以是极好地(如果严格限制的话)自愿放弃对这些价值观的某些保护,以实现更大的目标,也可以是公然违反这些价值观的行为,由此应该受到惩罚。无论哪种方式,法律都必须明确其含义,从而能够界定重要问题。但是,在某种程度上,当性活动成为社会关系中相对随意的方面时,它的道德模糊性就表现出来了。同意的问题变得至关重要,但在许多情况下,由于社会环境的模糊性,这一问题也变得难以捉摸。

与此同时,随着性别关系变得更加平等(其本身就是道德个人主义的必要表达),对妇女的伤害被更明显地视为法律救济的特别重点。在法律概念难以在实践中适用的同时,法律保护是一个更加紧迫的优先事项(e. g. Temkin and Krahe 2008;Larcombe et al 2016)。因此,围绕妇女权利的实际保护(如家庭暴力和强奸)的一些问题与囚犯的权利或几乎任何情况下的权利正好类似。在这些情况下,有关个人在某种程度上脱离了普通的社会团结网络,而这一网络可以提供道德个人主义的基础以及由道德个人主义形塑的法律的基础。

---

① 该法经 *R* v *R* [1992] 1 AC 599 和 1994 年《刑事司法和公共秩序法》修改。关于旧法参见 *R* v *Clarence* (1888) 22 QBD 23。

显然，从涂尔干的观点来看，性是一种破坏性的力量，影响规范道德个人主义适用的正常条件。为了保护这些正常条件，"我们隐藏我们的身体和我们的内心生活，不让别人窥探"，部分原因是为了让建立在道德个人主义所推崇的中性个性基础之上的人际关系更简单。用这些术语，我们能够很容易地理解妇女所声称的佩戴伊斯兰头巾（希贾布）或穿着裹着身体的长袍（吉尔巴布）的许多理由。虽然这些理由各不相同，但最相关的理由是在这样的声明中表达的："当穆斯林妇女成为公共社会空间的一部分时，她佩戴头巾（al-khimar）是为了使公共社会空间去性别化"；"她不希望她的性征进入与男人的互动中"，以及"她隐藏了她的性征但允许她的女性特质显露出来"（quoted in Shadid and Van Koningsveld 2005:37,38）。

不管穿伊斯兰服饰是否达到了这种效果，这些为之辩护的理由显然与涂尔干的道德个人主义是一致的。与有关自由的开明观念不同，这些理由与个人的尊严和自主的价值有关，因为它们**回避**了所有关于个人选择和自由、同辈或家庭压力、宗教激进主义和**严格世俗政策**的问题，而这些问题一直是欧洲在这方面诸多讨论的焦点（e.g. Shadid and Van Koningsveld 2005：43-8；Coene and Longman 2008；De Galembert 2009）。正如前面提到的，道德个人主义并不要求态度、信仰或生活方式的一致性；相反，如果理解正确，它是颂扬多样性的。它规定了使这种多样性得以繁荣的最低限度的基本价值观，即促进全社会在社会互动中的参与、交流、合作和相互依赖，以确保社会的凝聚力、整合和道德认同所必需的价值观。所以，用涂尔干的话说，通过戴头巾，在性的问题上关于尊严和自主的矛盾信息，可能会尽可能地被合法地排除在社会团结所需要的正常的日常人际交往之外。

由此可见，道德个人主义谴责故意在个人和群体之间设置沟通障碍的行为。毫无疑问,与这一价值体系的其他方面一样,沟通的条件在实践中将涉及妥协。不得强迫任何人与每一个人或所有社会和经济群体进行交流。也许这在现实中是不可能的。但是,当社会呈现多样性时,整个社会自由交流和互动的条件变得非常重要,这是因为社会的角色和功能的专业化,我们还可以补充一点(尽管涂尔干很少注意这一点),是因为文化差异。因此,道德个人主义的社会学逻辑将要求其谴责对全社会的交流和互动制造严重障碍的行为。

在当代多元文化的社会中,这些障碍有时是文化障碍,例如某些宗教的或习惯的饮食规则或其他限制性规则,这就使得不同种族或宗教群体的人几乎不可能融入社会。至于伊斯兰服饰,完整面纱的使用——即完全或几乎完全遮盖面部(niqab, burqa, chadri)——可能会成为沟通的障碍。①在我看来,道德个人主义的社会学逻辑很可能会宣称这种着装形式与个人尊严和自主的价值相悖,在某种程度上,它积极阻止了道德个人主义所服务的社会目的。尽管道德个人主义被正确地理解为对多样性的捍卫,颂扬多元文化主义,但它也要求全社会的社会和经济一体化。然而,任何具体实践事实上在多大程度上支持或反对这一价值体系是一个经验问题。在考虑这个问题时,必须同时考虑本章前面讨论过的尊严和自主的主观和客观方面,以及复杂的当代社会中社会互动的各种条件。

涂尔干的观点由此绕过了先前关于"头巾问题"的争论。一方面,它肯定会认为穿着女性伊斯兰服饰是合理的,只要它表达了女性参与社会互动的意愿,这在一个整合且有凝聚力的社会是很正常的,但在这样做的同时,却故意控制作为这些互动中的一个因素的性行为的影响。

---

① 在不同司法管辖区的案件中,已解决了戴完整面纱作为沟通障碍的问题。See e. g. Bakht 2009 and Szustek 2009.

另一方面,这种方法假定在现代复杂社会中,个人的衣着选择最终应由道德个人主义的价值体系在道德上支配,而道德个人主义的价值体系反过来又反映了现代复杂社会中社会团结的需要。

其中一个需要是不要阻止人际沟通,因为人际沟通可以促进日常的社会互动,鼓励社会相互依赖。只要着装的形式看起来严重阻碍(也许,实际上,似乎有意阻碍)这种沟通,涂尔干的道德个人主义肯定会谴责它们。这种对相关法律价值的社会学主张是否应该通过法律得到它们的直接支持呢?如果是,如何得到支持,可能是需要从经验上进一步加以澄清的问题,即通过考察特定时间和地点的社会互动的条件和可能性。

结　　论

涂尔干对当代价值的社会学分析给我们看待这些问题提供了一个视角。我们可以质疑他对社会团结前提的理解,以及他对与之相关的道德个人主义的特殊意义的理解,或者甚至质疑他所描述的复杂的当代社会需要社会团结的观点。当然,应当批评他关于社会团结的概念,因为这一概念主要集中于功能的(特别是经济的)协调和相互依赖,而缺乏对团结的基础即情感忠诚和承诺或习惯做法的关注。

在任何情况下,更充分地考虑信仰和价值观(以及一个总体性的终极价值体系)的多样性是如何有助于团结是很重要的。诚然,涂尔干(1957)确实在他关于职业伦理和公民道德的讲座中讨论过这个问题,但他强调的是职业群体之间的多样性,而不是在复杂的当代社会中发现的许多其他形式的差异化。然而,他关于法律价值的社会学基础的观点值得认真考虑,因为这些观点比较复杂,有着广泛的范围和惊人的当代相关性。

涂尔干的法律社会学因其关注法律与道德的联系,而不是与权力的联系而受到批评(for discussion see Coterrell 1999:204-7)。的确,道德社会学这一概念本身仍然存在争议,尽管争议可能越来越小(Thacher 2006；Abend 2008)。然而,它提出了许多道德或法哲学常常忽视的重要问题。例如,正如本章所指出的,它将注意力引向法律和道德价值的**社会边界**——它们的管辖范围和适用性超出了特定社会或社会类型的成员限制。在关于特定类型的社会关系和社会组织的**实证研究**中,它将道德从看似永恒的哲学辩论和基础分析中分离出来(Thacher 2006)。涂尔干的道德社会学提出了法律价值**正当性**的问题。它论述了**正义**的特殊性质,将正义作为对稳定的社会互动和社会关系中可预测的期望的要求的表达。它强调法律和道德价值应主要被视为**社会团结和统一**的先决条件,而这些价值(在法律和道德哲学中)通常与**个体**的权利和责任相联系。

考虑到所有这些问题,法律社会学传统上对法律价值一般社会学的可能性的回避可能导致其错失了一些机会。在当代,法律及其实践经常因其工具性取向而被谴责,即它很少关注规制的道德需要与道德基础,或关注法律关系的必要道德框架(e.g. Tamanaha 2006；Kronman 1993；Trotter 1997),而现在对于新的关注点而言,时机可能已经成熟,涂尔干的开创性工作仍然提供了与今天重要的法律问题直接相关的深刻见解。

第十三章 人权与尊严:涂尔干的观点

利己主义与个人主义

从他写第一本书《社会分工论》开始到他的职业生涯结束,爱米尔·涂尔干确信,只有单一的、特定的价值体系能够被生活在结构复杂的现代西方社会中的人们所共享。他有时简单地将其称为"个人主义",或对个人的崇拜、对人性或对人的崇拜,或对人性的虔诚。

在这些社会中,随着社会角色和经济功能极其广泛的专门化(高度发达的劳动分工),公民和不同社会群体的生活方式、信仰、态度和体验必然会越来越多样。对共同人性的信仰——作为人的个体的至高无上的道德重要性,人的神圣性——将成为**所有人都赞同的唯一**的终极信仰;正如涂尔干所说,"个体成为一种宗教的对象","众多思想的独特凝聚点"(1984:122,333)。没有这一信仰,人们可能彼此完全**陌生**:他们的生活地位太多变了以至于难以团结;他们的忠诚、信仰和信念太多样了以至于难以连接;他们的个人经历太有限了以至于难以产生超越他们自身职业、家庭或地方环境的共鸣。

在《社会分工论》中,涂尔干最初认为这些社会的公民拥有一种接近离群索居的共同观念:在一个分化的世界里美化他们的个性,一致地主张他们相对于他人的完全自主权。这样一种看重私人化的个性①的向内转变,很难建立起社会纽带(ibid: 122)。实际上,它推动了社会的原子化。涂尔干最初认为可以阻止原子化的不是任何共享的价值观,而是劳动分工自身产生的**功能相互依赖**。

从这一观点看来,在人们所属的群体和网络中,人们为了他人(由此也为了他们自己)的利益而维持的特定角色和功能将他们联系在一起。社会整合直接主要地源于经济上的相互依赖。但是,赞美个人自主权的共享价值观本身对社会整合没有任何贡献。实际上,它们可能只是为反社会的利己主义找借口,加强个人在道德上的孤立。

然而,涂尔干关于个人主义的观点很快发生了巨大的变化。《社会分工论》出版四年之后,他在 1897 年出版的《自杀论》(Suicide)这本书中第一次成熟地表达了他的新观点(Durkheim 1952),但这一观点常与他关于"个人主义与知识分子"的随笔相关联(Durkheim 1969)。这篇随笔是在德雷福斯事件之后的一年发表的,是他对该事件所导致的政治社会危机的主要回应。现在,个人主义尽管保持和原来一样的实质——人的准宗教神圣化——却不再被理解为指向内在的自我,而是被理解为**向外的转变**,潜在地指向整个人类。

以这一新的观点,个人主义的价值体系不再赞美任何特定的个人,而是赞美抽象的人;由此,它要求人们认识到,**除了自己之外**,他人都是平等的人——原则上是**所有**他人的人性,因为所有人都是人,具有人的价值,因此有权享有平等的尊严、自主和尊重。"个人主义"只是在我主张**自己**的权利和捍卫**自己**的利益不受他人侵害时证明我是正当的,它不再被恰当地描述为个人主义,而是仅仅被视为**道德上空洞的利己**

---

① 经常被许多工作的非人性化条件所嘲笑;它经常是"枯燥、平庸、令人精神崩溃的统一体"。See Watts Miller 1988:648.

主义。个人主义真正的价值体系不是指向自私、绝对的权利主张,而是认识到人权是每个人和所有人作为人而享有的权利,无论个人的情境、利益、忠诚、信念和信仰有何不同。通过这种方式,它支持了一种共享人性的社会纽带。

这一章探讨涂尔干在多大程度上修改了关于个人主义——我在之前的章节里介绍为**道德**个人主义①——的理解,这为理解人权的理念提供了一个令人信服的社会学基础,把人权理念本身看作一种有历史和原因的社会现象。涂尔干的社会学致力于将道德个人主义阐释为这样一种社会现象。他关注的不是哲学而是社会学。他试图不去寻找作为复杂现代社会之根本的价值体系的终极哲学正当性,而是表明这一价值体系已经在历史上出现了,以及从社会学视角来看为什么必须承认它对这些社会是必要的,由此这些社会在拒绝或放弃它时只能自己承担后果。

我认为涂尔干对道德个人主义的本质和意义提供了两种不同类型的分析——**功能**分析和**历史**分析。它将表明,尽管这二者是相关的,但它们提供了不同的且在某种程度上说是不相容的道德个人主义的特性描述,它们既是现代法律赖以生存的基本价值体系,又是人权理念的基础,人权理念在现代法律中占有越来越重要的地位。这两个特性描述之间的紧张关系很有启发性。它表明了人权理念本身的矛盾与不确定性。

---

① 我从马克·克拉迪斯(Mark Cladis)的用法中采用这个词,他指出(1992:29)涂尔干本人很少使用这个词。严格地说,"道德"这个形容词是多余的,因为对于涂尔干来说,个人主义总是一种道德现象(Cotterrell 1999:113n)。但是,在他改变了观点之后,在《社会分工论》中所承认的个人主义似乎只是一种理性的利己主义的普遍化,一种自我利益的观点,在涂尔干看来根本就不道德。为了避免与此相混淆,将他之后的著作中所阐述的价值体系定义为道德个人主义是有益的。

涂尔干热情地支持并促进他那个时代的人权运动，他无疑认为人权理念在重要方面表达了道德个人主义的价值体系。但是，他的分析对道德个人主义提出了一个有趣的模棱两可的解释。他的功能分析对把权利和尊严的主张根植于不受特定社会限制的共同人性理念的可行性提出了质疑，而他的历史分析则指出了文化发展的轨迹，说明了为什么很难限制人权的范围。这里将指出，为了将人权"控制"在智力和道德的可控范围内，有必要从社会学的角度质疑形容词"人"作为规制中的一个概念可以恰当地包含哪些内容。涂尔干的研究有助于解释这一点。

道德个人主义的社会功能

对涂尔干而言，为什么有必要提出作为社会团结保证的道德个人主义的概念，而这在他的早期思想中并没有起到任何作用？他的第一本书假设劳动分工本身将在结构上为社会团结创造条件，并强调在复杂的现代社会中支配大多数法律的必要道德原则将直接产生于社会经济互动和相互依赖的条件。如前一章所述，重点是将正义和平等作为基本的道德原则。这些原则都需要有秩序的社会互动和功能上的相互依赖（Rawls 2003；Adair 2008）。然而，在《劳动分工》的第三卷中，涂尔干指出，现代社会的"病态"环境，在实践中经常战胜这种世俗的、日常出现和维护的社会关系中的正义。它们包括歧视、排斥或限制某些群体或个人充分参与经济生活的做法，不平等的交涉能力和不公平的合同，工业和商业开发，工作分配不均，以及不充分或不敏感的规制。

然而，正如评论家指出的那样，这些"病态的"劳动分工形式在现代社会中看起来经常是正常的（Pope and Johnson 1983）。一旦涂尔干充分认识到，有机团结的正义工作原则肯定不会直接地从现代劳动分工中产生，他就可能已经悄悄地把他早期对有机团结（基于自发的功能相互依赖）和机械团结（基于共同的价值观和信仰）的区别放在一边了。自1897年左右开始，他将新的关注点放在道德个人主义的共同信仰的必要性和可行性上，因为道德个人主义是确保现代社会团结所需的价值体系（Hawkins 1979）。这很可能源于涂尔干对两个方面更为清晰的关注，一是现代社会的长期结构性问题，二是德雷福斯事件等严重道德危机或突然的经济变化的影响（cf Goldberg 2008：302）。当然，他那时把道德个人主义看作填补道德生活空白和对抗社会弊病的方式：他提倡"同情人类的一切，对所有苦难的更广泛的同情，对人类所有痛苦的同情，对抗和减轻痛苦的更强烈的渴望，对正义更大的渴望"（Durkheim 1969：64）。

正如本书第十二章中所指出的，涂尔干对道德个人主义的强调并不是在捍卫自由主义，因为对他来说，与社会力量和必要之事相比，个人并没有基础的、本体论的优先权。作为道德的存在，个人是由社会创造的。正是社会对团结的需要将人置于其统一的道德体系的核心，社会决定了（以社会学为指导）个人权利和义务的适当范围。道德个人主义对现代复杂社会来说是功能必需的。

涂尔干有时似乎暗示，这种价值体系对于现代社会来说是必然的，它的出现被认为是"历史的法则"，现代社会"不再能够忽视它"或"自由地去除这种理想（1952：336，337）。但在其他地方，他强调迫切需要促进这种价值体系，强调了对它的威胁"如果不受到惩罚，国家的生存就会受到威胁"（1969：69）。也许，这不是道德个人主义，而只是对利己主义的追求,后者是社会生活中不可避免的一面,促进了对个人**权利**的持续坚持。相比之下,在道德上,所有人都有**义务**尊重他人的尊严和自主,因为这是他们共同人性中"神圣"的方面。道德责任是需要不断努力和谨慎保护的,国家对此负有重大责任(Durkheim 1957:70;Cotterrell 1999:117)。

当**国家自身**破坏道德个人主义,否认或忽视公民的人权和尊严时,涂尔干是否能清晰地解释尚不清楚。他预设了一个理性组织的国家,致力于组织有效的功能相互依赖,以应对现代社会的复杂性。因此,国家必须关注在这种相互依赖的基础上促进社会团结,并促进作为唯一可以为之服务的道德体系——道德个人主义(Pickering 1993:56-7)。据推测,从长远来看,如果一个国家始终未能奉行这样的政策,那么,它肯定在实施不利于自己的政策,这些政策最终会导致社会摩擦、冲突和混乱,以及经济低效和政治不稳定;甚至可能"危及国家的生存"。

很多问题仍不清楚。道德个人主义如何准确地转化为社会规范?它究竟支持哪些权利?假定这些权利包括当代人权法律概念所涵盖的所有权利是不明智的,因为当代复杂社会的功能整合并不需要所有这些权利。它也不一定要求这些权利具有普遍性。他们的影响力应该达到什么程度?解释道德个人主义的一种方式是将其视为一种价值体系,告知社会关系中正义的含义——以弥补假定正义可以自发产生于现代复杂社会功能相互依赖条件下的不足。① 我们需要一些总体的价值体系,使正义和公平的概念能够**在全社会范围内**可靠地和一致地得到应用,而不是临时建立在特定交易或互动的"本地"环境中实际有效或参与者普遍接受的基础上。

---

① 参见本书第十二章,第207—208页。

为了在整个社会中连贯地、可预见地实现正义,需要对社会中规制的总体目的有一种认识,从而了解在交易和互动中参与者的一般道德立场。这就需要了解这个社会中团结的条件。但它并不一定需要对抽象的人性或抽象的人的普遍的"神圣性"有一个详尽的看法。对当代社会整合和相互依赖的需求的功能分析,将有助于承认许多一般个人权利和义务的必要性,但可能不会涉及"根据定义,平等和不可剥夺的"的普遍人权(Donnelly 2007:283),或涂尔干所认为的依附于个人神圣性信仰的准宗教光环。他有时(e. g. 1969:63)所说的人本"宗教"也许没有任何必要。①

道德个人主义的功能性解释聚焦于它整合这一价值体系所存在的社会的方式。它指的是一套个人权利和义务,在本质上与这一社会的成员资格和参与联系在一起,但它不同于**人权**。只有当人类自身被认为可以建立这样一个社会——一个巨大的共同体网络时,人权才能被认为是一个社会的成员权利。人类兄弟情谊的梦想"不能得到满足,除非所有人都是同一个社会的一部分,服从同样的法律"(Durkheim 1984:336),"一个组织严密的集体"(1970:297)。除了作为一种愿望之外,不存在包含整个人类的个人共同体网络。实际的社会是由特定的人组成的,不包括其他人。由此,在这种功能分析中寻求社会学基础的**普遍**人权本身可能只是一种愿望。

这显然是涂尔干的观点。如果我们今天试图扩展他的观点,也许只有一个方面——世界范围内功能相互依赖的想法目前是现实的,即在共同环境中维持共存的相互依赖,在集体追求的生态生存中的相互依赖。因此,环境保护和世界共存安全方面的国际人权可以部分地用

---

① See Pickering 1993, also noting(p73).涂尔干的亲密合作者中似乎很少有人赞同"神圣的"个人的观点。

涂尔干的功能术语来解释和证明。但是，从这个角度看，赋予这些权利的不是人本身的神圣性，而是在一个共同环境中生存的需要。在全球范围内这些权利想要表达的是对居住在任何共同地区的人们的共存的关注，无论其大小。

道德个人主义的普遍化

前一章中提出，根据涂尔干的分析，道德个人主义在实践中可能被作为一种超越社会边界的价值体系，以促进功能整合。这至少有三个原因：第一，在一个日益相互连接的世界中，更大程度的跨国社会互动的影响；第二，大众意识倾向于将道德个人主义概括和简化为普遍尊重共同人性的理想；第三，尤其是出于政治原因，这种价值体系被积极推广，以适应向所有社会输出的趋势。但这些偶然的原因与涂尔干功能相互依赖的逻辑没有直接联系。

即使在涂尔干看来道德个人主义在功能上是必要的特殊社会中，它的适用范围也可能被质疑。如果需要确保这些社会中的角色和功能的一体化，那么，谁会被纳入相互作用和相互依赖的社会网络中？这一价值体系是否真的具有普遍性，即使是在它适用的社会中？

涂尔干清楚地认为，道德个人主义需要作为社会互动网络成员的所有个人的包容。随着对共同人性的认识加强了社会团结，基于宗教、种族或族裔差异的障碍将会减弱。但尚不清楚的是，他认为性别关系在多大程度上受到这一认识的影响。他的著作倾向于假设道德个人主义明显地适用于男性和女性，同时，男女之间也有着广泛固定的劳动分工和社会地位。一般来说,我们可以问:人的神圣性实际上需要什么样的平等待遇、统一的尊严标志和自主范围?

他在《社会分工论》一书中承认,迫切需要反对强迫的排斥,例如对个人或群体的故意歧视。但是,肯定不是每个人都能在因劳动分工而产生的相互依赖的网络中发挥作用。一些有各种身体残疾或有各种劣势的人可能无法充分发挥这一作用。想必道德个人主义要求对他们尽可能地包容。儿童作为受抚养人,也被认为在这些相互依赖的网络之外,因此,如果进行功能分析,就必须从他们未来**可能**成为其中一员的角度来看。一般来说,似乎让每个人都参与到社会团结中——把他们都看作社会的成员,这个社会是根据其内部功能的相互依存而整合和组成的——是一种政策选择或道德决定,而不是现代社会复杂性的必然结果,尽管这种复杂性可能暗示了完全包容的理想应该被遵循的有力理由。

从不同的包容角度来看,在道德个人主义的功能分析中,现代商业企业的地位并不明确。虽然它们不是个人,但它们有时被认为有权从人权制度中受益,人权文件中提到了"人"的权利,这已被公认为包括"法人"和"自然人",所以企业可以这种方式主张名义上的"人"的权利(Scolnicov 2013; Emberland 2006)。①这种方法在功能分析中也许是可以理解的,因为功能分析需要在原则上承认所有人都有平等权利在功能相互依赖的网络中相互作用。在这样的基础上,不一定有令人信服的理由来说明为什么人的"神圣性"不应该与作为法律互动参与者的

---

① See also Burwell v Hobby Lobby Stores Inc. 573 US (2014).其中提到,美国联邦最高法院裁定,私人控股的营利性公司可以根据1993年的《宗教自由恢复法案》(Religious Freedom Restoration Act)主张其作为个人"行使宗教"的权利,以宗教为由要求从一般法律中豁免。

法人的"神圣性"相等。

但是,这与涂尔干的观点相去甚远,他认为人类个体融入一个团结的社会中,在这个社会中,他们的个人尊严和自主会得到尊重和增强。通过强调作为人类的行动者之间的团结和平等来促进社会关系的愿景,即使他们之间存在着种种差异,但这种愿景很难适用于商业企业与其个人消费者或雇员之间的关系,或不同的企业行动者或不同群体之间的关系。①所有这一切都表明,在谈论人的神圣化而不是个人的神圣化时,需要格外谨慎,尽管有时有人主张这样做(Joas 2013: 51),以避免将后者与利己主义错误地联系在一起。

看来,道德个人主义的功能性观点并不能令人信服地为当今人权和人的尊严主张的**普遍**范围提供基础。至少,这一分析必须得到其他社会学论点的补充,如前面指出的,这些论点确定了可能鼓励对道德个人主义价值体系进行扩展援引的因素,而这一致力于社会团结的价值体系已超越了社会的界限。然而,涂尔干的著作并没有探索道德个人主义在功能上明显有限的范围与对人权普遍性的渴望之间的任何不匹配。在《个人主义与知识分子》(Individualism and the Intellectuals)一文中,涂尔干道德个人主义的观点最为显著,它明确地指出了这种广泛的人道主义取向,尽管在支持它的体系尚未到位时,他对真正普遍的人权制度的可能性确实持谨慎态度(Cotterrell 1999: 117, 195)。

我认为这可能说明涂尔干希望人权制度在未来的某个时候能够成

---

① Scolnicov (2013: 16)反对公司可以拥有人权的观点,声称这些权利是"基于个人的内在价值,无论是关于表达自己的权利,还是保护他们的身体和道德完整性,或他们内在人格的其他方面"。Emberland (2006: 39) 就《欧洲人权公约》指出,鉴于"公司的非人格化特征,将公司实体纳入该公约的体系将不会在人类尊严价值的基础上获得直接支持";"公司人权在斯特拉斯堡实践中的地位必须主要根据该公约的其他价值加以解释"。See also Paul 2011. 关于外国投资实体最近援引人权的情况,参见e. g. Alvarez (2017)。

为现实;以及在原则上他看不出有什么理由使这一制度不能够成为现实。为什么最终不能建立适当的体系来促进全球范围内的人权和尊严呢?他指出(1970:294),就目前而言,我们的效忠对象是民族国家,但"还有另一个(国家)正在形成,包围着我们的民族国家;它就是欧洲或人类的国家[欧洲的家园或人类的家园]"。

有趣的是,欧洲和人类在这一主张中被并列在一起,这表明正是在欧洲的文化和未来中,我们将设想权利和忠诚的跨国扩展。人道和人权的理想植根于一种特殊的欧洲经验,推动这些理想向前发展的希望也在欧洲,涂尔干将欧洲等同于"文明世界"(1970:295)。因此,在涂尔干的作品中,除了源于《社会分工论》并逐渐将道德个人主义视为在复杂的现代社会中概念化成员资格和参与权的价值体系的功能视角外,还存在一种历史视角,特别关注对欧洲过去和未来的解读。

为了补充涂尔干功能视角的局限性,有必要阐述这一历史视角,它更明确地指出了超越国界的个人对他人作为人类的道德义务的普遍化,并由此指出了普遍人权的可能性和对其性质的独特看法。

历史上的神圣人物

今天,有许多关于人权和人类尊严的思想史的记载,而关于这段历史,甚至这是一段关于什么的历史仍然存在争议。不同的历史描述了其在不同文化中所认定的人权的进步,以及与不同的知识和道德传统的关系。有些人认为人权是欧洲独特的创新,最终会移植到其他文化中。另一些人则在世界诸多文化和世界诸多宗教的戒律中发现本土的人权传统（cf Donnelly 2007：284ff）。一些报道将人权描述为主要是通过宗教传统而得以传承并最终世俗化的现象。另一些人则认为人权是反抗宗教压迫或面临宗教反对时的明确反应。涂尔干以欧洲为中心的叙述在这些不同历史的写作中处于相对早期的阶段。这仅仅是在他的一些作品中以简短的段落呈现出来的一个梗概，但它在其思想中的重要性却是不可低估的。

涂尔干的历史观并不以哲学体系中的道德原则为中心①，而是集中于某些流行思潮的出现和传播。其中最值得注意的是，他对宗教传统——尤其是欧洲基督教——意义的关注：因此，"基督教的原创性恰恰在于个人主义精神的显著发展"（1969：68）。正如汉斯·约阿斯（Hans Joas）所指出的，涂尔干"将他对人权的呼吁视为基督教传统的延续"，尽管这"不是把对人权的信仰嵌入基督教的问题；相反，在基督教为人权信仰铺平了道路之后，人权信仰将取代基督教"（Joas 2013：54）。

涂尔干（1969：68）写道，基督教"是第一个教导人们行为的道德价值必须根据本质上属于私人的意图来衡量的宗教。个人被确定为自己行为的最高裁判者"，只对"他自己和他的上帝"负责。"认为个人主义道德与基督教道德对立是一个奇特的错误；恰恰相反，它是从基督教道德中派生出来的"；道德个人主义认为，"我们不否认我们的过去"，而是建立在过去的基础上（ibid）。但在涂尔干看来，基督教对他人关怀的明确要求，一定要远远超出其历史实践所表达的意义。例如，我们"不再被那些以基督教的名义劝诫奴隶主们要人道地对待奴隶的原则

---

① 例如，尽管康德对他产生了强烈的影响，但他拒绝将道德建立在哲学的绝对基础上，坚持认为需要对其进行社会学解释，将其作为一种植根于社会生活的历史变化条件中的现象。See Cotterrell 1999：56-7 and Stedman Jones 2001：65ff.

所激励","基督教关于人类平等和博爱的理念在今天看来给非正义的不平等留下了太多的空间。对失意者的同情在我们看来太柏拉图式了。我们想要一个更有活力的"(Durkheim 1995：429)。

　　涂尔干对基督教的历史及其对人权意义的描述显然是有争议的。杰克·唐纳利(Jack Donnelly)评论道："对广泛认可的基督教圣经的解读都不支持这一观点,即所有基督徒(更不用说全人类了)拥有一套广泛的平等和不可剥夺的个人权利"。他还补充道,"几乎所有西方的宗教和哲学学说在其历史上的大部分时间里都拒绝或忽视了人权"。尽管今天"全人类的道德平等得到了世界各地最主要的综合学说的强烈支持"(Donnelly 2007：287，290，291)。[①]

　　另外,基督教教义的要素(灵魂是人类的核心以及人类生命是神赐的义务的观念)"常被宣称为人权铺平了道路,并且是维持人权所必需的"(Joas 2013：7)。在汉斯·约阿斯看来,人权"借鉴基督教等文化传统",但要求这些传统"以新颖的方式表达"(ibid);在他看来,人权的历史实际上是人的神圣化,汲取并改变了这些传统的元素,这些传统可以追溯到美国和法国革命,并结合了世俗和宗教的影响。当然,围绕着世俗权利的宗教光环并不引人注目。在涂尔干时代,"人本宗教"的思想很流行,其深深扎根于法国悠久的思想史中(Pickering 1993：62-6)。

　　在这里,没有必要对人权来源的各种历史记载的有效性进行评估。问题是:涂尔干独特的历史视角如何影响他"对作为人的神圣化表现的人权和人类尊严的信仰"(Joas 2013：51),以及从这个观点可以得出什么启示? 这一观点在他的《自杀论》中表达得最为清楚,然后是在《个人主义与知识分子》一文中,当时他还处于把对神圣的广泛人类学

[①] 最近,莫恩(Moyn)在2015年讨论了基督教在第二次世界大战后现代人权思想发展中的重要性。

观点整合到自己思想的过程中(Maryanski 2014),还没有完成基于这些观点的最后的伟大的宗教研究(Durkheim 1995)。似乎可以合理地假设,在这个时期,西方的宗教传统——尤其是基督教,鉴于其在他著作中的重要性——在塑造他的个人神圣感方面仍然有很强的影响。

因此,他提出将人权和尊严作为普遍理想的愿望,其作为历史轨迹的延伸,主要从他所称的"基督教道德"开始,并通过一种渐进的、有待完成的转变,将其转变为一种普遍的"个人主义道德"(Durkheim 1969:68)。这种转变只能被理解为基督教"邻里原则"的一种激进的概括和最终的普遍化,[1]同时它也深深植根于犹太传统。[2]"像爱自己那样爱邻居"这一古训在基督教教义中得到扩展,即不仅要对自己认同的群体成员"行善",也许尤其要对群体之外的人"行善",即使是你的仇敌和"那些恨你、迫害你的人";[3]我们今天还可以说,对外星人和难民,也包括对恐怖分子和战争中的战士行善。

从这个特殊的传统中很容易看出对个人神圣性的全面普遍尊重的道德坚持,这一劝诫以某种方式延伸到作为人类个体的他人,超越如国籍、种族、地域、国家、地区、部落忠诚、宗教信仰、友谊、互惠或自然情感的任何边界。基督教在历史上很少能够激发如此完全普遍的对他人的承诺;它的追随者通常只遵守另一条戒律"彼此相爱"(也就是教友),[4]即便如此,有时也不能做到彼此相爱,从而引发分裂,并经常对异端邪说穷追不舍。但这种人性的失败,与其他宗教实践中的共同弱点如出一辙(Joas 2013: 9-10),并没有完全抵消基督教新约作为理想的普遍

---

[1] Mark's Gospel, ch12, v31.
[2] Leviticus, ch19, v18.
[3] Luke's Gospel, ch6, vv27-35; Matthew's Gospel, ch5, v44.
[4] John's Gospel, ch13, v34.

化启示的重要性,尽管它可能揭示了一致普遍化的理想与实践相距甚远。

涂尔干并没有把他对基督教传统的召唤带入这些有问题的领域。出于这个目的,他的关注点仅限于欧洲,这肯定能让他想象,受宗教启发的个人神圣化最终应该会消除现代(欧洲)社会中仍然保留的任何古老宗教信仰的内部和外部的所有分歧。一个人的"邻居"可以是他在社会中可能遇到的任何一个居民。但是,在涂尔干看来,这种神圣化似乎并不是宗教传统的召唤所暗示的。它不是与"对上帝的爱"不可分的"对邻居的爱"——上帝是一种外在于人类的力量。[①]对涂尔干来说,对上帝的信仰是欧洲古老宗教的核心,但在现代社会,一般来说这种信仰不再有任何机会保持对个人的控制。

我们可以说,"对邻居的爱"是唯一可以作为一种信仰保留下来的东西;对邻居普遍的爱,延伸到所有社会成员,也就是对社会本身的爱。约阿斯(2013:52)认为涂尔干"从未表明人类也是自己神圣的来源"。而涂尔干的回答无疑是认为**社会**是人类神圣性的来源。因此,后来,他对宗教进行了详尽的辩护,认为宗教在某种意义上是社会生活中"不可或缺的"和"永恒的"方面 (1969:66;1995:429,432)。他关注社会本身,将宗教视为在其成员的意识中代表和重建社会身份的一种手段。因此,无论"神圣之人"的概念如何普遍,涂尔干(1995)最后的社会学主要著作最终重申了社会(而不是个人)是分析的中心这一基本观点。在他职业生涯的尾声,他把社会——一种能够赋予个体生命意义的共同生活的条件——作为未来统一宗教信仰的唯一目标。

这是一个争论的过程,似乎在一定程度上转移了对个人神圣化的

[①] 但这种"外在性"在基督教中是有条件的,例如,"三位一体"的教义肯定了上帝以人的形式成为耶稣,以圣灵的形式活跃在世上,是永远存在,也是超越的。

关注。也许对**社会**(宗教依恋般)的爱是无限的。因此,在涂尔干看来,因为没有限制,它可能必然是有益的,如果它:(1) 促进团结和面向社会的行动,表达社会成员之间的相互依赖;(2) 在复杂的现代社会条件下体现道德观念,使人们能够承认个体具有使他们成为积极成员的自主性和尊严。这将是对前面讨论的道德个人主义的主要功能理解的回归。

但是,如果**个人的**神圣性而不是社会的宗教代表成为关注的中心,那么就会遵循一个不同的方向。随之问题就出现了:对神圣个体的爱真的是无限的吗?这种没有条件的爱无论如何都是一件好事吗?它在实践中意味着什么?也许有必要依据他所谓的"基督教道德"的延伸来回答这些问题,在他的最后一本书中,涂尔干避免了将社会牢固地置于宗教崇拜的中心(1995)。

基督教道德要求对他人**无限的**爱(无论其人类追随者如何扭曲或无法接受它)。当然,这完全不可能在人权法等法律法规中实现,就像大多数人不可能在实际的宗教实践中实现一样。在英国法中,当基督教的"邻里原则"被明确援引为过失的法律概念提供形态和启示时,它就变成了一项禁令,要求人们采取合理的关注,不要对自己的邻居造成合理可预见的伤害,而"邻居"被定义为那些"被我的行为密切而直接地影响"的人,我应该合理地考虑当我作为(或不作为)时对他们的影响。[①] 人权和尊严的理想显然远远超出了这种方案的范围。他们不仅要求避免粗心的伤害,还要求通过确认(并在法律上表达)他人作为人的完整性和自主性,以及满足人类需求的基本权利来承认他人的

---

① Donoghue v Stevenson (1932) AC 562, 580.

人性。①

把对他人普遍的爱的理想转变为体现对人性肯定的规则,当然超过了道德个人主义的功能性辩护所暗示的规则。它表明不仅需要认识到个人的公民和政治权利,还需要认识到社会、经济和文化权利,因为这些是保障人类繁荣的一部分,而这需要有意义地向他人延伸。但是,所有这些权利都必须直接服务于使个人的自主权和尊严普遍化的目的。如果说这种覆盖所有人类的普遍化在道德个人主义的**功能性**观点中是有问题的,相比之下,它似乎是由涂尔干所建议的个人神圣化的**历史**轨迹所决定的,这种神圣化超越了欧洲古老的宗教实践所能达到的水平。然而,剩下的问题是:人类自己决定的法律保护范围有哪些限制?

涂尔干的历史观点对此并没有给出任何答案:一种对无边无际、普遍之爱的宗教命令被转化为法律术语,表明人权可以涵盖任何有助于人类繁荣的方面。虽然涂尔干对个人法律权利的功能性辩护可能对这些权利限制得太多,以至于无法与当代人权思想相适应,但历史的视角并没有给这些权利应该包含的实际限制提供明显的基础。难道对同类的爱就不能在法律上转化为**企业**的任何人权吗?在涂尔干的历史线索中,道德个人主义的功能观所表明的在这个问题上的矛盾肯定完全被消除了,因为其历史线索将人权建立在宗教传统之上,而宗教传统将人格根植于诸如拥有人类灵魂和人类生命的神圣天赋的观念之中(Joas 2013:143ff)。

---

① 人权的统一目标据说是为每个人确保一种"自主的、有意义的、负责任的生活方式"。Brugger 1996:601.

涂尔干的遗产及其局限性

　　涂尔干的这些思想如何有助于对当代人权和尊严思想与实践的法律认识？首先需要强调的是，虽然本章将涂尔干著作中所指出的道德个人主义的功能视角和历史视角分开，但他自己并没有这样区分它们。所以，这些观点可能是相互加强的，同时，也可能是相互纠正或补充的。尽管如此，我认为把二者分开来分析有助于清晰地评估它们为当代思想提供的遗产，也显示出在他们指向的结论中具有高度指导意义的差异，甚至是潜在的不兼容性。

　　从功能角度得出的关键主张是，**如果个人权利和义务植根于特定社会**或特定社会类型的**社会经济条件**，那么它们是有意义的，并有可能是有效的(在实践中得到认可、普遍理解，在法律上得到明确定义)。只要对这些社会条件的某种分析被接受，且在这种条件下促进社会团结的必要性被接受，就有可能从社会学的角度解释什么是权利和义务。

　　按照这种观点，人权同其他权利一样，本质上是**一个社会或某些其他共同体网络的成员资格和参与权利**。这里有必要涵盖共同体网络的概念，以表明功能上相互依赖的网络可能延伸到一个政治组织社会(如民族国家)的边界之外，或者，事实上，它比这样的社会范围更小。从涂尔干的功能观点来看，可行的权利是社会或共同体网络内的权利。但是，除非**人类自身**形成一个可识别的共同体网络，在这个网络中，相互依赖是现实，团结被认为是重要的和可实现的，否则它们就不能被恰当地定性为"人权"。

也许只有当对世界共存的生态威胁变得愈加明显时,人类才会开始接受某种相互依存的共同体网络的存在。国际法律人所称的"国际社会"通常与任何此类概念都截然不同,它假定的是一个国家联合体,而不是世界人口潜在的团结融合。当然,正如在前面的章节中所看到的,个人权利和义务的制度超越了政治组织社会的边界这一现象,如今在国际法和跨国法的各个领域中正广泛地发生,但从社会学的角度来看,始终存在的问题是:这些权利和义务所涉及的社会或共同体网络是什么?这些社会或共同体网络在哪里具有社会学上可理解的功能和文化上的合法性?

在分析人权在多大程度上可以现实地被认为是普遍的时候,杰克·唐纳利确定了三种形式的普遍性:部分普遍性、偶然普遍性或他所称的"相对"普遍性,但他拒绝承认普遍性在任何其他意义上的合理性。相对普遍性可以分为"功能的""国际法律的"和"重叠共识的"三种形式。

关于第一种形式,唐纳利(2007:288)认为,人权的出现是对西方国家"现代化"带来的社会困境的回应,人权目前是"在由市场和国家主导的社会中唯一被证明有效的确保人类尊严的手段";因此,只要这种主导性存在,它们就具有"功能的"普遍性。然而,人们可能会问,这些社会中出现的困境是否比其他没有广泛市场体系或强大国家的社会更严重?涂尔干的功能性论点同样强调了现代性的后果,但将道德个人主义视为与之一致的,而不是对这些后果的补偿。一旦人们接受了现代社会可能给其成员带来的各种各样的后果,这种观点似乎更为合理。

唐纳利关于人权的观点是由世界上不同道德体系之间的"重叠共

识"所支撑的,这表明尽管在其他问题上存在分歧,但在一些人权原则上,它们之间可能仍存在部分一致性。这当然是合理的,但这使人权的范围取决于这种共识的偶然情况,而这种共识可能随时间而改变,而且似乎没有任何统一的辩护原则的必要基础。

相比之下,"国际法律"的普遍性只是反映了当前国际人权法的概况。它正确地认识到,国际人权确实已经采取了法律形式,有一整套蓬勃发展的法律理论和许多已建立的机构,如国家法院和国际法院,以确保其制度化。但是,从社会学的角度来看,仍然存在着如何加强这些法律权利的社会基础的重要问题,即使这些权利在政治上可能得到充分支持。特别是,人权法及其机构的社会和文化基础在哪里?它们与哪些共同体网络相关,从而获得文化合法性,以及人权如何满足这些网络整合的需要?换句话说,有哪些支持者在支持正在进行的人权普遍化?

重申这些术语,涂尔干坚持认为权利的实际范围和功能是由**社会**需求决定的,这一点肯定是有意义的。今天,正如人们所看到的那样,正是特定共同体网络的需要为法律的跨国发展①提供了合法性,它也可以为人权法的扩展提供合法性。抛开跨国层面不谈,当国家在他们自己的政治社会中践踏道德个人主义和人权时,只有在这个社会的各种共同体网络中,维持或修复团结的决心能够提供道德资源,以在国家面前捍卫这些权利。

涂尔干的历史视角应该如何解读?他似乎特别强调人权和宗教传统之间联系的主要基础,从而形成了他的"神圣的"人性理念。在他的最后一本书中,他写了一句著名的话:"以前的神正在变老或死亡,其他的还没有诞生。"(1995:429)他的意思是旧欧洲宗教的信仰正在衰

---

① 参见本书第八、九、十章。

落。然而,今天我们不应该在关于宗教替代的主张上那么确定。正如约阿斯(2013:52)所说,涂尔干的"教条主义"无神论"封闭了他的思想,他不认为宗教在未来可能继续是支持人权的一个来源"。在欧洲的本土人口中,宗教很可能正在衰落,尽管众所周知这难以测量。然而,2010 年一项针对 230 多个国家和地区的人口统计研究表明,全球有 58 亿有宗教信仰的成年人和儿童,占当时世界人口的 84%。(Hackett, Grim et al 2012)

无论这些统计数字的确切含义是什么,它们至少强烈地表明,宗教侵入了很多人的生活,在某种程度上塑造了他们的态度和价值观。对人权未来的社会学观点肯定必须仔细地考虑这一点,不仅要考虑关于信仰自己的宗教这一人权的重要性,也要考虑共同的宗教信仰和实践促进了信徒之间的团结,以及以道德为导向的宗教实践可能对于宗教信徒以外的人的团结关系所做的积极贡献。

在消极的一面,社会学观点肯定也必须承认宗教可能对人权产生非常严重的负面影响(e. g. Nehushtan 2015),例如,激进的传教;强迫皈依;否定改变宗教信仰自由的叛教规则;赋予固定的、神圣认可的社会地位,挑战个人在共同人性方面的平等原则;以及信徒对那些没有相同信仰者的不尊重、迫害,甚至是灭绝人性。

由于预设了一个基本上是涂尔干的权利概念,这些关于宗教可能给人权带来的"问题"的建议当然会受到挑战。但是,涂尔干的方法——结合功能和历史视角看待人权的本质——至少提供了一个详细的范本来概念化它们,不是哲学上的来自永恒的、理性的道德系统或绝对的原则,而是社会学上的,以及从历史的角度来看,可以根据证据进行评估,并受到竞争解释的挑战。这种方法可以指导法学思想:表明对人权的范围和限制的分析是如何实事求是的,因为它植根于系统的社会探究。

可以说,在涂尔干范本的基础上,人权根植于对欧洲历史的解释,但除此之外:

(1) 人权永远是人类个人的权利,而不是群体或企业实体的权利;

(2) 人权始终关注保障个人尊严和自主的需要;

(3) 人权的功能是促进社会团结,因此其本质上是社会性的,尽管关注的是个人;

(4) 人权坚持权利的普遍化和协调化的愿景,超越特定群体的偏狭主张或任何自私的对私人利益的无限追求;

(5) 由于与承认和促进相互依存相互联系,人权必然受到促进社会或其他共同体网络中的个人之间交流需求的影响;

(6) 人权应该通过坚持承认平等的人类价值,在道德统一的社会环境中促进对多样化的生活方式、信仰、习俗和经历的多样性的尊重。

这不是一个小议程。作为理想的人权和尊严,在当今和未来的所有社会中,可能注定在实践中遭到否定、破坏和滥用,至少在某种程度上。但是,涂尔干的范本提供了理想本身的概念化,以及一种以独特的、历史性的社会学(最终是法学)分析来解释它们的方法。这种解释可能意味着,如果涂尔干的历史解释是可信的,与任何具体的、可识别的共同体团结网络分离的、始终被承认的**普遍**人权,都只不过是一个梦,在一些重要的方面是一个受宗教启发的梦。在这样的梦想之外,人权实际上是特定社会或共同体网络中每个人的正式成员资格和参与权利,这些权利超越了功能相互依赖的需要,承认了完全的道德相互依赖。换句话说,泛爱的**法律**意义如果要实现的话,也只能在特定共同体网络的团结关系中实现。

第十四章　法律工具主义与普遍的价值

应该有法律！

在英国，当然也包括其他地方，公众对法律应该做什么的期望往往与它实际做的严重不符。"对此应该有法律！为什么没有？""为什么他没有被起诉？""为什么判决这么轻？他们没有受到应有的惩罚，这是一件丑闻。""为什么法律没有执行？""为什么那些可怜的人就不能讨回公道呢？每个人都知道这是他们应得的。"或者相反，"为什么他们会被起诉？这不能怪他们。为什么他们会成为受害者？这是一场政治迫害。"本章探究如何解释公众和官方法律观点的两极分化，涉及有关法律的权威、阐释、意义和正当性的基本法律问题。两极分化反映的不仅仅是误解、特殊的恳求或公众对法律程序的无知，而且通过对现代法律理解中的基本二分法的分析，可以揭示出根本问题。

西方法学理论往往是围绕法律本质的对立观点构建的。最常见的对立是自然法和法律实证主义之间的对立，但大多数从社会法律角度看待法律的学者都避免了这一特别的争论。在实践中，为了实证研究或政策相关研究的目的，他们通常将法律人和官员所接受的法律视为法律，或者为了特定项目的目的，他们采用了一些临时的"合法"范围的工作想法。无论是"法律"的概念化问题，还是法律与基本社会价值之间的理论关系,通常都不是主要关注的对象。

然而,从法律社会学的早期开始,两种有尖锐冲突的法律观点就一直存在,尽管人们很少讨论这种冲突的一般意义。这两种观点可以直接追溯到涂尔干和韦伯20世纪初的著作中,二者之间的冲突在一个世纪后仍然很重要。我认为,它是围绕当今政府将法律用作规制工具的普遍困境的原因。同样,它也解释了公众对法律作为满足个人合法期望和抱负的手段的普遍不满。它将作为法律规制基础的道德原则和终极价值的意义的法律争论置于一个新的背景下。

法律的两种社会视野

涂尔干写道:"道德观念是法律的灵魂(l'âme du droit)。"赋予法典(法律)权威的是法律所体现的道德理想,且法律将这一道德理想转化为精确的规定(1970:150),从而使这些道德资源成为"有效的意志纪律"(1975:277)。涂尔干对法律的全部社会学分析都着眼于揭示法律与终极价值之间的密切联系——也就是说,抽象的价值被生活在特定文化环境中的人们所接受,这些价值"本身"是合理的,而不是为了任何功利的目的,即它们可能为接受它们的人服务。这些价值并不是普遍有效的自然法则,尽管赞同它们的人可能会这样认为。它们只是法律所服务的特定社会中的最基本、最普遍的共同价值。因此,社会学可以观察到这些存在的价值观——在特定的社会、特定的时间,被人们宣称和承认为具有不言而喻的合理性的价值。

正如我们所看到的,涂尔干认为,所有现代的、先进的西方社会都会倾向于认同某些价值,至少在官方上是这样。①我们不清楚他为什么用"灵魂"这个词来指法律对终极价值的依赖,但在他的著作中,灵魂的概念表达了群体生活连续性的观念,某种植根于个体生活但又超越个体生活的东西(Durkheim 1995:265-7; Fields 1996)。有人可能会认为,这标志着法律在整个社会的根基,包括过去、现在和未来,即法律反映了一种与普通公民的经历产生共鸣的共同利益,但比他们个人利益的总和更为根本的理念。

几乎就在涂尔干写作的同时,韦伯在德国提出了一种完全不同的法律观点。他区分了以终极价值为导向的行动的概念(wertrational,价值理性)和工具性的行动的概念———一种达到某种限定的目的、实现某种计划的手段(zweckrational,工具理性)(1968:24-5)。他写道,对自然法思想的诋毁使得赋予现代法律"形而上学的尊严"不再可能;现代法律的大部分主要条款只不过是"利益冲突之间妥协的产物或技术手段"(ibid: 874-5)。韦伯认为,法律在很大程度上不是一种终极价值的表达,而是一种技术工具用来平衡不相容的利益或在不相容的利益之间作出选择。

布里恩·塔玛纳哈(2006)认为,在美国背景下,法律作为一种工具的理念(**法律工具主义**),曾经与促进公共利益的法律理念紧密相连,但在过去的一个世纪中这种联系已经失去了;法律已经脱离了任何公共利益观念或法律所服务的终极价值(或一套价值)。然而,早在塔玛纳哈之前,韦伯就预示了法律工具主义的最终胜利。在涂尔干的思维方式中,这将是没有灵魂的法律的胜利,但韦伯认为这样的法律在安排现代生活的复杂性中可能是非常有用的、可计算的和有效的。事实

---

① 参见本书第十二、十三章。

上,也许法律失去了它的"形而上学的尊严",因为法律不再需要它了。在一个由科学和技术形塑的世俗现代世界中,法律最好被视为一种没有任何稳定的道德承诺的技术,一种无限适应的、流动的法律,以应对快速的社会经济发展,并帮助促进这一发展。相比之下,涂尔干的观点可能暗示了一种被植根于文化之中的沉重价值承诺所拖累的法律,一种批判的、说教的、训诫式的法律,以根深蒂固的、相对持久的文化理解、期望和理想来衡量所有的变化。

工具主义与表现主义

涂尔干的观点将法律与独立于私人或特定群体利益的抽象、根深蒂固的价值联系起来,可以被称为与韦伯的法律工具主义(legal instrumentalism)相反的**法律表现主义**(legal expressivism)(人们认为法律表达这种价值)。我认为在现代法律体系的实践中,确实有充分的理由假定法律工具主义的普遍主导地位。作为一种纯粹类型,工具主义将法律与私人或部门的利益直接联系起来(包括作为官方决策者和政策制定者的政府的利益,其个人和组织议程可能与任何一般的"公共利益"相一致,也可能不一致)。工具主义侧重于使决策和政策具体化;它将法律视为一种技术,一种达到(政府、个人、团体或公司实体的)任何目的的技术手段。① 相比之下,表现主义则倾向于抽象和理想的观

---

① 对于法律工具主义的不同概念,它本质上与控制社会的政府利益**而不是**个体行动者的私人利益联系在一起。See Morawski 1997.

点,它将法律视为理想的部分体现。

如果塔玛纳哈关于法律工具主义几乎完全胜利的论点确实正确,而且可以推广到美国之外,那么这种二分法可能不再重要。他认为"对法律肆无忌惮的工具性操纵"(2006:250),不受任何强烈的公共利益观念的约束,反映在以下情况中:律师除了通过非法手段以外的任何方式来促进客户的利益(以及他们自己的利益)外,几乎不关心其他事情;法官的选择(在美国通过政治任命或选举方式)取决于法官是否被认为有可能保护那些决定其任命的人的利益;立法者根据那些能够影响他们连任的人的要求来调整他们对立法的投票;法律专业的学生被教导,案件任何一方进行合法辩论的技巧比研究案件应该如何解决更重要;此外,法律体系的特点是律师们以"野蛮的"方式实现利润最大化,失控的立法游说,以及鼓励没有价值的诉讼业务。塔玛纳哈认为,当法律失去其建立在固有价值基础之上的完整性时,法治本身就会受到威胁,或者至少(鉴于很难确切地说明法治在实践中需要什么)对法治的**信仰**就会遭到破坏——也许对法律的**信心**[①]体现了法律人可以认同的价值。

很难评估塔玛纳哈关于工具主义有害影响的具体主张。这在很大程度上取决于一个假设——很难通过实证研究来检验——即公共利益观念已经衰落,以及取决于不确定性,即这种观念在多大程度上影响了法律的运作,或者在一个世纪前的实践中确实比现在更重要。可以讨论不同国家和法律体系的不同情况,塔玛纳哈的论点依赖于对大量不同的数据进行归纳。可能是工具主义和表现主义长期以来一直在争夺对法律运作的影响(Van Der Burg 2001)。如果是这样,

---

[①] 参见 Smith 1999(这是一篇很有思想的论文,在更深入的理论基础上,提出了塔玛纳哈的书中后来发展的论点)和 DeGirolami 2008。

将很难以任何一般的方式评估这种影响。然而,我要说的是,某些因素通常会在特定条件下促进这两种法律方法中的一种或另一种,以及这些因素可以通过社会法律调查来确定。此外,有人认为,这里重要的不是评估塔玛纳哈所声称的这两种法律方法中的一个已经取得了胜利——最终他自己也不完全确定(2006:236,240-128,248-9)——而是要确定它们在法律实践和政策中共存的结果。这是本章的重点。

能够实施利益和价值之间的二分法吗?① 一个人可以把对某人而言某物的**价值**说成代表某人的物质或其他**利益**。如果一种文化的价值关注的是共同利益,那么它们就代表了该文化中无数人的利益。但是,**终极**价值趋向于一般的、非个人的和普遍的,并被理解为如此。利益趋向于相对的特殊性——个人或特定群体的可识别的、可定义的有利条件。这里所指的价值可以被看作普遍的、抽象的、去个性化的兴趣,"非工具性的目的","有内在价值的"和"独立的","绝对地或不可思议地有价值的",以及"目的本身"。②

可以将被看作无限范围的人们(也许是某种文明或一般的人类)的抽象的(共同或公共的)利益的终极价值,与那些源自"纯粹信仰"的价值区分开来,比如在信仰的基础上接受的宗教教义。这种区别在这里并不重要。重要的是要认识到侧重于支持私人、公司或政府利益的法律工具主义,与侧重于支持终极价值的法律表现主义之间的紧张关系。我还将说明为什么工具主义(以及法律干预的成本收益分析)可

---

① 关于利益和价值参见 Swanton 1980(利益概念的描述性和规范性使用)和 Skeggs 2014(终极价值在资本主义中仍然具有社会意义)。关于价值研究的社会学方法参见 Spates 1983 和 Wuthnow 2008。

② 所引用的短语来自 Green 2010:175-6。

能是越来越受到**与法律有关的官方人士**,尤其是法律制定者和法律实施者青睐的法律方法。

工具主义如何在法律的运用中取胜

在复杂、先进的西方社会中,关于政府对法律运用的态度,一个关键因素必须是政府任务和责任的绝对复杂性和规模。韦伯将现代政治家描绘成不得不面对"世界的道德非理性"(Gerth and Mills eds 1948:122),即没有一种价值方案能够支配所有实际的政治选择。他声称,在不牺牲这些价值的前提下或采取一种绝对的观点,即为了达到良好的目的可以采取任何必要的手段,对终极价值的政治追求(韦伯称之为信念的或终极目的的伦理)是不可能的;政治家在追求一个愿景时应该遵循责任伦理,权衡实际后果,而不是盲目地无视它们。即使是那些受到终极价值启发的政策,通常也涉及利益的妥协。韦伯并不认为责任伦理总是胜过信念伦理:寻求服务于他们所承诺的终极价值的政治家通常会且应该折中这些"责任",但也许只有在一定程度上,他们才能保持自己的自尊(ibid:127)。

终极价值可能过于僵化或模糊,无法决定大多数政府行动;通常很难看到如何将它们转化为精确的规范形式,法律在其价值参考上可能是模棱两可的。规制的实际复杂性鼓励了渐进的理性(制定有限的规制目标,以与其他相关规制问题相分离),而不是广泛的、总体的原则。那些制定政府规制政策的人往往依赖于收集到的大量数据。至少,现代的期望是他们应该充分了解要规制的条件和可用的法律技术。

因此，如果法律被政府视为解决社会经济复杂性的一种手段，它需要在详细了解待解决的利益和条件的基础上被证明是合理的。而且，随着法律涉及生活中越来越多的领域，所需的专业知识激增，治理思维很可能会进一步偏离总体原则，而务实地计算规制所涉及的众多利益和条件的成本和效益。

然而，这并不是分析应如何调动法律规制能力的唯一途径。① 例如，当公众相对不了解和不关心法律规制和政府决策的技术能力和条件时，法律可能看起来非常不同。我们很难知道支持工具主义、成本收益和利益中心的法律方法的普遍化（新自由主义和/或现实主义）思维方式在多大程度上渗透到了大众的意识中。塔玛纳哈所关心的只是它们渗透到维护法律制度的专业人员的思想和动机的方式。可以肯定地说，通俗的工具性观点将广泛传播（个人希望法律保护他们的私人利益），但它们可能并不总是主导。一种纯粹表达的法律观点在**大众意识**中可能比在法律系统的官员意识中更可行。

例如，即使对法律、法律的背景或围绕法律的哲学思想知之甚少的公民，也会坚持法律与终极价值的联系。在某种程度上，"自由""平等""正义""安全""尊严""法治"等价值在大众意识中几乎是凭直觉就能理解的。这些价值在本质上不难掌握，且对这些价值应该推广到何种程度并不需要有法律制定和执行方面的专业知识。实际上，通过法律将其付诸实施则是另一回事，并会导致解释的问题（通常还会产生工具性的成本收益分析，以确定如何实施它们，如果有的话）。但

---

① 布莱克（1973：126）将动员称为"法律体系获得案件的过程"和"法律与受法律服务或控制的人们之间的联系"。对他来说，这一概念侧重于公民援引法律和国家机构的执法决定。我在这里用它来指这两者，但也指政府使用法律（以及如何使用法律）来解决某些问题的**政策决定**；当决定使用法律以外的手段或完全非官方地解决这个问题时，法律并没有被动员起来。

是,如果这些问题是公民不知道的,它们就不会使大众对价值的确认和通过法律保护这些价值的要求复杂化。有些价值被认为是明确授权的,通过信奉特殊的宗教或成为政治意识形态的一部分,无论追求它的结果如何,它的追随者都不会质疑。因此,公众对纯粹价值驱动的法律运用的需求存在着巨大的空间,而在大多数法律知识专业运用的普通条件下,我们期望韦伯的责任伦理作为一种终极的指导和限制。

大众媒体几乎每天都在报道民粹主义法律表现主义的实例,这可能会产生政策制定者或执法者似乎不愿接受的法律干预要求。因此,英国民众强烈呼吁采取行动,反对切割女性生殖器(FGM),这导致政府的回应主要集中在促进教育计划,以说服反抗的少数人,让他们认识到这种做法的错误。但长期以来,官方一直对要求采取有效法律行动的呼声置若罔闻。自1985年以来,尽管存在禁止切割女性生殖器的法律,但在近30年的时间里,没有提起任何诉讼。[①]

这里对法律和其他措施的要求通常诉诸终极价值,同时得到同情受害者的支持。然而,就韦伯的责任伦理而言,很容易看到许多关于法律审慎的工具性的、成本收益的、关注利益的理由。这些理由可能包括执法的巨大困难和成本,不希望激化文化群体之间的紧张关系,也许还希望文化变迁能够消除这个问题。毫无疑问,社会中相互冲突的信仰或价值观也是其中的一部分。然而,工具性推理似乎导致了一种瘫痪,即试图用法律来解决一个被社会广泛视为基本价值问题的问题。许多人可能希望有一个真正表达这些价值的法律,但工具性的考虑无疑倾

---

① 1985年《禁止女性割礼法案》被2003年的《女性生殖器切割法案》取代,2015年的《严重犯罪法案》第70-5条对之进行了修正。该法案于2014年宣布了第一批起诉,一年后被判无罪。

向于鼓励法律上的不作为。①

同样,我们可以用类似的方法分析许多近期的法律回应,这些回应针对的是企业财务欺诈以及投资银行的主流文化和实践的某些方面所引发的公众愤怒。有人认为(Rakoff 2014:4),导致美国在2008年金融危机中缺乏起诉的原因是:(1)检察官人员不足、负担过重、专业知识不足;(2)政府自身参与创造了可能导致欺诈的条件(因此不愿鼓励公众监督);(3)从投入大量资源(时间、金钱和专业知识)来立案起诉个别高管,到经常针对公司本身进行诉讼(通常是在公司保证更好的自我规制后和解)的政策转变。

这里没有必要对这些理由进行评估,重要的是,所有这些理由都涉及资源的管理或利益的保护。这种工具性思维可能指的是整个国民经济,有时人们认为(例如,直到最近,美国司法部还认为)对公司的积极起诉可能会威胁到国民经济的福利——"太大而不能坐牢"的观点(Rakoff 2014:8)。因此,避开捍卫**价值**(如商业道德)的压力的一个原因可能是,每个公民的物质**利益**将受到损害。

法律的表现性运用是如何存在的

在许多普通公民眼中,这些立场似乎与公众对正义的渴望相悖,而正义被理解为一种终极价值。部分大众媒体表达了一种绝望感:"国

---

① See Bindel 2014. 宾德尔从识别犯罪、收集证据和获得证词方面的困难来解释不作为;相关机构的知识和培训不足;以及未能识别和记录受害者和潜在受害者。宾德尔指出,女性生殖器切割"已被视为一个文化问题"(第40页)。

家的力量完全被私营部门的力量所超越"(Birrell 2013);"政治完全是机会主义的","到处弥漫着一种听天由命的气氛"(Orr 2013)。然而,如果认为工具主义总体上取代了西方法律思维,那就错了。人权话语的拓展为法律理想主义提供了新的空间,因为人权法的核心是努力将人的尊严和自主的终极价值转化为法律形式。正如前一章所讨论的,可以将这一法律看作对涂尔干所认为的为复杂的现代社会所必需的道德个人主义价值体系的一种尝试性表达。从这个意义上说,人权有可能被视为当代西方法律的"灵魂"。

但是,这一将价值转化为法律的计划存在两个普遍问题。首先,一项被广泛认可的基本价值的明确性必然会被削弱,因为它被转化为具体的法律条款,且人们努力执行这些条款。普遍理解的价值的明显性和看似简单性让位于需要详细技术解释的文本。普及的观点被移交给专业的法律解释技术,或针对特定的地方政治或文化现实的务实的平衡。其次,法律所表达的终极价值可能难以避免地转变为仅仅为私人利益服务的工具。这可能会破坏普遍理解的价值对法律合理性的证明。个人的人权主张有时被认为是不值一提的,因为它们在公众舆论中并不是为了维护价值(尊严和自主),而是作为一种确保有争议的个人、部门或公司利益的手段。①

所有这些都可能让人怀疑法律在实践中可以以任何有意义的方式表达。但这样的结论似乎为时过早。人们常常认为人权是一个无宗教的世界的新宗教。而且,既然宗教的最终有效性不会被成本收益的考

---

① 英国平等和人权委员会的一项研究(Donald et al 2009)报告称,人们普遍认为1998年的《人权法案》被不当地用于追求这些利益,但人权也被认为是有价值的:"公众舆论调查……显示……对HRA的运作方式充满敌意,认为它是欺骗现行体制的宪章。"(第162页)

虑或私人利益的运作所破坏,我们有理由认为,人权的"宗教"也不会被如此破坏,而且它将继续强有力地困扰着法律。一般来说,许多人认为既有的宗教在世界上正在复兴,而且随着人口的流动,宗教和世俗终极价值之间的冲突,或者不同宗教信徒的信仰承诺之间的冲突,显然更加频繁。作为公共生活的一个因素,宗教越来越受到关注,以及为了调和对立的信仰和价值观,都要求法律认真考虑终极价值观和信仰。①事实上,宗教声明的法律主张可能与个人或团体利益有关,但这并不影响这一点。

事实上,作为法律基础的终极价值的存在,比围绕宗教复兴的争论所可能暗示得更为普遍和永恒。例如,正如涂尔干所强调的那样,刑事惩罚在谴责违法者违反社会终极价值,以及象征性地表达大众对道德行为的信仰和信念方面发挥着表达功能(Cotterrell 1999: ch 5)。完全用这些术语来理解惩罚是错误的,就像涂尔干所做的那样,因为工具和表现的元素肯定是混合在一起的。此外,作为惩罚的基础,表现主义的危险是显而易见的:如何决定法律应该在多大程度上和以何种方式,通过对罪犯的暴力行动表达被违背的价值?涂尔干的回答让我们回到人权问题上来。正如第十二章所解释的,道德个人主义要求我们尊重每个人的尊严和自主,**哪怕是囚犯**:合法的价值主张要求在保护守法者的价值观和保护囚犯的价值观之间作出妥协。但是,无论是在大众意识层面还是在法律政策层面,刑罚的终极价值基础仍然是重要的。

这些价值对法律而言可能是重要的,即使没有在其实体或程序中直接表现出来。它们可能是法律"自我理解"的一部分(Daube 1973)。也就是说,法律官员和公民普遍假定的不需要通过法律表达的理解和

---

① 参见本书第十一章。

价值。① 然而,它们可能是理解法律的关键;它们是预先假定的,但并没有直接表达在法律之中。而法律教义可以提供"诱因"来引发自我理解。

这种诱因的一个重要例子是许多法律制度和法律领域中的"合理性"概念。这推动了实质上基于"常识"理解的适当性的法律判断。在英国法律中,"通情达理的人"(Moran 2003)——行为或反应被判断为合理的,由此在法律上是可以接受或原谅的人——不一定是一个理性的计算者。如前所述,他或她的观点被**普遍接受**的理性和道德判断**参数**所限制。这些参数本身很少在法律分析中作一般性的探讨,它们是根据具体法律问题产生的实际情况来解决的。② 但是,"合理性"概念的使用使得共同的价值和理解渗透和独立于法律,这些价值和理解在法律上是基本的,但在重要的方面仍然是隐晦的。

工具主义和表现主义的相互依赖

塔玛纳哈对美国法律工具主义进展的分析使他得出了戏剧性的结论。他的最后两章的标题为"高级法律的崩溃,公共利益的恶化"和"合法性的威胁",提供了许多事实证据来支持他关于法律实践和主要法律制度处于危险状态的说法,即它们似乎是受猖獗的利己主义而非公共精神所支配。

---

① See also Eng 1997 and Carmichael 1997:6. "总的来说,解决社会问题的立法者并没有积极性把没有人质疑的东西写下来。"
② 参见本书第五章。

这种情况的罪魁祸首是法律工具主义,然而,正如塔玛纳哈所承认的,法律的工具方法由来已久,直到最近才产生了他所观察到的危险后果。因此,在他的分析中,工具主义的有害影响直接与他所看到的那些专门为法律体系服务的人对公共利益信仰的普遍下降联系在一起。但是,这种下降既没有通过经验证据(很难知道什么证据是决定性的),也没有通过理论论据得到证明。同样,他也不能证明这种信仰在任何时候都实际控制或指导了法律的实施。因此,对公共利益信仰的下降以及这种下降的可能意义仍需要思考。

与其试图确定在任何特定的历史时期和特定的社会中对公共利益的普遍信仰,还不如在制定和适用法律的人中,确定鼓励工具主义而非表现主义方法的一般社会法律条件。与此同时,认识到表达终极价值可能是法律经验中不可避免的一部分很重要:法律表现主义体现在影响法律原则的价值取向中(Witteveen 1999),还体现在民众对正义的渴望要求通过法律来表达。

尽责的立法者、法官、法学家或执法者必须在这样的环境中工作:(1)工具性考虑因素可能占主导地位;(2)法律仍然需要对其所规制的人具有道德意义。当它的正义标准和它所代表的价值至少在某程度上与大众的意见和信念相一致时,它就具有了道德意义。在这种程度上,正如涂尔干所说,道德观念确实是法律的灵魂。

法律体系需要依赖于无数的认知和规范性假设,这些假设存在于它所规制的那些人的意识中,并被法律的官方创造者、解释者和执法者所理解。然而,部分原因是这些假设通常会在被规制的人口中发生变化,官员实施法律时往往需要选择尊重哪些假设,拒绝哪些假设。当公民的终极价值信念发生冲突时,法律可能不得不像对待私人利益一样**与之妥协**;换句话说,法律对最终价值的承认或多或少可以通过成本——

收益计算来处理,且价值被当作需要权衡和平衡的利益。因为,终极价值本质上是抽象的,且通常是绝对的,将它们"按比例缩小",使其在法律解释和法律政策中转化为持有它们的个人或群体的利益要求,可能是法律实际处理它们之间冲突的唯一方法。在这种情况下,法律对价值的妥协就像对利益的妥协一样。

然而,有充分的理由认为,这种妥协不能太过分,否则法律的理念就会缺乏稳定性,即法律体系的运作缺乏方向性或连贯性。如果法律仅仅是一种妥协的手段,那么有什么**理由**实现这样的妥协;为什么选择法律**而不是其他**手段;什么时候需要妥协,为什么需要**妥协**(而不是倾向于一方胜过另一方)?

这些问题超出了本章的范围,①但它们的显著性表明,法律并不会因其实现妥协的能力而自然而然地被证明是正当的。至少,人们能够把法律的理念与正义和安全等终极价值联系起来,这些价值是指导法律的务实干预所需要的,并且人们普遍认为这些是法律所要求的价值(Cotterrell 1995:154-7)。认为法律的法学思想的核心就是这些价值,与肯定这些价值的意义和它们之间的关系可能在大众和官方语境中有所不同,是毫不矛盾的。这也与承认促进特定的利益是一致的,而不是确认抽象价值的愿望主导着法律的实施。

因此,法律工具主义与终极价值的关系是复杂的。从根本上说,这是一种共生关系。没有必要假定法律官员或公民就最终价值达成了广泛的共识,以确保普遍接受正义和秩序(或安全)作为法律基础的某些理念是法律完整性与普遍合法性的基础。我们可以进一步认为,人权思想突出地体现了涂尔干的道德个人主义价值体系对当代西方法律思

---

① 这些都是值得考虑的问题,可参考第三章所阐述的法律的理念和维护法律的责任。

想的启示意义。研究法律的工具性方法最终是以价值为基础和前提的。然而,正如前面所讨论的,这些工具性方法主导了立法者和执法部门的运作方式。

各种病理学:法律民粹主义和法律惰性

民粹主义:刑罚政策与实践案例

工具主义和表现主义的现代共生肯定不是没有问题的,在前面讨论的基础上,可以就可能出现的困难提出建议。其中一些可能反映了**表现性地**动员法律的愿望可能是无限制的。当这些愿望在法律政策的某个特定领域占据主导地位时,它们可能会指导法律实施的方式,而从工具性的角度判断,这些方式在很多观察者看来是不合理的。

工具主义对官方立法和执法的控制通常非常强,以至于这种困难在正常情况下不太可能普遍存在。然而,刑事司法有时显示出在法律体系的某个部门中占主导地位的表现主义的影响(Feinberg 1965)。在英国和美国等一些国家的法律体系中,刑罚政策一直被一种"惩罚性痴迷"所困扰(Playfair 1971)。有人声称,对许多罪行的判决过于严厉,而这些罪行可以用其他方法更有效地加以处理,而且一般来说,惩罚逐步提高到严重的程度在任何实用的基础上都是不合理的。在成本—收益的平衡中,任何收益都被这些惩罚制度对违法者及其家人造成的破坏性后果、维持这些制度的高昂成本以及对社会缺乏重大的改革效果或物质利益所远远超过(Allen et al 2014)。

"刑罚痴迷"通常可以追溯到**刑罚民粹主义**(e. g. Pratt 2007; Roberts et al 2003),似乎有理由将其视为一个突出的——但在整个法律范围内是罕见的——在法律政策中直接表达(或操纵)大众的终极价值的例子。这似乎伴随着许多明显的工具性考虑被边缘化,而这些考虑在法律体系的其他部分经常发生,例如,以成本效益的方式配置用于执行法律的现有资源,查明存在利害冲突的利益及其务实的秩序。问题不在于普遍理解的终极价值(例如,罪有应得、普遍安全)影响了这个领域的法律实施,而是在实践中对这些价值的解释仍然永远存在争议,就像对其法律表达设定适当的限制一样。

涂尔干的观点不难解释这一突出的法律表现主义。对涂尔干来说,终极价值(社会集体意识的规范核心)首先在刑法中得到了表达;它们可以赋予刑法以巨大的力量,给它强有力的指导。然而,涂尔干的立场似乎被夸大了。在许多现代法律体系中,"惩罚性痴迷"受到了抑制或似乎消失了(e. g. Nelken 2006);成本收益的工具性想法完全驯服了刑法。刑罚民粹主义并非普遍存在。然而,某些国家的政府利益可能会通过利用甚至鼓励惩罚性舆论而得到满足。[①] 但是,这一切都不能降低官方承认以下事实的重要性,即刑事司法制度必须肯定某些终极价值,且法律政策必须表达这些价值。

惰性:保护举报人的案例

如果表现主义**太弱而无法指导法律的工具性运用**时,会出现另一

[①] See Roberts et al 2003:63-4. 他指出,在美国和英国,"形成了一个复杂的互动过程,在这个过程中,政治家们同时塑造并回应了(公众的)意见";同样,新闻媒体和特殊利益群体,"帮助设计和构造了……舆论的方向"。

种问题。商业环境中与举报有关的社会法律问题可以说明这一点。英国法律在某些条件下为那些在工作场所"举报"某些不法行为的人提供保护,以使违法者得到制裁或纠正。① 该法律的主要动机是促进"公共利益"(而非个人利益),并对雇主或其他雇员针对举报人的报复行为给予救济。然而,我们并没有在法律上界定公共利益,因此在这里,它似乎被视为法律自我理解的一部分,并且可能反映了适用于商业行为的、受到广泛拥护的终极价值。

在这一规制领域,许多利益受到威胁。例如,企业通常不希望其经营中的不当行为被公开;同事们可能不想公司因此遭殃;举报人的利益在于免受报复和良好的工作条件;政府的利益在于不与商界作无谓的对抗,并应以其认为最有效的方式使用宝贵的执法资源。优秀企业希望看到不良行为从他们的行业中根除;不良企业可能希望保护支撑其盈利能力的可疑做法;一般来说,公民对经济运转情况感兴趣;等等。

由于一系列的利益冲突,以及在法律或官方实践中缺乏对保护法律所服务的价值的精确定义,举报仍然存在争议,对它的保护显然不够。有人可能会猜测,法律在这里陷入了一个利益冲突的网络中,其中许多人反对投入大量资源动员法律来保护举报人。② 然而,在政府安全利益受到举报人行为威胁的地方,即使面对主张信息自由等终极价值的相反舆论,也可能会强力实施法律**打击**举报人。除了这些情况,对举报人的支持有时独立于任何法律保护,而是由为匿名投诉提供安全渠道的机构所提供(或在此过程中为大众媒体提供故事,或为企业的

---

① 1998年《公共利益披露法》,经2013年《企业和监管改革法》修订。
② Vandekerckhove et al 2013.范德克霍夫等发现,尽管有立法,但是针对检举人的共同行动包括更密切的监控、放逐、口头骚扰、封锁资源、搬迁、降职、重新分配工作、停职、纪律处分和解雇。

"社会责任"需求提供服务)。①

从社会法律角度解读商业举报人处境的一种方法是,在这里,终极价值在法律上被边缘化了,尤其是没有被表达或没有被定义(除了作为"公共利益")。在这种情况下,法律资源的分配和确定法律动员的规模和性质的标准,可能主要由有关利益的相互影响所决定。但是,这种相互作用的复杂性、利益的多样性以及利益妥协的绝对难度,会产生巨大的**法律惰性**。因此,工具主义有时似乎是独立的,不受终极价值的有效影响。当这种情况发生时,它的弱点是它可能会被利益妥协的任务所**压倒**,由此可能会**退出这项任务**或仅仅**象征性地**使用法律②——坚持一种实际上没有得到有效执行的立场。这并不是说只能以这种方式来看待举报人法律,而是说在这个特定的领域中,实施这项法律的阻碍因素表明了法律工具主义更普遍的弱点,有时甚至可能导致有效法律行动的瘫痪。

不稳定的工具主义

在各种情况下都可能会出现法律行动的瘫痪,例如:(1)从政府的角度来看,在相互冲突的利益之间似乎没有什么可选择的,因此他们只能在自由市场竞争中"决一死战",因为没有任何压倒一切的问题要求法律进行干预;(2)被挑战或控制的利益强烈反对法律干预,认为干预

---

① 英国的例子是告密者通讯社(https://www.whistleblowers.uk.com/)和哨子 B 举报中心(https://whistleb.com/)。
② 关于面对利益冲突的"无效的和象征的"改革,参见 Rixen 2013。

风险过高;①(3) 人们认为法律干预的成本大于干预给所主张的利益可能带来的任何好处;(4) 有关利益难以确定,因此无法明确界定法律保护或控制的对象;(5) 没有明显的利害关系可以用法律来解决。然而,人们普遍希望法律为公众利益服务(如惩治金融体系中的严重错误),但是成本—效益的计算导致了规制不力,公众可能认为某些违法者可以逍遥法外——这种情况会引起对法律的冷嘲热讽。

在表现主义不能充分缓和与指导法律工具主义的情况下,除了规制惰性或瘫痪之外,另一种可能性是其对立面:过度规制或法律化——一种**法律过多**的情况(至少在大众的认知中)。之所以会出现这种情况,是因为法律试图以某种方式反映每一种利害关系和每一项要求,但却无法找到任何决定性的手段来平衡它们或评估它们最终的规范性理由。在这种情况下,法律在不稳定的条件下持续发挥作用,并**对规制的细节给予无限的关注**。同样,最根本的问题是,仅凭法律工具主义(没有被作为大众常识一部分的价值所稳定),无法提供可靠的自我辩护,也无法设定自己的限制。众所周知,对过度规制的普遍看法助长了放松规制的反作用。围绕过度规制和放松规制展开的辩论,可以被认为是法律工具主义在其相对较近的一个阶段中的政治投射。

我们可以得出这样的结论:尽管在严格概念化当代法律中工具主义—表现主义共生的两极方面存在许多困难,但它为探索西方法律规制中许多熟悉的现代现象提供了一个有用的工具。它提供了一种方法来判断法律"灵魂"的健康或疾病,以及法律作为达到既定目的的技术手段的一般实际效用。对于法学研究而言,它暗示了一些非常重要的官方行动和民众反应的动态原理,即一种在实际规制过程中形塑法律权威和合法性的辩证法。

---

① 这些可能包括选举风险;参见 Holland 2015 关于将不执法或宽容作为一种选举策略。

第十五章 结论:社会学法学的视野

处于事件的中心

前几章的目的并不是要全面地考察法理学应该如何纳入有关法律的社会学见解。解读它们的一种方式是,将我所认为的法律功能及其对系统社会探究的依赖的不同方面进行独立但相互关联的研究。但它们旨在发展关于法理学目的和方法的单一主题,以及对其性质的一些当代理解的一致批评。

在近代英语世界法哲学主要流派的影响下,法理学可能经常被视为一种完全由在阐释法律概念时寻求分析的严谨性所主导的领域,那些被认为具有有效性和重要性的概念,它们的应用与任何特定的社会和历史背景的实证研究没有直接关系。相对而言,很少有人提出这样的问题:法律的一般概念是用来干什么的?权威、法律体系、规则等概念也是如此。如果这些概念被设计成永恒的且超越了背景,那么,它们应该做些什么呢?当它们面临特定的社会历史背景时,它们如何在说明或解释法律的经验和实践中得到实际应用?这种应用是必要的吗?或者仅仅存在于它们自己的知识世界中,除了令人愉悦的理性一致性和哲学严谨性的满足之外,不需要任何理由?

这本书试图表明法理学是重要的,而且的确还有很多工作要做。

这对法律的功能而言至关重要——正如第一部分所概述的那样。这是一个**积极参与法律生活**的角色,即在其所处的时间和地点从事法律的实践和经验。正如我在第三章中对拉德布鲁赫的法学实践所描述的那样,以这种方式看到的法学家"处于事件的中心"。的确,法律理论几乎不可避免地会脱离实践。理论家站在后面,从一定的距离来考察法律经验,试图看到整个树林,而不是大量的单个树木。但距离仅仅是为了获得视角,而获得视角的意义应该是从中受益,以了解和解释直接的经验。

这种经验也应该为理论设定优先次序。我试图表明,特别是在第三部分的章节中,价值在法律经验中很重要——但它们的作用方式往往非常复杂。在法律实践中,价值之间会产生冲突或紧张。追求法律的工具性目标(直接有用、"完成任务"、让法律"继续运行")和促进反映广泛的社会价值(确保法律有道德"灵魂")之间的紧张关系也是如此。在本书开始时的第二章,我试图在分析律师专业要求的模糊性时,展示这种紧张关系。接近尾声时,在第十四章,我以一种非常不同的方式,探讨了在大众和政府关于法律的任务和能力的认识中,工具主义和表现主义的对立。

对维护和促进某些价值的关注必须成为法律工作的中心,且必须在法理学中占据中心地位。但显而易见的是,哲学家、神学家或其他圣贤能够提出任何普遍的、永恒的道德哲学准则的时代早已过去,而这些准则是西方法学家(就像所有道德正直的公民一样)有义务遵守的。正如韦伯(1968:874)在一个世纪前所写的那样,"自然法的公理已经失去了为法律体系提供基本依据的一切能力"。作为法学家专业素养的一部分,他们对于法律必须解决的道德难题并没有现成的理论答案。

而法律工作艺术和技巧的关键就是面对这些难题，并找到在实践中有效的答案。

拉德布鲁赫试图阐明，现代法学家可以运用的法律理念之所以如此具有启发性和影响力，是因为它似乎没有通过立法来解决向法律注入适当价值的问题，但它也没有抛弃问题本身或将其从法理学中转移出去。相反，它使这个问题成为中心。通过我在第三章中将其解读为拉德布鲁赫关于法律价值的微妙的"可变几何"，能提供一个法学家可以使用的范本。某些价值——正义、安全和文化目的的适应性（Zweckmassigkeit）——被确定为法学基础，但它们的解释和具体应用留给法学家作为他们工作的核心部分（"处于事件的中心"，而不是推测法律的永恒）来解决。就我对拉德布鲁赫方法的扩展而言，这包括尝试理解大众对正义和安全的期望的多样性（这是对被法律规制的人口及其实际法律经验的敏感的社会观察），同时也认识到，作为一个客观的问题，法学家为之服务的社会其社会整合所需要的法律。

不难认识到，这些法律责任需要一种成熟的社会学敏感性。正如庞德（给他适当的信任）在他具有开创性的社会学法学中清楚理解的那样，法学家必须理解人们对法律体系的主张和愿望。但是，除此之外，法学家必须在社会理论和其他方面了解，**在特定的社会环境中**，法律之下的社会生活的凝聚力成为可能和可持续的条件。正如法学家通常致力于促进法律的一致性一样，他们也必须把促进法律所处的社会环境的凝聚力作为一项最重要的问题（这也影响了对正义和安全价值的追求）。

作为法律中心的团结

我认为在现代西方社会中,关于社会凝聚力基础的关键见解,正是涂尔干的社会学所明确指出的。那是一种深刻见解,即如果要实现社会团结,可通过两种不可分割的相互联系的方式:(1)(用法律和其他手段)积极确保社会所有成员之间更加复杂的**相互依存**(包括消除个人和群体之间自由互动和交流的一切障碍,以促进这种相互依存感);(2)不妥协的法律坚持,以促进**道德个人主义**成为现代社会中唯一可能(且完全不可或缺)的统一价值体系。

这种观点似乎太理想化了。在有政治组织的社会中,存在着巨大的权力差异,这样对团结的追求不就没有意义了吗?权力差异是几乎所有共同体网络的一个特征。在涂尔干的社会法律意象中,权力难道没有被遗忘吗?一贯的情况不是依赖和支配,而不是**相互依赖**吗?当然是!当涂尔干在《社会分工论》中写到这种分工的"强迫"和"反常"形式时(1984:bk 3),他明确认识到这些阻碍团结的障碍。他的社会学最重要的失败是他假定这些形式是例外的,而不是正常的。但是,承认财富和机会存在着巨大的、无法控制的差异,把许多人排除在社会组织所依赖的真实存在的相互依赖和互惠关系之外,以及政府和立法者经常缺乏对社会团结需求的关注,并没有使对社会凝聚力至关重要的价值变得不重要。

首先,必须强调的是,法学家不仅仅是社会的观察者。正如前面所强调的那样,法学家并不是解释和记录社会生活特征的社会科学家。他们有责任促进法律理念作为一种特殊的、至关重要的价值的良善。如果法律有悖团结,有悖大众对正义和安全的渴望,法学家就有责任促进法律理念转化为更好的实际形式和程序。他们应该采取行动,使法律的实体、程序和实践更好地符合社会凝聚力最终所依赖的价值结构。如果有必要,他们会对法律进行激烈而不妥协的批评——以服务于法律理念。

其次,从这一点出发,法学家(以及社会学家)可以恰当地指出,在复杂的当代社会中,忽视社会团结的规制要求的最终后果。凭借社会洞察力,也许还有很多历史教训,当社会凝聚力的要求在法律政策中被公然忽视了很长一段时间时,法学家可以就可能出现的经济混乱、政治紊乱和社会无序发出警告。法律不仅是政府的技术工具,也是大众愿望的智囊团。法律社会学文献从经验上探讨了许多这样的愿望,以及这些愿望经常在那些寻求法律帮助的人的经历中被挫败,或者他们已经认识到法律对正义和安全的承诺对他们来说只是**空话**。许多这类文献可以解读为对立法者、执法人员、行政人员、律师和法学家的明确警告。来自广泛的舆论影响者的一些对法律的批评也是如此。

团结是一种最为(但不是完美的)和谐的社会凝聚力和包容性的**理想**——一个人可以选择或不选择追求的理想。但它事实上也可以被理解为可能存在也可能不存在的东西,以一种普遍认可的形式,即人们的确是相互依存的,他们实际上彼此依赖,所以这必须反映在他们相互之间的行为上。在后一种意义上,这是一个社会心理学问题,是人们理解和评价他们在社会关系中共同存在的方式问题。最后,团结也可以用一种更接近涂尔干理解的方式来理解:作为一种可以**组织**社会生活的形式。在最后这个意义上,团结表现在机构的组织和运作、法律的结构、教育的目标和做法、社会交流的形式和方式、经济生活以及政治参与的途径和过程中。

关键是,团结并不像涂尔干认为的那样,在政治组织社会中是一种自然或正常的状态。如果它被认为是重要的,就必须为之努力,而巧妙地制定法律是实现团结的一个非常重要的手段,尽管不是唯一的,但也许是最基本的。此外,通过将团结的概念作为一种普遍的价值,在实际规制方面所能取得的进展是有限的。在不同的共同体网络和共同体社会关系中,有许多不同种类的团结是可能的和有价值的。可能的团结取决于所涉及的社会关系的类型、它们存在的原因以及在这些关系中建立人际互信的基础。没有单一形式的共同体或团结。共同体关系服务于不同的需求,反映不同的原因和条件,使人们聚集在一起。必须从规制的角度分析不同形式的共同体(Cotterrell 2006:ch 4;2008c:ch 2)。

最后,必须指出的是,可以通过欣赏(而不仅仅是容忍)**不同群体、网络和关系在条件和需求上的重要差异**来促进团结,并探索它们之间的沟通方式,即通过寻找最终的相似点或共识,以规避差异但又不否认其重要性。用涂尔干的术语来说,对这种沟通词汇的一个关键贡献必须是共同的人性观念——我们可以将之翻译成一种跨越不同物质条件、信仰体系、情感忠诚、传统和当地环境的语言。法学家有发展这种沟通语言的重要任务,法律是其载体之一。对作为一种理念的法律的理想状态,以及对与这种理念相关的社会来说,忽视这项任务将是危险的。因此,当法律似乎与促进团结可能性的不受约束的社会互动、跨文化交流和经济相互依赖的条件相抵触时,法律功能就有了一个明确的批判重点。

作为框架和模式的概念

前几章着重论述了法理学与法哲学的区别——至少在今天的英语国家,法哲学得到了广泛的理解。这样做的主要原因是将法理学从某些法哲学看似强烈的倾向中解放出来,即将概念分析本身视为目的,如前所述。在这种方法中,概念上的探究绝不依赖于对法律具体情境的实证探究——那些可能揭示情境多样性和偶然性的探究。事实上,如果必须考虑到情境的可变性,这将对任何假设构成不可逾越的障碍,即一个成熟的概念可以有效地阐明从时间和地点抽象出来的任何社会现象(如法律)的"本质",[①]它可以使人们对这个在某种程度上是普遍的或永恒的本质的理解具体化。

社会学研究可能对这种概念上的"本质主义"构成的威胁是:(1)对没有明确指出其情境适用限制的任何抽象的效用提出质疑;(2)坚持明确任何被理解为澄清社会经验的一种手段的特定概念的适用范围,必须明确,以便能够系统地检验该概念的有用性。当社会学法学致力于将社会科学的方法和思想引入法理学时——其必然涉及对法

[①] 通常这样的假设仅仅是隐含的,产生于对某些现象的性质所作的陈述,而没有认识到任何需要指定该陈述所适用的上下文范围。关于法律概念探究中的本质主义问题,参见 Tamanaha 2017(质疑分析法理学家的主张,即他们正在识别关于法律本质的必要的、普遍的真理);Tamanaha 2011(法律的哲学概念往往是高度狭隘的,尽管有普遍的自负,并有潜在的危害现实世界的后果);Schauer 2010(坚持认为,探究法律的本质必须意味着寻找法律的基本特征,这分散了人们对重要的、通常发现的非基本特征的注意力);Giudice 2011(法律概念必须承认法律的偶然方面)。

律的概念分析和关于法律的概念分析——这些对概念本质主义的挑战就无法避免。

这些挑战的结果是社会学法学中的概念探究拒绝了本质主义。所有的法理学思考都必须与时间和地点有关——与历史上存在的特定法律体系和制度的实践和经验有关。在社会学法学中，没有任何概念可以用来指明法律所具有的普遍必要或本质的特征。只有当概念的适用性或意义能够在所有可能情境（过去、现在和未来）的实证和理论研究中得到证明时，概念才能这样提出，但这是不可能的。

然而，法理学关注概念的澄清，这是理所当然的。概念和类别是法律人惯用方式的核心。它们是分类和区分情况与问题的手段，以便进行法律分析。它们对法学理论的组织和系统化至关重要。它们对社会研究也是至关重要的，既是社会理论建构的基础，也是实证社会研究合理建构和解释的基础。没有概念我们就不能说话或写作；它们是组织思想的工具。因此，概念的澄清显然是法学和社会科学工作的一个重要方面。

在这本书中，一些理论价值概念被视为法学基础。其中，最突出的是正义、安全（或秩序）和团结。我提出了一个理想的典型的法学家角色，其应该围绕源自拉德布鲁赫的"法律理念"（另一个基本概念）组织起来。那么，这些超越了任何具体情境的永恒的、有意义的概念，尽管我之前已经写过了，本身是有效的吗？这个问题的答案需要询问他人。这些概念是用来干什么的？应该要求它们做什么工作？在什么情况下，以什么方式使用它们？

法学上的"法律理念"，如第三章所述，是一种为了法律实践的目的，思考和连接**现代西方**法律经验中非常熟悉的某些价值的方式。它是一个框架，以一种符合法律和大众经验的连贯方式组织规制的实际任务。它并不旨在传达普遍真理或法律本质的过于自信的描述。它是法学家在思考正义、安全和"合乎文化目的"的价值时,安排一系列实际问题的范本,因为这些价值可以在法学家工作的情境中被理解。法律理念只不过是在规制实践中对这些价值之间紧张关系的一种表述,以及平衡这些价值的法律责任。法学家无论在何时何地工作,这种紧张关系**可能**都是不可避免的(尽管我们无法知道)。但无论如何,它存在于现代法律体系的法律经验中。

法学家有义务认真地对待正义和安全的价值,这就要求他们不要采用永恒的、普遍的正义或安全概念(更不用说理论),而是要从经验上确定:(1)这些观念在被规制的人口中所具有的意义;(2)人们对正义和安全的各种要求以及这些要求之间的冲突;(3)人们在特定情况下会对这两种基本价值中的一种或另一种给予优先考虑;(4)在试图调和这些价值时,在专业实践和大众经验中出现的复杂性和困境。正义和安全的价值在法律经验和现代法律实践中被赋予了意义——最基本的理念是平等对待类似案件以及法律程序和法律教义解释的可预测性和确定性。因此,"正义"和"安全"这两个词承载着法学家和其他所有人的愿望、期望和经历。

显然,这些并非是毫无意义的理念:每个人都知道正义和安全是重要的。即使他们不能定义或概括这些理念——除非是与他们自己的特殊情况或他们所知道的具体事例有关,他们也能理解正义与安全的重要性。正义和安全的**法律**概念化并非是不重要的——它们是指导法律发展和法学理论分类的可用智力资源之一。但是,法学家和哲学家们都不完全**拥有**这些概念,社会学法学要求在法学研究之外的公民生活经验中找到它们的社会意义。

社会的法律意义

法律的理念不能简单地交由大众的经验来负责。① 法学家当然必须努力引领法律的发展——法律思维的发展。对他们来说,仅仅反映并努力组织大众的经验,使人们能够尽可能地感到正义得到了伸张,秩序得到了保证,还是不够的。司法实践必须在公众对正义和安全的矛盾看法与要求的混乱之中,为法律规制开辟清晰可行的路径。司法实践还应该对人们理解正义和安全概念本身的方式施加影响。

这就要求我们退后一步,与纷乱的大众观点保持距离。它涉及拉德勃鲁赫法学价值"三角"中的第三个价值——使法律符合文化目的的价值,引导它追求对法律所处的特定文化环境的完整性和同一性具有根本重要性的目的。同样,这里没有永恒或普遍的东西。根据法学的理解,法律应该指向的目标不是由人的本性(如在一些经典的自然法理论形式中)或法律的某些固有本质决定的,而是由特定的文化条件决定的,即在特定的时间和地点,由社会学上可识别的规制需求和法律环境的可能性决定的。

我认为,法律工作的最终目的是促进社会环境的整体统一,正如它

---

① 一个有趣的案例表明,法学家似乎实际上主张这一点,那就是法国理论家伊曼纽尔·莱维(Emmanuel Lévy),他认为法律是一种思想结构,其可持续性依赖于大众的信念和信仰。参见 Cotterrell 2008c: ch 6 对莱维的论述。

促进了**法律统一**的理念一样。① 至少在现代英语世界中,法理学通常试图将法律描绘成一套完整的学说。法治的理念是基于这样的假设,法律秩序形成了一个合理的连贯的整体,而不是一系列的矛盾,其中往往不可能知道哪些互相矛盾的规则会适用或者应该适用,它也不是一种平行的、不相关的司法管辖权的情况,在这种情况下很难知道案件何时属于一个或另一个司法管辖权。一般而言,法理学以法律思想的统一性、一致性和连贯性为前提(Cotterrell 2003:8-11)。

社会统一性的法律意义,很可能仅仅是法律整体统一性这一前提的进一步延伸。这并不是说,完善的法律体系与高度团结的社会息息相关,事实往往并非如此。事实上,法学家经常为不平等、分裂的社会服务,他们以法律为武器,确保某些群体的特权,并压制其他群体。从法学上讲,社会的预设统一性,最根本的是,法律以一种全面的、包罗万象的方式构建社会生活模式的理念,至少就社会最重要的制度和社会组织最重要的决定因素而言是这样的。法律对社会秩序和社会正义负有最终的、全社会范围的责任,正如这些价值被规制者所理解的那样;法律将立法者对正义和秩序的看法转化为规则的形式,并将这些正义和秩序的价值强加给整个社会。因此,法律思想将社会的统一性设想为一种建构的、**官方的**、规范的统一性,一种公民社会中普通公民身份的统一性,而不一定是公民有意识地体验到的社会凝聚力的一般条件。

然而,这种规范的统一需要一种法律理解,即被法律规制的人口实

---

① "当一个人的出发点不是法律体系的统一时,他就不是传统意义上的法学家。后者的社会角色是……解释法律的作用,使它们构成一个单一的法律体系。"Aleksander Peczenik, quoted in Petrusson and Glavå (2008:100). 但在今天,法律压倒一切地强调"制度"的重要性是有争议的。See Chapter 6, especially p. 86. 法学家的角色必须是"面向"社会的,在社会中,法律的边界可以在重要的环境中被视为实践判断或谈判的问题,而不是全面系统的阐述。

际上是如何构成的。我曾在其他地方论证过,法学理论倾向于以两种基本方式对"社会"(法律旨在治理的社会实体)作大体的设想:一是作为一个自治个体的集合体,只有通过对统一的法律权威(imperium)的共同承认才能联系起来;二是作为一个融合的共同体(communitas),集体授权自己的法律。① 因此,法律思想意味着法律存在于其中并为之存在的社会世界的某些一般形象。当拉德布鲁赫将"合目的性"(Zweckmassigkeit)作为法律理念的三大基本价值之一时,他肯定是指法律适合于体现和促进社会世界的基本文化期望、理解和假设。

　　社会的法律形象可以(也应该)通过以经验为导向的社会理论来增强、纠正和丰富。本书最关注的一类理论,即涂尔干社会学。正如我们所看到的,这一理论强调了当代社会生活的日益复杂性——它的多样性、分裂和碎片化。同时,它也指出了法律对社会统一性的规范性建构如何才能转化为真正的社会统一性(通过法律对道德个人主义的促进)。②团结是一种价值理念,反映在**多样性**中确保社会**统一**的根本问题,这是一个在法律经验中日益熟悉和核心的问题。因此,正义、安全和团结理念应被理解为思想、价值取向的大致框架,应在其所处的时间和地点被赋予详细、精确的法律意义。换句话说,它们是有助于使法律符合目的的手段。

　　涂尔干对道德个人主义作为一种统一价值体系的关注可能会受到挑战。难道其他价值——例如,某些宗教更加详细和较低限度的戒律——不能为社会提供一个统一的价值结构吗？ 当然可以。但是,我认为,没有一个统一的价值体系适合复杂的现代社会,除非它确实**欣赏(而不仅仅是容忍)差异**(如信仰和习俗中的差异),同时坚持所

---

① 参见本书第十一章,更为一般性的论述,参见 Cotterrell 1995: ch 11。
② 参见本书第十二、十三章。

有个人的**相似性**(在享有人类尊严和尊重的权利方面)。

　　人们可以从其他地方寻求社会稳定:例如,在个人利益的自由相互作用中,除了不受约束的个人选择之外,不诉诸任何支配一切的价值。团结可能会被公认为是一种脆弱的东西,它依赖于变幻莫测的契约关系、短暂项目中的务实合作,以及一个人在与他人打交道时对自身利益何在的不稳定判断。团结也可能基于情感纽带,但情感可能是不稳定的,因此基于它的团结也可能是不稳定的。最后,团结可能只是基于在共享的环境中共存——人们住得很近,在有共同的历史和集体记忆,或有共同的传统或语言的地方,但这种团结形式经常抵制或怀疑不可避免的社会变革。然而,所有这些都是社会统一性的可能基础,可以通过社会理论加以探索。

前进中的法理学

　　根据本书的方法,社会学法学区别于法律社会学,因为法理学明确致力于通过法律追求价值,事实上,它承认价值是法律实践和经验的核心。在强调这一点的情况下,对于法律理念来说,价值似乎比具体的法律形式(如法律必须由确定的规则和定义明确的程序组成的观念)和机构(如法院、立法机构和执行机构)更为重要。在已建立的国内法律体系中,法律形式是法学关注的焦点和法学工作的重要内容。但是,在本书前面考虑跨国法的时候,有人建议,法学家可能不应过于严格地规定他们在跨国环境中可能承认的法律形式和法律机构。也许可以采用一些相对简单的、有用的模式,以便为了实际目的,将其作为法律现象

（从而具有潜在的法律意义）作为一个从法律上探索和规范不断变化、演变和早期的跨国规制领域的起点。

本书前面提倡的将法律作为制度化学说的模式，提供了法律监管机制的最基本工作理念。[①] 当然，在实践中，法学家必须以更为复杂的术语理解任何特定司法管辖范围内的法律。但是，将作为制度化学说的法律的最基本模式与对基本法律价值的执着追求相结合可能是一个现实的起点，让法学家在跨国和国内的背景下，以及在国内法律必须与跨国的非国家规制有效互动的背景下，从理论上解决许多新的、不熟悉的规制现象。法律的形式和机构应该被塑造出来，以在培养法律理念的环境中体现法律理念。

一些学者可能会拒绝这种开放的方法，因为这使他们关于法律本质的过多知识变得没有必要。可以这样说，这种旨在把非国家规制现象纳入法律轨道的灵活方法实际上应该被坚决地排除在外；它们根本不应该被纳入法学家可以或应该视为法律的范畴。但这种观点的后果可能是承认，法律在整个跨国规制领域的相对重要性正在下降。法律将被无数种新兴的规则所包围，这些规则被法学家视为其专业知识和责任领域之外的东西；或许，可以让其他非法律专业人士来处理、组织和管理这种规则。法学家一般认为没有必要超越他们自己的法律制度或他们所熟悉的其他这类制度的经验。因为那都是别人的工作。

但是，这肯定会削弱法律的作用，使其更不可能服务于使其所处的文化环境有序化的目的。法学家可以作为国家实在法的关键捍卫者，但无法从法学上理解不断发展的规制前景和国家实在法的局限性。换句话说，他们没有能力在一个由国家法以外的多种规则形塑的环境中

[①] 参见本书第六、七章。

积极维护正义、安全和团结的价值。

　　变化的时代可以推翻理论的确定性。近来,民族主义和民粹主义思潮在西方政治中强势复活。除了其他事项之外,他们的目标是阻止或减缓以前似乎势不可挡的跨国规制的前进步伐。贸易保护主义;规制的孤立主义;希望重申国家对法律制定、解释和执行的控制;加强和牢牢监督管辖权的边界;以及对各种跨国规制结构的怀疑——这些似乎是新政治的特征,或者更准确地说,是旧政治的重现。在出现这些思潮的国家,人们往往对此感到震惊意外。然而,在本书前几章中展开的社会学法学的各种主题,为解释它们的含义和理解它们的一些可能原因,提供了一系列概念资源。

　　就许多类别的国际和跨国规制成为攻击的对象而言,规制合法性的紧迫问题,特别是在第九章中,在理解这种攻击的一些基础上是直接相关的,甚至是核心的。跨国权威的主张常常过度扩张了,而这些主张来自于有政治组织的社会的民主进程,其合法性往往显得薄弱和不安全。在第九章中,我把跨国法的政治权威想象成"国家伸出极其纤细、脆弱的手臂拥抱广阔的跨国领域"。本书经常强调合法性文化基础的重要性,其根植于共同体网络的经验丰富的社会关系,但在法律上往往没有得到充分承认。

　　国际法通常被认为根植于"国际社会"——一个脆弱的基于他们自身利益的国家共同体网络,为了共同追求国家的利益而形成和重组的联盟。然而,当人们认为国际法影响了居住在这些国家政治社会中的个人的生活条件时,他们对文化合法性的需求就会变得日益明显:法律需要反映和表达个人所体验的公共契约。国际法需要从外交的阴云中走出来,解决受其影响的真实的人类生活状况(而不仅仅是国家感知到的利益)。就跨国法直接影响这些生活条件而言,它也必须在与之相关的共同体网络中找到其合法性。这一问题之前在跨国刑法的发展方面得到了最充分的讨论。①

其后的一切都可以被看作法律社会学基本主题的一般规制问题，这是该研究领域最重要的先驱欧根·埃利希工作的中心主题——**道德距离**的问题，即规制者与被规制者之间的多面性和毁灭性的距离。②这是一个影响现代西方民主国家的国内法以及国际法和跨国法的规制结构的问题。它当然不能仅仅通过现代政治中代议制民主的正式结构来解决。它应被适当地视为一个法律问题，即在法律运作中注入足够的敏感性、信息以及对制定法律的人和生活在法律之下的人之间关系的洞察力。

借鉴社会学观点的法学家应将解决道德距离问题的必要性视为其工作的核心，并强调围绕监管当局合法性的相关问题。这样做需要注意本章前面讨论过的社会统一性的观点。我指出，在理论上这种统一性可能有几个非常不同的基础——或者至少对社会统一性的必要基础有不同的观点。其中包括趋同或共同的经济利益或项目作为这一基础（主要的工具性共同体网络的存在）的观点，或在特定环境（以共同语言、种族、历史、地域等为中心的传统共同体关系）中熟悉的、既定的、共同的共存条件可能提供统一基础的观点。

侧重于跨国经济利益和项目的法律（例如，国际经济法和许多跨国私法）需要在受益于这项法律的经济行动者的共同体网络中建立合法性的文化基础。但如前所述，人们认为挑战这类法律的民粹主义对抗性运动可能尤其植根于以**传统**纽带为中心的共同体网络。这些网络寻求与"本地"共存的传统条件相关的规制，它们不希望跨国主义破坏

---

① 参见本书第十章。
② 参见本书第一章，第12—13页。

或损害这些条件。

毫无疑问,利害关系远不止于此,但面对工具性(经济)共同体的跨国结构对它们的排斥,传统共同体纽带的重新确立无疑是其中的一部分。对法学家来说,这些发展应表明作为文化组成部分的不同类型的共同体关系具有核心的法律重要性。如果法理学要在变化中迎接认识和重塑自身的挑战,就必须考虑法律所存在的各种社会环境的统一条件。

与此同时,新的或新近出现的强有力的规制形式必须在法律认识中占有一席之地。必须从法学角度分析监管体制的多样性。而且,在国家作为法律垄断者的角色现在已存争议的当代环境下,法学家需要重新探索规制权威与合法性的基础。

社会学法学应该审视法律现状,并尽其所能设想规制的未来。也许这将是朝着更多跨国主义和日益一体化的世界法律秩序,或至少是朝着大型跨国集团最终更大程度的法律一体化蹒跚前进的未来。也许在未来,国家会强势地重申其垄断法律制定和适用的主张,国际法律共同体将会更加分裂,给稳定的国际关系带来种种风险。也许另一种不同的局面将成形,一种甚至还无法勾勒出轮廓的局面。

但可以肯定的是:只有当社会学的敏感性成为法学家的技艺和智慧的组成部分时,法理学才能在不确定的时代中发挥其规划和指导法律发展的作用。

参 考 文 献

Aarnio, A., Alexy, R. and Bergholtz, G. eds (1997), *Justice, Morality and Society: A Tribute to Aleksander Peczenik*. Lund: Juristförlaget i Lund.

Abbott, K. W., Keohane, R. O., Moravcsik, A., Slaughter, A. -M. and Snidal, D. (2000), 'The Concept of Legalization', 54 *International Organization* 401-19.

Abend, G. (2008), 'Two Main Problems in the Sociology of Morality', 37 *Theory & Society* 87-125.

Adair, S. (2008), 'Status and Solidarity: A Reformulation of Early Durkheimian Theory', 78 *Sociological Inquiry* 97-120.

Adair-Toteff, C. (2005), 'Max Weber's Charisma', 5 *Journal of Classical Sociology* 189-204. Alexander, L. (1998), 'The Banality of Legal Reasoning', 73 *Notre Dame Law Review* 517-33.

——and Sherwin, E. (2008), *Demystifying Legal Reasoning*. Cambridge: Cambridge University Press.

Alldridge, P. (2015), 'The Spirit and the Corruption of Cricket', in A. Diduck, N. Peleg and H. Reece eds, *Law in Society: Reflections on Children, Family, Culture and Philosophy: Essays in Honour of Michael Freeman*, pp. 331-46. Leiden: Brill.

Allen, R., Ashworth, A., Cotterrell, R., Coyle, A., Duff, A., Lacey, N., Liebling, A. and Morgan, R. (2014), *A Presumption Against Imprisonment: Social*

Order and Social Values. London: British Academy.

Alvarez, J. E. (2017), 'The Use (and Misuse) of European Human Rights Law in Investor-State Dispute Settlement', in F. Ferrari ed, *The Impact of EU Law on International Commercial Arbitration*. Huntington, NY: Juris.

Ambos, K. (2007), 'Toward a Universal System of Crime: Comments on George Fletcher's *Grammar of Criminal Law*', 28 *Cardozo Law Review* 2647-73.

Anderson, J. (2006), 'An Accident of History: Why the Decisions of Sports Governing Bodies Are Not Amenable to Judicial Review', 35 *Common Law World Review* 173-96.

Antonio, R. J. (2013), 'Plundering the Commons: The Growth Imperative in Neoliberal Times', 61 *Sociological Review*, Suppl S2, 18-42.

Arnold, T. W. (1935), *The Symbols of Government*. New York: Harcourt, Brace & World reprint, 1962.

Aroney, N. (2008), 'Julius Stone and the End of Sociological Jurisprudence: Articulating the Reasons for Decision in Political Communication Cases', 31 *University of New South Wales Law Journal* 107-35.

Astorino, S. J. (1996), 'The Impact of Sociological Jurisprudence on International Law in the Inter-War Period: The American Experience', 34 *Duquesne Law Review* 277-98.

Austin, J. (1885a), *Lectures on Jurisprudence or the Philosophy of Positive Law*, 5th edn. London: John Murray.

——(1885b), 'On the Uses of the Study of Jurisprudence', in Austin ed (1885a), pp. 1071-91.

Avi-Yonah, R. S. (2000), 'Globalization, Tax Competition and the Fiscal Crisis of the Welfare State', 113 *Harvard Law Review* 1573-676.

Bacchus, J. (2004), 'A Few Thoughts on Legitimacy, Democracy, and the WTO', 7 *Journal of International Economic Law* 667-73.

Bakht, N. (2009), 'Objection, Your Honour! Accommodating *Niqab*-Wearing Women in Courtrooms', in Grillo et al eds (2009), pp. 115-33.

Balkin, J. M. (1996), 'Interdisciplinarity as Colonization', 53 *Washington and Lee Law Review* 949-70.

——(2011), *Constitutional Redemption: Political Faith in an Unjust World*. Cambridge, MA: Harvard University Press.

Banakar, R. (2016), 'Law, Policy and Social Control Amidst Flux', in K. Dahlstrand ed, *Festskrift till Karsten Åström*, pp. 47-74. Lund: Juristförlaget i Lund.

Barzilai, G. (2008), 'Beyond Relativism: Where Is Political Power in Legal Pluralism?', 9 *Theoretical Inquiries in Law* 395-416.

Beck, U. and Sznaider, N. (2006), 'Unpacking Cosmopolitanism for the Social Sciences: A Research Agenda', 57 *British Journal of Sociology* 1-22.

Bell, J. (1986), 'The Acceptability of Legal Arguments', in N. MacCormick and P. Birks eds, *The Legal Mind: Essays for Tony Honoré*, pp. 67-82. Oxford: Oxford University Press.

Bellah, R. N., Madsen, R., Sullivan, W. M., Swidler, A. and Tipton, S. M. (1996), *Habits of the Heart: Individualism and Commitment in American Life*, updated edn. Berkeley: University of California Press.

Berman, H. J. (1995), 'World Law', 18 *Fordham International Law Journal* 1617-22.

Berman, P. S. (2002), 'The Globalization of Jurisdiction', 151 *University of Pennsylvania Law Review* 311-546.

——(2005), 'From International Law to Law and Globalization', 43 *Columbia Journal of Transnational Law* 485-556.

——(2006), 'Seeing Beyond the Limits of International Law', 84 *Texas Law Review* 1265-306.

——(2007a), 'A Pluralist Approach to International Law', 32 *Yale Law Jour-*

nal 301-29.

——(2007b), 'Global Legal Pluralism', 80 *Southern California Law Review* 1155-237.

——(2009), 'The New Legal Pluralism', 5 *Annual Review of Law and Social Science* 225-42.

——(2012), *Global Legal Pluralism: A Jurisprudence of Law Beyond Borders*. New York: Cambridge University Press.

Bernstein, L. (2001), 'Private Commercial Law in the Cotton Industry: Creating Cooperation Through Rules, Norms, and Institutions', 99 *Michigan Law Review* 1724-90.

Bernstorff, J. von (2010), *The Public International Law Theory of Hans Kelsen: Believing in Universal Law*, transl. T. Dunlap. Cambridge: Cambridge University Press.

Berolzheimer, F. (1912), *The World's Legal Philosophies*, transl. R. S. Jastrow. Boston: Boston Book Co.

Billo, C. and Chang, W. (2004), *Cyber Warfare: An Analysis of the Means and Motivations of Selected Nation States*. Hanover, NH: Institute for Security Technology Studies, Dartmouth College.

Bindel, J. (2014), *An Unpunished Crime: The Lack of Prosecutions for Female Genital Mutilation in the UK*. London: New Culture Forum.

Birrell, I. (2013), 'Which Politician Will Dare Dismantle Crony Capitalism?', *Evening Standard* (London), November 25th. www. standard. co. uk/comment/ian-birrell-which-politician-will-dare-dismantle-crony-capitalism- 8961935. html (accessed June 7th 2017).

Black, D. J. (1973), 'The Mobilization of Law', 2 *Journal of Legal Studies* 125-49.

——(1976), *The Behavior of Law*. New York: Academic Press.

——(1989), *Sociological Justice*. New York: Oxford University Press.

——(1998), *The Social Structure of Right and Wrong*, revised edn. New York: Academic Press.

Blythe, R. (1983), *The Age of Illusion: Glimpses of Britain Between the Wars 1919-40*. Oxford: Oxford University Press.

Bobbio, N. (1996), *The Age of Rights*, transl. A. Cameron. Cambridge: Polity.

Bouckaert, G. and Brans, M. (2012), 'Governing Without Government: Lessons From Belgium's Caretaker Government', 25 *Governance* 173-6.

Brewer, S. (1996), 'Exemplary Reasoning: Semantics, Pragmatics, and the Rational Force of Legal Argument by Analogy', 109 *Harvard Law Review* 925-1028.

Brock, B. J. (2011), 'Modern American Supreme Court Judicial Methodology and Its Origins: A Critical Analysis of the Legal Thought of Roscoe Pound', 35 *Journal of the Legal Profession* 187-207.

Broude, T. (2013), 'Keep Calm and Carry On: Martti Koskenniemi and the Fragmentation of International Law', 27 *Temple International and Comparative Law Journal* 279-92.

Brubaker, R. (1984), *The Limits of Rationality: An Essay on the Social and Moral Thought of Max Weber*. London: Allen & Unwin.

Brugger, W. (1996), 'The Image of the Person in the Human Rights Concept', 18 *Human Rights Quarterly* 594-611.

Cai, C. (2013), 'New Great Powers and International Law in the 21st Century', 24 *European Journal of International Law* 755-95.

Calliess, G. -P. (2007), 'The Making of Transnational Contract Law', 14 *Indiana Journal of Global Legal Studies* 469-84.

——and Renner, M. (2009), 'Between Law and Social Norms: The Evolution of Global Governance', 22 *Ratio Juris* 260-80.

——and Zumbansen, P. (2010), *Rough Consensus and Running Code: A Theory of Transnational Private Law*. Oxford: Hart.

Carmichael, C. M. (1997), *Law, Legend, and Incest in the Bible: Leviticus 18-20*. Ithaca: Cornell University Press.

Carson, N. P. (2011), 'Thick Ethical Concepts *Still* Cannot Be Disentangled: A Critical Response to Payne, Blomberg, and Blackburn'. Paper presented at the Central Division Meeting of the American Philosophical Association, March 2011. http://blogs.baylor.edu/nathan _ carson/files/2011/11/Thick-Ethical-Concepts1.pdf (accessed June 7th 2017).

Cassese, A. (2012), 'For an Enhanced Role of *Jus Cogens*', in A. Cassese ed, *Realizing Utopia: The Future of International Law*, pp. 158-71. Oxford: Oxford University Press.

Chesler, M. A., Sanders, J. and Kalmuss, D. S. (1988), *Social Science in Court: Mobilizing Experts in the School Desegregation Cases*. Madison: University of Wisconsin Press.

Chroust, A. -H. (1944), 'The Philosophy of Law of Gustav Radbruch', 53 *Philosophical Review* 23-45.

Cladis, M. (1992), *A Communitarian Defense of Liberalism: Émile Durkheim and Contemporary Social Theory*. Stanford: Stanford University Press.

Clausen, B., Kraay, A. and Nyiri, Z. (2011), 'Corruption and Confidence in Public Institutions: Evidence From a Global Survey', 25 *World Bank Economic Review* 212-49.

Clifton, J. (2014), 'Beyond Hollowing Out: Straitjacketing the State', 85 *Political Quarterly* 437-44.

Coene, G. and Longman, C. (2008), 'Gendering the Diversification of Diversity: The Belgian Hijab (in) Question', 8 *Ethnicities* 302-21.

Cohen, J. L. (2006), 'Sovereign Equality vs. Imperial Right: The Battle Over the "New World Order"', 13 *Constellations* 485-505.

Cohen, S. (1996), 'Crime and Politics: Spot the Difference', 47 *British Journal of Sociology* 1-21.

Cole, W. M. (2012), 'A Civil Religion for World Society: The Direct and Diffuse Effects of Human Rights Treaties, 1981-2007', 27 *Sociological Forum* 937-60.

Coleman, J. ed (2001), *Hart's Postscript: Essays on the Postscript to The Concept of Law*. Oxford: Oxford University Press.

——and Shapiro, S. eds (2002), *Oxford Handbook of Jurisprudence & Philosophy of Law*. Oxford: Oxford University Press.

Collini, S. (2006), 'Book Review', 69 *Modern Law Review* 108-14.

Collins, H. (1986), 'Democracy and Adjudication', in D. N. MacCormick and P. Birks eds, *The Legal Mind: Essays for Tony Honoré*, pp. 67-82. Oxford: Oxford University Press.

Colvin, E. (1978), 'The Sociology of Secondary Rules', 28 *University of Toronto Law Journal* 195-214.

Copnall, J. (2010), 'Bashir Warrant: Chad Accuses ICC of Anti-African Bias', *BBC News Africa*, July 22nd. www.bbc.co.uk/news/world-africa-10723869 (accessed June 7th 2017).

Cotterrell, R. (1992), 'Some Sociological Aspects of the Controversy Around the Legal Validity of Private Purpose Trusts', reprinted in Cotterrell (2008c), pp. 201-33.

——(1995), *Law's Community: Legal Theory in Sociological Perspective*. Oxford: Oxford University Press.

——(1999), *Emile Durkheim: Law in a Moral Domain*. Stanford: Stanford University Press.

——(2000), 'Pandora's Box: Jurisprudence in Legal Education', 7 *International *Journal of the Legal Profession* 179-87.

——(2003), *The Politics of Jurisprudence: A Critical Introduction to Legal Philosophy*, 2nd edn. Oxford: Oxford University Press.

——(2006), *Law, Culture and Society: Legal Ideas in the Mirror of Social Theory*. Abingdon: Routledge.

——(2008a), 'Sociological Jurisprudence', in P. Cane and J. Conaghan eds, *The New Oxford Companion to Law*, pp. 1099-101. Oxford: Oxford University Press.

——(2008b), 'Transnational Communities and the Concept of Law', 21 *Ratio Juris* 1-18.

——(2008c), *Living Law: Studies in Legal and Social Theory*. Abingdon: Routledge.

——(2009), 'Spectres of Transnationalism: Changing Terrains of Sociology of Law', 36 *Journal of Law and Society* 481-500.

——(2016), 'Reading Juristic Theories in and Beyond Historical Context: The Case of Lundstedt's Swedish Legal Realism', in M. Del Mar and M. Lobban eds, *Law in Theory and History: New Essays on a Neglected Dialogue*, pp. 149-66. Oxford: Hart.

Cotterrell, R. and Del Mar, M. (2016a), 'Concluding Reflections: Transnational Futures of Authority', in Cotterrell and Del Mar eds (2016b), pp. 387-403.

——eds (2016b), *Authority in Transnational Legal Theory: Theorising Across Disciplines*. Cheltenham: Edward Elgar.

Cotterrell, R. and Selznick, P. (2004), 'Selznick Interviewed: Philip Selznick in Conversation With Roger Cotterrell', 31 *Journal of Law and Society* 291-317.

Cover, R. M. (1983), 'The Supreme Court 1982 Term-Foreword: Nomos and Narrative', 97 *Harvard Law Review* 4-68.

Cownie, F. (2004), *Legal Academics: Culture and Identities*. Oxford: Hart.

Coyle, S. (2013), 'Legality and the Liberal Order', 76 *Modern Law Review* 401-18.

Cross, K. H. (2015), 'The Extraterritorial Reach of Sovereign Debt Enforcement', 12 *Berkeley Business Law Journal* 111-43.

Culver, K. C. and Giudice, M. (2010), *Legality's Borders: An Essay in General Jurisprudence*. New York: Oxford University Press.

Dalberg-Larsen, J. (2000), *The Unity of Law: An Illusion? On Legal Pluralism in Theory and Practice*. Glienicke/Berlin: Galda + Wilch Verlag.

Daniels, D. von (2010), *The Concept of Law From a Transnational Perspective*. Abingdon: Routledge.

Danner, M. (2009), 'The Red Cross Torture Report: What It Means', *New York Review of Books*, April 30th, pp. 48-56.

Daube, D. (1973), 'The Self-Understood in Legal History', 85 *Juridical Review* 126-34.

Davies, M. (2005), 'The Ethos of Pluralism', 27 *Sydney Law Review* 87-112.

De Galembert, C. (2009), '*L'affaire du foulard* in the Shadow of the Strasbourg Court: Article 9 and the Public Career of the Veil in France', in Grillo et al eds (2009), pp. 237-65.

DeGirolami, M. O. (2008), 'Faith in the Rule of Law', 82 *St John's Law Review* 573-607.

Delgado, R. and Stefancic, J. (1994), *Failed Revolutions: Social Reform and the Limits of Legal Imagination*. Boulder: Westview Press.

Devaux, C. (2013), 'The Role of Experts in the Elaboration of the Cape Town Convention: Between Authority and Legitimacy', 19 *European Law Journal* 843-63.

Devos, C. and Sinardet, D. (2012), 'Governing Without a Government: The Belgian Experiment', 25 *Governance* 167-71.

Dickson, J. (2001), *Evaluation and Legal Theory*. Oxford: Hart.

Dilliard, I. (1960), 'Introduction', in L. Hand, *The Spirit of Liberty: Papers and Addresses*, 3rd edn, pp. v-xxvii. Chicago: University of Chicago Press.

Di Robilant, A. (2006), 'Genealogies of Soft Law', 54 *American Journal of Comparative Law* 499-554.

Djelic, M. -L. and Quack, S. (2010a), 'Transnational Communities and their Impact on the Governance of Business and Economic Activity', in Djelic and Quack eds (2010b), pp. 377-413.

——eds (2010b), *Transnational Communities: Shaping Global Economic Governance*. Cambridge: Cambridge University Press.

Donald, A., Watson, J., McClean, N., Leach, P. and Eschment, J. (2009), *Human Rights in Britain Since the Human Rights Act 1998: A Critical Review*. London: Equality and Human Rights Commission.

Donlan, S. P. and Urscheler, L. H. eds (2014), *Concepts of Law: Comparative, Jurisprudential, and Social Science Perspectives*. Abingdon: Routledge.

Donnelly, J. (2007), 'The Relative Universality of Human Rights', 29 *Human Rights Quarterly* 281-306.

Duguit, L. (1921), *Law in the Modern State*, transl. F. Laski and H. J. Laski. London: Allen & Unwin.

Dumas, M. (2018), 'Taking the Law to Court: Citizen Suits and the Legislative Process', 62 *American Journal of Political Science* (forthcoming).

Durkheim, É. (1952), *Suicide: A Study in Sociology*, transl. J. A. Spaulding and G. Simpson. London: Routledge & Kegan Paul.

——(1957), *Professional Ethics and Civic Morals*, transl. C. Brookfield. London: Routledge & Kegan Paul.

——(1961), *Moral Education: A Study in the Theory and Application of the Sociology of Education*, transl. E. K. Wilson and H. Schnurer. New York: Free Press.

——(1969),'Individualism and the Intellectuals', transl. S. Lukes and J. Lukes, reprinted in W. S. F. Pickering ed, *Durkheim on Religion: A Selection of Readings With Bibliographies and Introductory Remarks*, pp. 59-73. London: Routledge & Kegan Paul, 1975.

　　——(1970), *La science sociale et l'action*. Paris: Presses Universitaires de France.

　　——(1975), *Textes vol. 2: religion, morale, anomie*. Paris: Les Éditions de Minuit.

　　——(1979), 'A Discussion on Sex Education', transl. H. L. Sutcliffe, in W. S. F. Pickering ed, *Durkheim: Essays on Morals and Education*, pp. 140-8. London: Routledge & Kegan Paul.

　　——(1984), *The Division of Labour in Society*, transl. W. D. Halls. London: Macmillan.

　　——(1992),'Two Laws of Penal Evolution', transl. T. A. Jones and A. T. Scull, in M. Gane ed, *The Radical Sociology of Durkheim and Mauss*, pp. 21-49. London: Routledge.

　　——(1995), *The Elementary Forms of Religious Life*, transl. K. E. Fields. New York: Free Press.

　　Duval, A. (2013), '*Lex Sportiva*: A Playground for Transnational Law', 19 *European Law Journal* 822-42.

　　Duxbury, N. (1997), 'The Narrowing of English Jurisprudence', 95 *Michigan Law Review* 1990-2004.

　　——(2001), *Jurists and Judges: An Essay on Influence*. Oxford: Hart.

　　Dworkin, R. (1978), *Taking Rights Seriously*, revised edn. London: Duckworth.

　　——(1986), *Law's Empire*. Oxford: Hart reprint, 1998.

　　——(1989), 'Liberal Community', 77 *California Law Review* 479-504.

——(1993), *Life's Dominion: An Argument About Abortion and Euthanasia*. London: HarperCollins.

　　——(2006a), *Is Democracy Possible Here? Principles for a New Political Debate*. Princeton: Princeton University Press.

　　——(2006b), *Justice in Robes*. Cambridge, MA: Harvard University Press.

　　——(2006c), 'Hart and the Concepts of Law', 119 *Harvard Law Review Forum* 95-104.

　　——(2008), *The Supreme Court Phalanx: The Court's New Right-Wing Bloc*. New York: New York Review Books.

　　——(2011a), 'The Court's Embarrassingly Bad Decisions', *New York Review of Books*, May 26th, pp. 40-41.

　　——(2011b), *Justice for Hedgehogs*. Cambridge, MA: Harvard University Press.

　　Dyzenhaus, D. (2000), 'Positivism's Stagnant Research Programme', 20 *Oxford Journal of Legal Studies* 703-22.

　　——(2006), 'The Demise of Legal Positivism?', 119 *Harvard Law Review Forum* 112-21.

　　Edwards, H. (1992), 'The Growing Disjunction Between Legal Education and the Legal Profession', 91 *Michigan Law Review* 34-78.

　　Ehrlich, E. (1917), 'Judicial Freedom of Decision: Its Principles and Objects', in Wigmore et al eds (1917), pp. 47-84.

　　——(1936), *Fundamental Principles of the Sociology of Law*, transl. W. L. Moll. New Brunswick, NJ: Transaction reprint, 2002.

　　Elliott, A. and Turner, B. S. eds (2001), *Profiles in Contemporary Social Theory*. London: Sage.

　　Emberland, M. (2006), *The Human Rights of Companies: Exploring the Structure of ECHR Protection*. Oxford: Oxford University Press.

Encinas de Muñagorri, R., Hennette-Vauchez, S., Herrera, C. M. and Leclerc, O. (2016), *L'analyse juridique de (x): Le droits parmi les sciences sociales.* Paris: Editions Kimé.

Endicott, T. A. O. (2001), 'How to Speak the Truth', 46 *American Journal of Jurisprudence* 229-48.

Eng, S. (1997), 'Hidden Value-Choices in Legal Practice', in Aarnio et al eds (1997), pp. 123-45.

Evan, W. M. (1990), *Social Structure and Law: Theoretical and Empirical Perspectives.* Newbury Park, CA: Sage.

Fauconnet, P. (1928), *La responsabilité. Étude de sociologie*, 2nd edn. Paris: Corpus des oeuvres de Philosophie en langue française reprint, 2010.

Feinberg, J. (1965), 'The Expressive Function of Punishment', 49 *Monist* 397-423.

Féron, H. (2014), 'Human Rights and Faith: A "World-Wide Secular Religion"?', 7 *Ethics & Global Politics* 181-200.

Fields, K. E. (1996), 'Durkheim and the Idea of Soul', 25 *Theory and Society* 193-203.

Finnis, J. (2009), 'H. L. A. Hart: A Twentieth-Century Oxford Political Philosopher: Reflections by a Former Student and Colleague', 54 *American Journal of Jurisprudence* 161-85.

——(2011), *Natural Law and Natural Rights*, 2nd edn with new postscript. Oxford: Oxford University Press.

Fischman, J. B. (2013), 'Reuniting "Is" and "Ought" in Empirical Legal Scholarship', 162 *University of Pennsylvania Law Review* 117-68.

Flanders, C. (2009), 'Toward a Theory of Persuasive Authority', 62 *Oklahoma Law Review* 55-88.

Fletcher, G. P. (1984), 'Human Dignity as a Constitutional Value', 22 *Uni-*

versity of Western Ontario Law Review 171-82.

Flood, J. A. (1991), 'Doing Business: The Management of Uncertainty in Lawyers' Work', 25 Law & Society Review 41-71.

Fontaine, L. (2012), Qu'est-ce qu'un 'grand' juriste? Essai sur les juristes et la pensée juridique contemporaine. Paris: Lextenso éditions.

Fraser, D. (2005), Cricket and the Law: The Man in White Is Always Right. Abingdon: Routledge.

Freeman, M. D. A. (2014), Lloyd's Introduction to Jurisprudence, 9th edn. London: Sweet & Maxwell.

Fried, C. (1981), 'The Artificial Reason of the Law or What Lawyers Know', 60 Texas Law Review 35-58.

Friedman, L. M. (2002), 'One World: Notes on the Emerging Legal Order', in M. Likosky ed, Transnational Legal Processes: Globalization and Power Disparities, pp. 23-40. London: Butterworths.

Friedmann, W. (1960), 'Gustav Radbruch', 14 Vanderbilt Law Review 191-209.

——(1967), Legal Theory, 5th edn. New York: Columbia University Press.

Friedrichs, D. O. and Friedrichs, J. (2002), 'The World Bank and Crimes of Globalization: A Case Study', 29 Social Justice 13-36.

Frishman, O. (2013), 'Transnational Judicial Dialogue as an Organisational Field', 19 European Law Journal 739-58.

Froomkin, A. M. (2003), 'Habermas@Discourse.Net: Toward a Critical Theory of Cyberspace', 116 Harvard Law Review 749-873.

Fuller, L. L. (1969), The Morality of Law, revised edn. New Haven: Yale University Press.

Gabel, P. (1980), 'Reification in Legal Reasoning', 3 Research in Law and Sociology 25-51.

Galanter, M. (1983), 'The Radiating Effects of Courts', in K. O. Boyum and L. Mather eds, *Empirical Theories About Courts*, pp. 117-42. New York: Longman.

——(1998), 'The Faces of Mistrust: The Image of Lawyers in Public Opinion, Jokes, and Political Discourse', 66 *University of Cincinnati Law Review* 805-45.

——(2005), *Lowering the Bar: Lawyer Jokes and Legal Culture*. Madison: University of Wisconsin Press.

Gane, M. (1992), 'Durkheim: Woman as Outsider', in M. Gane ed, *The Radical Sociology of Durkheim and Mauss*, pp. 85-132. London: Routledge.

Gardner, J. (2001), 'Legal Positivism: $5\frac{1}{2}$ Myths', 46 *American Journal of Jurisprudence* 199-227.

——(2007), 'Nearly Natural Law', 52 *American Journal of Jurisprudence* 1-23.

Garland, D. (1996), 'The Limits of the Sovereign State: Strategies of Crime Control in Contemporary Society', 36 *British Journal of Criminology* 445-71.

Gerth, H. H. and Mills, C. W. eds (1948), *From Max Weber: Essays in Sociology*, transl. H. H. Gerth and C. W. Mills. London: Routledge & Kegan Paul.

Gierke, O. von (1950), *Natural Law and the Theory of Society 1500 to 1800*, transl. E. Barker. Cambridge: Cambridge University Press.

Giudice, M. (2011), 'Analytical Jurisprudence and Contingency', in M. Del Mar ed, *New Waves in Philosophy of Law*, pp. 58-76. Basingstoke: Palgrave Macmillan.

——(2014), 'Global Legal Pluralism: What's Law Got to Do With It?', 34 *Oxford Journal of Legal Studies* 589-608.

Glenn, H. P. (1987), 'Persuasive Authority', 32 *McGill Law Journal* 261-98.

——(2013), *The Cosmopolitan State*. Oxford: Oxford University Press.

Goldberg, C. A. (2008), 'Introduction to Émile Durkheim's "Anti-Semitism and Social Crisis"', 26 *Sociological Theory* 299-321.

Goldsmith, J. L. and Posner, E. A. (2005), *The Limits of International Law*. Oxford: Oxford University Press.

Gould, C. C. (2007), 'Transnational Solidarities', 38 *Journal of Social Philosophy* 148-64.

Graver, H. P. (1990), 'Administrative Decision-Making and the Concept of Law', in A. Görlitz and R. Voight eds, *Postinterventionistisches Recht*, pp. 177-94. Pfaffenweiler: Centaurus-Verlagsgesellschaft.

Graycar, A. and Villa, D. (2011), 'The Loss of Governance Capacity Through Corruption', 24 *Governance* 419-38.

Green, L. (2010), 'Law as a Means', in P. Cane ed, *The Hart-Fuller Debate in the Twenty-first Century*, pp. 169-88. Oxford: Hart.

Green, S. J. D. (1989), 'Émile Durkheim on Human Talents and Two Traditions of Social Justice', 40 *British Journal of Sociology* 97-117.

Greenberg, L. M. (1976), 'Bergson and Durkheim as Sons and Assimilators: The Early Years', 9 *French Historical Studies* 619-34.

Grillo, R., Ballard, R., Ferrari, A., Hoekema, A., Maussen, M. and Shah, P. eds (2009), *Legal Practice and Cultural Diversity*. Abingdon: Routledge.

Groppi, T. and Ponthoreau, M.-C. eds (2014), *The Use of Foreign Precedents by Constitutional Judges*. Oxford: Hart.

Gurvitch, G. (1932), *L'Idée du Droit Social-Notion et système du droit social: Histoire doctrinale depuis le 17e siècle jusqu'à la fin du 19e siècle*. Paris: Librairie du Recueil Sirey.

Hackett, C., Grim, B. J. et al (2012), *The Global Religious Landscape: A Report on the Size and Distribution of the World's Major Religious Groups as of 2010*.

Washington, DC: Pew Research Center Forum on Religion and Public Life.

Halliday, T. C. and Carruthers, B. G. (2007), 'The Recursivity of Law: Global Norm-Making and National Law-making in the Globalization of Corporate Insolvency Regimes', 112 *American Journal of Sociology* 1135-1202.

Halpin, A. (2011), 'Austin's Methodology? His Bequest to Jurisprudence', 70 *Cambridge Law Journal* 175-202.

——(2014), 'The Creation and Use of Concepts of Law When Confronting Legal and Normative Plurality', in Donlan and Urscheler eds (2014), pp. 169-92.

Hart, H. L. A. (1983), *Essays in Jurisprudence and Philosophy*. Oxford: Oxford University Press.

——(1994), *The Concept of Law*, 2nd edn with new appendix. Oxford: Oxford University Press reprint as 3rd edn, 2012.

Hawkins, M. J. (1979), 'Continuity and Change in Durkheim's Theory of Social Solidarity', 20 *Sociological Quarterly* 155-64.

Hearn, F. (1985), 'Durkheim's Political Sociology: Corporatism, State Autonomy, and Democracy', 52 *Social Research* 151-77.

Held, D. (2010), *Cosmopolitanism: Ideals and Realities*. Cambridge: Polity.

Henham, R. (2007), 'Some Reflections on the Legitimacy of International Trial Justice', 35 *International Journal of the Sociology of Law* 75-95.

Henry, S. and Lanier, M. M. eds (2001), *What Is Crime? Controversies Over the Nature of Crime and What to Do About It*. Boulder: Rowman & Littlefield.

Herrera, C. M. (2003), *Droit et gauche: Pour une identification*. Saint-Nicolas, Québec: Les Presses de l'Université Laval.

Heydebrand, W. (2001), 'From Globalisation of Law to Law Under Globalisation', in D. Nelken and J. Feest eds, *Adapting Legal Cultures*, pp. 117-37. Oxford: Hart.

Heyns, C. (2013), *Report of the Special Rapporteur on Extrajudicial, Summary* or *Arbitrary Executions*. UN General Assembly, 68th Session, A/68/382. New York: United Nations.

Higgins, R. (2006), 'A Babel of Judicial Voices? Ruminations From the Bench', 55 *International and Comparative Law Quarterly* 791-804.

HM Revenue and Customs (2016), *Measuring Tax Gaps 2016 Edition: Tax Gap Estimates for 2014-15*. London: HMSO.

Holland, A. C. (2015), 'The Distributive Politics of Enforcement', 59 *American Journal of Political Science* 357-71.

Howarth, D. (2000), 'On the Question, "What Is Law?"', 6 *Res Publica* 259-83.

Hughes, J. and MacDonnell, V. (2013), 'Social Science Evidence in Constitutional Rights Cases in Germany and Canada: Some Comparative Observations', 32 *National Journal of Constitutional Law* 23-60.

Hull, N. E. H. (1997), *Roscoe Pound and Karl Llewellyn: Searching for an American Jurisprudence*. Chicago: University of Chicago Press.

Hulsman, L. H. C. (1986), 'Critical Criminology and the Concept of Crime' (extract), reprinted in J. Muncie, E. McLaughlin and M. Langan eds, *Criminological Perspectives: A Reader*, pp. 299-303. London: Sage, 1996.

Hunt, A. (1978), *The Sociological Movement in Law*. London: Macmillan.

Husak, D. (2004), 'Crimes Outside the Core', 39 *Tulsa Law Review* 755-79.

Internet Engineering Task Force (2015), *IAB, IESG, and IAOC Selection, Confirmation, and Recall Process: Operation of the Nominating and Recall Committees* (Request for comments 7437). https://tools.ietf.org/html/rfc7437 (accessed June 7th 2017).

Jackson, J., Bradford, B., Hough, M., Myhill, A., Quinton, P. and Tyler, T. R. (2012), 'Why Do People Comply With the Law? Legitimacy and the Influence of Legal Institutions', 52 *British Journal of Criminology* 1051-71.

Jamin, C. (2002), 'Saleilles' and Lambert's Old Dream Revisited', 50 *American Journal of Comparative Law* 701-18.

Jansen, N. (2010), *The Making of Legal Authority: Non-legislative Codifications in Historical and Comparative Perspective*. Oxford: Oxford University Press.

——(2016), 'Informal Authorities in European Law', in Cotterrell and Del Mar eds (2016b), pp. 191-219.

Jessup, P. C. (2006), 'Transnational Law' (extracts), in Tietje et al eds (2006), pp. 45-55.

Jhering, R. von (1913), *Law as a Means to an End*, transl. I. Husik. New York: Macmillan.

Joas, H. (2008), 'Punishment and Respect: The Sacralization of the Person and Its Endangerment', 8 *Journal of Classical Sociology* 159-77.

——(2013), *The Sacredness of the Person: A New Genealogy of Human Rights*, transl. A. Skinner. Washington, DC: Georgetown University Press.

Joerges, C. (2011), 'A New Type of Conflicts Law as the Legal Paradigm of the Postnational Constellation', in C. Joerges and J. Falke eds, *Karl Polanyi, Globalisation and the Potential of Law in Transnational Markets*, pp. 465-501. Oxford: Hart.

Joosse, P. (2014), 'Becoming a God: Max Weber and the Social Construction of Charisma', 14 *Journal of Classical Sociology* 266-83.

Karpik, L. and Halliday, T. C. (2011), 'The Legal Complex', 7 *Annual Review of Law & Social Science* 217-36.

Kaufmann, A. (1988), 'National Socialism and German Jurisprudence From 1933-1945', 9 *Cardozo Law Review* 1629-50.

Kelsen, H. (1967), *Pure Theory of Law*, transl. M. Knight. Gloucester, MA: Peter Smith reprint, 1989.

Kester, J. G. (1988), 'Some Myths of United States Extradition Law', 76 *Georgetown Law Journal* 1441-93.

Kingsbury, B. (2009), 'The Concept of "Law" in Global Administrative Law', 20 *European Journal of International Law* 23-57.

Kleinbard, E. D. (2011), 'Stateless Income', 11 *Florida Tax Review* 699-773.

——(2013), 'Through a Latte, Darkly: Starbucks' Stateless Income Planning', *Tax Notes*, June 24th, pp. 1515-35.

Knepper, P. (2016), 'The Investigation into the Traffic in Women by the League of Nations: Sociological Jurisprudence as an International Social Project', 34 *Law and History Review* 45-73.

Koch, H. W. (1989), *In the Name of the Volk: Political Justice in Hitler's Germany*. London: I. B. Tauris.

Köchler, H. (2017), 'Justice and Realpolitik: The Predicament of the International Criminal Court', 16 *Chinese Journal of International Law* 1-9.

Koh, H. H. (1996), 'Transnational Legal Process', 75 *Nebraska Law Review* 181-208.

Kontorovich, E. (2010), '"A Guantanamo on the Sea": The Difficulty of Prosecuting Pirates and Terrorists', 98 *California Law Review* 243-75.

Koskenniemi, M. and Leino, P. (2002), 'Fragmentation of International Law: Postmodern Anxieties?', 15 *Leiden Journal of International Law* 553-79.

Kramer, M. H. (2011), 'For the Record: A Final Reply to N. E. Simmonds', 56 *American Journal of Jurisprudence* 115-33.

Krisch, N. (2005), 'International Law in Times of Hegemony: Unequal Power and the Shaping of the International Legal Order', 16 *European Journal of International Law* 369-408.

——(2010), *Beyond Constitutionalism: The Pluralist Structure of Postnational*

Law. Oxford: Oxford University Press.

Kronman, A. T. (1993), *The Lost Lawyer: Failing Ideals of the Legal Profession*. Cambridge, MA: Harvard University Press.

Kymlicka, W. (1995), *Multicultural Citizenship: A Liberal Theory of Minority Rights*. Oxford: Oxford University Press.

Lacey, N. (2010), 'Out of the Witches' Cauldron: Reinterpreting the Context and Reassessing the Significance of the Hart-Fuller Debate', in P. Cane ed, *The Hart-Fuller Debate in the Twenty-First Century*, pp. 1-42. Oxford: Oxford University Press.

Lambert, H. (2009), 'Transnational Judicial Dialogue, Harmonization and the Common European Asylum System', 58 *International and Comparative Law Quarterly* 519-44.

Lamond, G. (2010), 'Persuasive Authority in the Law', 17 *Harvard Review of Philosophy* 16-35.

Larcombe, W., Fileborn, B., Powell, A., Hanley, N. and Henry, N. (2016), '"I Think It's Rape and I Think He Would Be Found Not Guilty": Focus Group Perceptions of (un) Reasonable Belief in Consent in Rape Law', 25 *Social & Legal Studies* 611-29.

Lardo, A. E. (2006), 'The 2003 Extradition Treaty Between the United States and United Kingdom: Towards a Solution to Transnational White Collar Crime Prosecution?', 20 *Emory International Law Review* 867-903.

Lasslett, K. (2010), 'Crime or Social Harm? A Dialectical Perspective', 54 *Crime, Law and Social Change* 1-19.

Laughland, J. (2002), 'Human Rights and the Rule of Law: Achieving Universal Justice?', in D. Chandler ed, *Rethinking Human Rights: Critical Approaches to International Politics*, pp. 38-56. Basingstoke: Palgrave Macmillan.

Lee, P. and George, R. P. (2008), 'The Nature and Basis of Human Dignity', 21 *Ratio Juris* 173-93.

Leiter, B. (2004), 'The End of Empire: Dworkin and Jurisprudence in the 21st Century', 36 *Rutgers Law Journal* 165-81.

——(2007), *Naturalizing Jurisprudence: Essays on American Legal Realism and Naturalism in Legal Philosophy*. Oxford: Oxford University Press.

Leith, P. and Morison, J. (2005), 'Can Jurisprudence Without Empiricism Ever Be a Science?', in S. Coyle and G. Pavlakos eds, *Jurisprudence or Legal Science? A Debate About the Nature of Legal Theory*, pp. 147-67. Oxford: Hart.

Lempert, R. (1988), 'Between Cup and Lip: Social Sciences Influences on Law and Policy', 10 *Law & Policy* 167-200.

Leonard, E. K. (2005), *The Onset of Global Governance: International Relations Theory and the International Criminal Court*. Abingdon: Routledge.

Levey, G. B. (2007), 'Beyond Durkheim: A Comment on Steven Lukes's "Liberal Democratic Torture"', 37 *British Journal of Political Science* 567-70.

Lin, T. C. W. (2016), 'Financial Weapons of War', 100 *Minnesota Law Review* 1377-440.

Lindahl, H. (2010), 'A-Legality: Postnationalism and the Question of Legal Boundaries', 73 *Modern Law Review* 30-56.

Linde, J. and Erlingsson, G. Ó. (2013), 'The Eroding Effect of Corruption on System Support in Sweden', 26 *Governance* 585-603.

Llewellyn, K. N. (1962), *Jurisprudence: Realism in Theory and Practice*. New Brunswick, NJ: Transaction reprint, 2008.

——and Hoebel, E. A. (1941), *The Cheyenne Way: Conflict and Case Law in Primitive Jurisprudence*. Norman: University of Oklahoma Press.

Lloyd, D. (1965), *Introduction to Jurisprudence With Selected Texts*, 2nd edn. London: Stevens.

Luban, D. (2011), 'War as Punishment', 39 *Philosophy & Public Affairs*

299-330.

  Luhmann, N. (1979), 'Trust: A Mechanism for the Reduction of Social Complexity', in T. Burns and G. Poggi eds, *Trust and Power: Two Works by Niklas Luhmann*, transl. H. Davis, J. Raffan and K. Rooney, pp. 2-103. Chichester: John Wiley.

  ——(1988), 'The Unity of the Legal System', in G. Teubner ed, *Autopoietic Law: A New Approach to Law and Society*, pp. 12-35. Berlin: De Gruyter.

  ——(2004), *Law as a Social System*, transl. K. A. Ziegert. Oxford: Oxford University Press. Lukes, S. (2006), 'Liberal Democratic Torture', 36 *British Journal of Political Science* 1-16.

  ——and Scull, A. eds (2013), *Durkheim and the Law*, 2nd edn. Basingstoke: Palgrave Macmillan.

  MacCormick, N. (1993), 'Beyond the Sovereign State', 56 *Modern Law Review* 1-18.

  ——(1999), *Questioning Sovereignty: Law, State and Nation in the European Commonwealth*. Oxford: Oxford University Press.

  Macklin, R. (2003), 'Dignity Is a Useless Concept', 327 *British Medical Journal* 1419-20.

  Maguire, R. (2013), *Global Forest Governance: Legal Concepts and Policy Trends*. Cheltenham: Edward Elgar.

  Marks, S. (2000), *The Riddle of All Constitutions: International Law, Democracy, and the Critique of Ideology*. Oxford: Oxford University Press.

  Marmor, A. (2001), 'Legal Conventionalism', in Coleman ed (2001), pp. 193-217.

  ——(2006), 'Legal Positivism: Still Descriptive and Morally Neutral', 26 *Oxford Journal of Legal Studies* 683-704.

  Maryanski, A. (2014), 'The Birth of the Gods: Robertson Smith and

Durkheim's Turn to Religion as the Basis of Social Integration', 32 *Sociological Theory* 352-76.

Mauss, M. (1972), *A General Theory of Magic*, transl. R. Brain. Abingdon: Routledge reprint, 2001.

Mautner, M. (2008), 'From "Honor" to "Dignity": How Should a Liberal State Treat NonLiberal Cultural Groups?', 9 *Theoretical Inquiries in Law* 609-42.

McCrea, R. (2014), 'Religion in the Workplace: Eweida and Others v United Kingdom', 77 *Modern Law Review* 277-91.

McCrudden, C. (2000), 'A Common Law of Human Rights?: Transnational Judicial Conversations on Constitutional Rights', 20 *Oxford Journal of Legal Studies* 499-532.

Melissaris, E. (2009), *Ubiquitous Law: Legal Theory and the Space for Legal Pluralism*. Abingdon: Routledge.

——(2014), 'A Sense of Law: On Shared Normative Experiences', in Donlan and Urscheler eds (2014), pp. 109-21.

Menski, W. (2014), 'Remembering and Applying Legal Pluralism: Law as Kite Flying', in Donlan and Urscheler eds (2014), pp. 91-108.

Menyhart, R. (2003), 'Changing Identities and Changing Law: Possibilities for a Global Legal Culture', 10 *Indiana Journal of Global Legal Studies* 157-99.

Michaels, R. (2005), 'The Re-Statement of Non-State Law: The State, Choice of Law, and the Challenge From Global Legal Pluralism', 51 *Wayne Law Review* 1209-60.

——(2007), 'The True Lex Mercatoria: Law Beyond the State', 14 *Indiana Journal of Global Legal Studies* 447-68.

——(2009), 'Global Legal Pluralism', 5 *Annual Review of Law and Social Science* 243-62.

Milne, S. (2012), 'If There Were Global Justice, NATO Would Be in the

Dock Over Libya', *Guardian*, May 16th. www.guardian.co.uk/commentisfree/2012/may/15/global-justice-nato-libya # start-of-comments (accessed June 7th 2017).

Mirchandani, R. (2008), 'Beyond Therapy: Problem-Solving Courts and the Deliberative Democratic State', 33 *Law & Social Inquiry* 853-93.

Mittelman, J. H. and Johnston, R. (1999), 'The Globalization of Organized Crime, the Courtesan State and the Corruption of Civil Society', 5 *Global Governance* 103-26.

Moran, M. (2003), *Rethinking the Reasonable Person: An Egalitarian Reconstruction of the Objective Standard*. Oxford: Oxford University Press.

Morawski, L. (1997), 'Legal Instrumentalism', in Aarnio et al eds (1997), pp. 289-301.

Moyn, S. (2015), *Christian Human Rights*. Philadelphia: University of Pennsylvania Press.

Muir Watt, H. (2016), 'Theorising Transnational Authority: A Private International Law Perspective', in Cotterrell and Del Mar eds (2016b), pp. 325-60.

Muñiz-Fraticelli, V. M. (2014), 'The Problem of Pluralist Authority', 62 *Political Studies* 556-72.

Murphy, L. (2001), 'The Political Question of the Concept of Law', in Coleman ed (2001), pp. 371-409.

Naveen, T. K. (2006), 'Use of "Social Science Evidence" in Constitutional Courts: Concerns for Judicial Process in India', 48 *Journal of the Indian Law Institute* 78-93.

Nehushtan, Y. (2015), *Intolerant Religion in a Tolerant-Liberal Democracy*. Oxford: Hart.

Nelken, D. (2006), 'Patterns of Punitiveness', 69 *Modern Law Review* 262-77.

——(2007), 'Defining and Using the Concept of Legal Culture', in E. Örücü and D. Nelken eds, *Comparative Law: A Handbook*, pp. 109-32. Oxford: Hart.

——(2014), 'Why Must Legal Ideas Be Interpreted Sociologically? Roger Cotterrell and the Vocation of Sociology of Law', in R. Nobles and D. Schiff eds, *Law, Society and Community: Socio-Legal Essays for Roger Cotterrell*, pp. 23-38. Abingdon: Routledge.

Neumann, F. L. (1986), *The Rule of Law: Political Theory and the Legal System in Modern Society*. Leamington Spa: Berg.

Nimaga, S. (2010), *Émile Durkheim and International Criminal Law: A Sociological Exploration*. Saarbrücken: VDM Verlag Dr. Müller.

Northrop, F. S. C. (1959), *The Complexity of Legal and Ethical Experience*. Boston: Little, Brown.

Orbach, S. (2009), *Bodies*. London: Profile.

Orr, D. (2013), 'What Does Idealism Get You Today? Abuse, Derision, or Sometimes Prison', *Guardian* (London), August 3rd. www.theguardian.com/commentisfree/2013/aug/03/ what-does-idealism-get-you (accessed June 7th 2017).

Overton, T. W. (1995), 'Lawyers, Light Bulbs, and Dead Snakes: The Lawyer Joke as Societal Text', 42 *University of California at Los Angeles Law Review* 1069-114.

Parker, C. (2008), 'The Pluralization of Regulation', 9 *Theoretical Inquiries in Law* 349-69.

Pashukanis, E. B. (1978), *Law and Marxism: A General Theory*, transl. B. Einhorn. London: Ink Links.

Patterson, D. (2012), 'Alexy on Necessity in Law and Morals', 25 *Ratio Juris* 47-58.

Paul, H. (2011), *Corporations Are Not Human, So Why Should They Have Human Rights?* Oxford: Econexus. www. econexus. info/publication/corporations-arenot-human-so-why-should-they-have-human-rights (accessed June 7th 2017).

Paulson, S. L. (1994), 'Lon L. Fuller, Gustav Radbruch, and the 'Positivist' Thesis', 13 *Law and Philosophy* 313-59.

——(1995), 'Radbruch on Unjust Laws: Competing Earlier and Later Views?', 15 *Oxford Journal of Legal Studies* 489-500.

——(2006), 'On the Background and Significance of Gustav Radbruch's Post-War Papers', 26 *Oxford Journal of Legal Studies* 17-40.

Penner, J., Schiff, D. and Nobles, R. eds (2002), *Jurisprudence and Legal Theory: Commentary and Materials*. Oxford: Oxford University Press.

Perez, O. (2003), 'Normative Creativity and Global Legal Pluralism: Reflections on the Democratic Critique of Transnational Law', 10(2) *Indiana Journal of Global Legal Studies* 25-64.

Petrazycki, L. (1955), *Law and Morality*, transl. H. W. Babb. Cambridge, MA: Harvard University Press.

Petrusson, U. and Glavå, M. (2008), 'Law in a Global Knowledge Economy: Following the Path of Scandinavian Sociolegal Theory', 53 *Scandinavian Studies in Law* 93-133.

Pickering, W. S. F. (1993), 'Human Rights and the Individual: An Unholy Alliance Created by Durkheim?', in W. S. F. Pickering and W. Watts Miller eds, *Individualism and Human Rights in the Durkheimian Tradition*, pp. 51-76. Oxford: British Centre for Durkheimian Studies.

Playfair, G. (1971), *The Punitive Obsession: An Unvarnished History of the English Prison System*. London: Gollancz.

Pope, W. and Johnson, B. D. (1983), 'Inside Organic Solidarity', 48 *American Sociological Review* 681-92.

Post, R. (1987), 'On the Popular Image of the Lawyer: Reflections in a Dark Glass', 75 *California Law Review* 379-89.

Postema, G. J. (1986), *Bentham and the Common Law Tradition*. Oxford: Oxford University Press.

Pound, R. (1907), 'The Need of a Sociological Jurisprudence', 19 *Green Bag* 607-15.

——(1908), 'Mechanical Jurisprudence', 8 *Columbia Law Review* 605-23.

——(1923), *Interpretations of Legal History*. Cambridge: Cambridge University Press.

——(1931), 'The Call for a Realist Jurisprudence', 44 *Harvard Law Review* 697-711.

——(1942), *Social Control Through Law*. New Haven: Yale University Press.

——(1958), *The Ideal Element in Law*. Indianapolis: Liberty Fund reprint, 2002.

Pratt, J. (2007), *Penal Populism*. Abingdon: Routledge.

Priel, D. (2015), 'Toward Classical Legal Positivism', 101 *Virginia Law Review* 987-1022.

Quack, S. (2007), 'Legal Professionals and Transnational Law-Making: A Case of Distributed Agency', 14 *Organization* 643-66.

——(2016), 'Authority and Expertise in Transnational Governance', in Cotterrell and Del Mar eds (2016b), pp. 361-86.

Radbruch, G. (1950), 'Legal Philosophy', in J. Hall et al eds, *The Legal Philosophies of Lask, Radbruch and Dabin*, transl. K. Wilk, pp. 43-224. Cambridge, MA: Harvard University Press.

——(2006), 'Statutory Lawlessness and Supra-Statutory Law', transl. B. L. Paulson and S. L. Paulson, 26 *Oxford Journal of Legal Studies* 1-11.

Raes, K. (1996), 'Communicating Legal Identity: A Note on the Inevitable Counterfactuality of Legal Communication', in D. Nelken ed, *Law as Communication*, pp. 25-44. Aldershot: Dartmouth.

Rakoff, J. S. (2014), 'The Financial Crisis: Why Have No High-Level Executives Been Prosecuted?', *New York Review of Books*, January 9th, pp. 4-8.

Randall, K. C. (1988), 'Universal Jurisdiction Under International Law', 66 *Texas Law Review* 785-841.

Rathus, Z. (2012), 'A Call for Clarity in the Use of Social Science Research in Family Law Decision-Making', 26 *Australian Journal of Family Law* 81-115.

Rawls, A. (2003), 'Conflict as a Foundation for Consensus: Contradictions of Industrial Capitalism in Book III of Durkheim's *Division of Labor*', 29 *Critical Sociology* 295-335.

Raz, J. (1975), *Practical Reason and Norms*. London: Hutchinson.

——(1994), *Ethics in the Public Domain: Essays in the Morality of Law and Politics*. Oxford: Oxford University Press.

——(1998), 'Multiculturalism', 11 *Ratio Juris* 193-205.

——(2001), 'Two Views of the Nature of the Theory of Law: A Partial Comparison', in Coleman ed (2001), pp. 1-37.

——(2009a), *Between Authority and Interpretation: On the Theory of Law and Practical Reason*. Oxford: Oxford University Press.

——(2009b), *The Authority of Law: Essays on Law and Morality*, 2nd edn. Oxford: Oxford University Press.

Redlich, N. (1988), 'Judges as Instruments of Democracy', in S. Shetreet ed, *The Role of Courts in Society*, pp. 149-57. Dordrecht: Martinus Nijhoff.

Reiman, J. (2006), 'Book Review', 46 *British Journal of Criminology* 362-4.

Renzo, M. (2012), 'Crimes Against Humanity and the Limits of International Criminal Law', 31 *Law and Philosophy* 443-76.

Reus-Smit, C. (2004), 'The Politics of International Law', in C. Reus-Smit ed, *The Politics of International Law*, pp. 14-44. Cambridge: Cambridge University

Press.

Ringen, S. (2013), *Nation of Devils: Democratic Leadership and the Problem of Obedience*. New Haven: Yale University Press.

Rixen, T. (2013), 'Why Reregulation After the Crisis Is Feeble: Shadow Banking, Offshore Financial Centers, and Jurisdictional Competition', 7 *Regulation and Governance* 435-59.

Roberts, J. V. , Stalans, L. J. , Indermaur, D. and Hough, M. (2003), *Penal Populism and Public Opinion: Lessons From Five Countries*. Oxford: Oxford University Press.

Rödl, F. (2008), 'Private Law Beyond the Democratic Order? On the Legitimatory Problem of Private Law "Beyond the State"', 56 *American Journal of Comparative Law* 743-67.

Ross, D. (1991), *The Origins of American Social Science*. Cambridge: Cambridge University Press.

Ross, E. A. (1901), *Social Control: A Survey of the Foundations of Order*. New York: Macmillan.

Rothe, D. L. and Friedrichs, D. O. (2006), 'The State of the Criminology of Crimes of the State', 33 *Social Justice* 147-61.

Rottleuthner, H. (1989), 'The Limits of Law: The Myth of a Regulatory Crisis', 17 *International Journal of the Sociology of Law* 273-85.

Roughan, N. (2013), *Authorities: Conflicts, Cooperation and Transnational Legal Theory*. Oxford: Oxford University Press.

——(2016), 'From Authority to Authorities: Bridging the Social/Normative Divide', in Cotterrell and Del Mar eds (2016b), pp. 280-99.

Saltman, M. (1991), *The Demise of the Reasonable Man: A Cross-Cultural Study of a Legal Concept*. New Brunswick, NJ: Transaction.

Samek, R. A. (1974), *The Legal Point of View*. New York: Philosophical Library.

Samuel, G. (2003), *Epistemology and Method in Law*. Abingdon: Routledge reprint, 2016.

——(2009a), 'Can Legal Reasoning Be Demystified?', 29 *Legal Studies* 181-210.

——(2009b), 'Interdisciplinarity and the Authority Paradigm: Should Law Be Taken Seriously by Scientists and Social Scientists?', 36 *Journal of Law and Society* 431-59.

Sandberg, R. (2009), 'The Changing Position of Religious Minorities in English Law: The Legacy of *Begum*', in Grillo et al eds (2009), pp. 267-82.

——(2014), *Religion, Law and Society*. Cambridge: Cambridge University Press.

Sands, P. (2008), *Torture Team: Deception, Cruelty and the Compromise of Law*. London: Allen Lane.

Schachter, O. (1983), 'Human Dignity as a Normative Concept', 77 *American Journal of International Law* 848-54.

Schaeffer, M. (2002), *Corruption and Public Finance*. Washington: Management Systems International.

Schäfer, A. (2006), 'Resolving Deadlock: Why International Organisations Introduce Soft Law', 12 *European Law Journal* 194-208.

Schauer, F. (2006), '(Re)taking Hart', 119 *Harvard Law Review* 852-83.

——(2010), 'The Best Laid Plans', 120 *Yale Law Journal* 586-621.

——(2011),'Positivism Before Hart', 24 *Canadian Journal of Law and Jurisprudence* 455-71.

Scheffler, S. (2007), 'Immigration and the Significance of Culture', 35 *Philosophy & Public Affairs* 93-125.

Scheuerman, W. E. (1999),'Globalization and the Fate of Law', in D.

Dyzenhaus ed, *Recrafting the Rule of Law: The Limits of Legal Order*, pp. 243-66. Oxford: Hart.

Schultz, T. (2011), 'Internet Disputes, Fairness in Arbitration and Transnationalism: A Reply to Julia Hörnle', 19 *International Journal of Law and Information Technology* 153-63.

Scolnicov, A. (2013), *Lifelike and Lifeless in Law: Do Corporations Have Human Rights?* University of Cambridge Faculty of Law Research Paper 13/2013.

Scott, C., Cafaggi, F. and Senden, L. (2011), 'The Conceptual and Constitutional Challenge of Transnational Private Regulation', 38 *Journal of Law and Society* 1-19.

Selznick, P. (1961), 'Sociology and Natural Law', reprinted in D. J. Black and M. Mileski eds, *The Social Organization of Law*, 1st edn, pp. 16-40. New York: Seminar Press, 1973.

——(1969), *Law, Society and Industrial Justice*, with the collaboration of P. Nonet and H. M. Vollmer. New York: Russell Sage.

——(1980), 'Jurisprudence and Social Policy: Aspirations and Perspectives', 68 *California Law Review* 206-20.

——(1992), *The Moral Commonwealth: Social Theory and the Promise of Community*. Berkeley: University of California Press.

——(1999), 'Legal Cultures and the Rule of Law', in M. Krygier and A. Czarnota eds, *The Rule of Law After Communism: Problems and Prospects in East-Central Europe*, pp. 21-38. Abingdon: Routledge.

Senden, L. (2005), 'Soft Law, Self-Regulation and Co-Regulation in European Law: Where Do They Meet?', 9(1) *Electronic Journal of Comparative Law*. www.ejcl.org/

Shadid, W. and Van Koningsveld, P. S. (2005), 'Muslim Dress in Europe: Debates on the Headscarf', 16 *Journal of Islamic Studies* 35-61.

Shaffer, G. (2012), 'A Transnational Take on Krisch's Pluralist Structure of Postnational Law', 23 *European Journal of International Law* 565-82.

Shah, P. (2005), *Legal Pluralism in Conflict: Coping With Cultural Diversity in Law*. London: Glass House.

——(2007), 'Rituals of Recognition: Ethnic Minority Marriages in British Legal Systems', in P. Shah ed, *Law and Ethnic Plurality: Socio-Legal Perspectives*, pp. 177-202. Leiden: Martinus Nijhoff.

Shils, E. (1985), 'On the Eve: A Prospect in Retrospect', in M. Bulmer ed, *Essays on the History of British Sociological Research*, pp. 165-78. Cambridge: Cambridge University Press.

Simmonds, N. E. (2007), *Law as a Moral Idea*. Oxford: Oxford University Press.

——(2011), 'Kramer's High Noon', 56 *American Journal of Jurisprudence* 135-50.

Simon, J. (2008), '*Katz* at Forty: A Sociological Jurisprudence Whose Time Has Come', 41 *University of California at Davis Law Review* 935-76.

Simpson, G. (2004), *Great Powers and Outlaw States: Unequal Sovereigns in the International Legal Order*. Cambridge: Cambridge University Press.

Sirianni, C. J. (1984), 'Justice and the Division of Labour: A Reconsideration of Durkheim's *Division of Labour in Society*', 32 *Sociological Review* 449-70.

Skeggs, B. (2014), 'Values Beyond Value? Is Anything Beyond the Logic of Capital?', 65 *British Journal of Sociology* 1-20.

Slaughter, A.-M. (2002), 'Judicial Globalization', 40 *Virginia Journal of International Law* 1103-24.

——(2003), 'A Global Community of Courts', 44 *Harvard International Law Journal* 191-220.

Smith, S. D. (1999), 'Believing Like a Lawyer', 40 *Boston College Law Re-*

view 1041-137.

Snyder, F. G. (1999), 'Governing Economic Globalisation: Global Legal Pluralism and European Law', 5 *European Law Journal* 334-74.

——(2004), 'Economic Globalisation and the Law in the Twenty-first Century', in A. Sarat ed, *Blackwell Companion to Law and Society*, pp. 624-40. Malden, MA: Blackwell.

Somek, A. (2009), 'The Concept of "Law" in Global Administrative Law: A Reply to Benedict Kingsbury', 20 *European Journal of International Law* 985-95.

Soosay, S. (2011), 'Rediscovering Fuller and Llewellyn: Law as Custom and Process', in M. Del Mar ed, *New Waves in Philosophy of Law*, pp. 31-57. Basingstoke: Palgrave Macmillan.

Spaak, T. (2009), 'Meta-Ethics and Legal Theory: The Case of Gustav Radbruch', 28 *Law and Philosophy* 261-90.

Spates, J. L. (1983), 'The Sociology of Values', 9 *Annual Review of Sociology* 27-49.

Stedman Jones, S. (2001), *Durkheim Reconsidered*. Cambridge: Polity.

Stein, J. A. (2006), 'Have You Heard the New Lawyer Joke About . . .' 9 *Green Bag 2d* 397-9.

Stone, J. (1968), *Legal System and Lawyers' Reasonings*. Sydney: Maitland.

Strickland, R. (1986), 'The Lawyer as Modern Medicine Man', 11 *Southern Illinois University Law Journal* 203-15.

Stuntz, W. J. (2001), 'The Pathological Politics of Criminal Law', 100 *Michigan Law Review* 505-600.

Swanton, C. (1980), 'The Concept of Interests', 8 *Political Theory* 83-101.

Szustek, A. (2009), *Michigan Judges Can Ask Muslim Women to Remove Veils in Court*. www. findingdulcinea. com/news/Americas/2009/June/Michigan-Judges-Can-Ask-Muslim-Women-to-Remove-Veils-in-Court. html (accessed June 7th 2017).

Taekema, S. (2003), *The Concept of Ideals in Legal Theory*. The Hague: Kluwer.

Tamanaha, B. Z. (2001), *A General Jurisprudence of Law and Society*. Oxford: Oxford University Press.

——(2006), *Law as a Means to an End: Threat to the Rule of Law*. New York: Cambridge University Press.

——(2011), 'What Is "General" Jurisprudence? A Critique of Universalistic Claims by Philosophical Concepts of Law', 2 *Transnational Legal Theory* 287-308.

——(2015), 'The Third Pillar of Jurisprudence: Social Legal Theory', 56 *William and Mary Law Review* 2235-77.

——(2017), 'Necessary and Universal Truths About Law?', 30 *Ratio Juris* 3-24.

Tas, L. (2014), *Legal Pluralism in Action: Dispute Resolution and the Kurdish Peace Committee*. Abingdon: Routledge.

Temkin, J. and Krahe, B. (2008), *Sexual Assault and the Justice Gap: A Question of Attitude*. Oxford: Hart.

Terpan, F. (2015), 'Soft Law in the European Union: The Changing Nature of EU Law', 21 *European Law Journal* 68-96.

Terpstra, J. (2011), 'Two Theories on the Police: The Relevance of Max Weber and Emile Durkheim to the Study of the Police', 39 *International Journal of Law, Crime and Justice* 1-11.

Teubner, G. (1992), 'Regulatory Law: Chronicle of a Death Foretold', 1 *Social & Legal Studies* 451-75.

——(1996), '*De Collisione Discursuum*: Communicative Rationalities in Law, Morality and Politics', 17 *Cardozo Law Review* 901-18.

——(2004), 'Regime Collisions: The Vain Search for Legal Unity in the Fragmentation of Global Law', 25 *Michigan Journal of International Law* 999-1046.

Thacher, D. (2006), 'The Normative Case Study', 111 *American Journal of Sociology* 1631-76.

Thomas, C. A. (2014), 'The Uses and Abuses of Legitimacy in International Law', 34 *Oxford Journal of Legal Studies* 729-58.

Tidmarsh, J. (2006), 'Pound's Century, and Ours', 81 *Notre Dame Law Review* 513-90.

Tietje, C., Brouder, A. and Nowrot, K. eds (2006), *Philip C. Jessup's Transnational Law Revisited-On the Occasion of the 50th Anniversary of Its Publication*. Halle-Wittenberg: Martin-Luther-Universität.

Tietje, C. and Nowrot, K. (2006), 'Laying Conceptual Ghosts to Rest: The Rise of Philip C. Jessup's "Transnational Law" in the Regulatory Governance of the International Economic System', in Tietje et al eds (2006), pp. 17-43.

Titolo, M. (2012), 'Privatization and the Market Frame', 60 *Buffalo Law Review* 493-558.

Toobin., J. (2007), *The Nine: Inside the Secret World of the Supreme Court*. New York: Doubleday.

Trotter, M. H. (1997), *Profit and the Practice of Law: What's Happened to the Legal Profession?* Athens: University of Georgia Press.

Trubek, D. M. and Trubek, L. G. (2005), 'Hard and Soft Law in the Construction of Social Europe: The Role of the Open Method of Coordination', 11 *European Law Journal* 343-64.

Tur, R. H. S. (1978), 'What Is Jurisprudence?', 28 *Philosophical Quarterly* 149-61.

Turner, S. (2003), 'Charisma Reconsidered', 3 *Journal of Classical Sociology* 5-26.

Twining, W. (1974), 'Law and Social Science: The Method of Detail', *New Society*, June 27th, pp. 758-61.

——(1979),'Academic Law and Legal Philosophy: The Significance of Herbert Hart', 95 *Law Quarterly Review* 557-80.

——(2002), *The Great Juristic Bazaar: Jurists' Texts and Lawyers' Stories*. Abingdon: Routledge.

——(2003),'A Post-Westphalian Conception of Law', 37 *Law & Society Review* 199-258.

——(2009), *General Jurisprudence: Understanding Law From a Global Perspective*. Cambridge: Cambridge University Press.

——(2012), *Karl Llewellyn and the Realist Movement*, 2nd edn. Cambridge: Cambridge University Press.

Tyler, T. R. (2001),'Trust and Law Abidingness: A Proactive Model of Social Regulation', 81 *Boston University Law Review* 361-406.

Urry, J. (2000),'Mobile Sociology', 51 *British Journal of Sociology* 185-203.

Van Bemmelen, J. M. (1951),'The "Criminologist": A King Without a Country?', 63 *Juridical Review* 24-38.

Vandekerckhove, W., James, C. and West, F. (2013), *Whistleblowing: The Inside Story—A Study of the Experiences of 1,000 Whistleblowers*. London: Public Concern at Work/University of Greenwich.

Van Der Burg, W. (2001),'The Expressive and Communicative Functions of Law, Especially With Regard to Moral Issues', 20 *Law and Philosophy* 31-59.

——and Taekema, S. eds (2004), *The Importance of Ideals: Debating Their Relevance in Law, Morality, and Politics*. Brussels: Presses Interuniversitaires Européennes/Peter Lang.

Van Hoecke, M. (2002), *Law as Communication*. Oxford: Hart.

——(2014),'Do "Legal Systems" Exist? The Concept of Law and Comparative Law', in Donlan and Urscheler eds (2014), pp. 43-57.

Van Niekerk, B. (1973), 'The Warning Voice From Heidelberg: The Life and Thought of Gustav Radbruch', 90 *South African Law Journal* 234-61.

Varella, M. D. (2013), 'Central Aspects of the Debate on Complexity and Fragmentation of International Law', 27 *Emory International Law Review* 1-22.

Wai, R. (2008), 'The Interlegality of Transnational Private Law', 71 *Law and Contemporary Problems* 107-27.

Walker, N. (2002), 'The Idea of Constitutional Pluralism', 65 *Modern Law Review* 317-59.

——(2010), 'Out of Place and Out of Time: Law's Fading Co-ordinates', 14 *Edinburgh Law Review* 13-46.

——(2015), *Intimations of Global Law*. Cambridge: Cambridge University Press.

Watts Miller, W. (1988), 'Durkheim and Individualism', 36 *Sociological Review* 647-73.

Weber, M. (1968), *Economy and Society: An Outline of Interpretive Sociology*, transl. E. Fischoff et al. Berkeley: University of California Press reprint, 1978.

——(1977), *Critique of Stammler*, transl. G. Oakes. New York: Free Press.

Weinreb, L. L. (2005), *Legal Reason: The Use of Analogy in Legal Argument*. Cambridge: Cambridge University Press.

Werle, G. and Jeßberger, F. (2014), *Principles of International Criminal Law*, 3rd edn. Oxford: Oxford University Press.

West, R. L. (2005), 'The Lawless Adjudicator', 26 *Cardozo Law Review* 2253-61.

Weyland, I. (2002), 'The Application of Kelsen's Theory of the Legal System to European Community Law: The Supremacy Puzzle Resolved', 21 *Law and Philosophy* 1-37.

Wheatley, S. (2001), 'Human Rights and Human Dignity in the Resolution of

Certain Ethical Questions in Biomedicine', 3 *European Human Rights Law Review* 312-25.

White, J. B. (1990), *Justice as Translation: An Essay in Cultural and Legal Criticism*. Chicago: University of Chicago Press.

Wigdor, D. (1974), *Roscoe Pound: Philosopher of Law*. Westport, CT: Greenwood Press.

Wigmore, J. H. et al eds (1917), *Science of Legal Method: Select Essays by Various Authors*, transl. E. Bruncken and L. B. Register. Boston: Boston Book Co.

Williams, B. (1985), *Ethics and the Limits of Philosophy*. London: Collins Fontana.

Wilmarth, Jr., A. E. (2013), 'Turning a Blind Eye: Why Washington Keeps Giving in to Wall Street', 81 *University of Cincinnati Law Review* 1283-446.

Winston, K. I. ed (2001), *The Principles of Social Order: Selected Essays of Lon L. Fuller*, revised edn. Oxford: Hart.

Witteveen, W. (1999), 'Significant, Symbolic and Symphonic Laws: Communication Through Legislation', in H. van Schooten ed, *Semiotics and Legislation: Jurisprudential, Institutional and Sociological Perspectives*, pp. 27-70. Liverpool: Deborah Charles Publications.

Wolf, E. (1958), 'Revolution or Evolution in Gustav Radbruch's Legal Philosophy', 3 *Natural Law Forum* 1-23.

Wuthnow, R. (2008), 'The Sociological Study of Values', 23 *Sociological Forum* 333-43.

Yeager, P. C. (1993), *The Limits of Law: The Public Regulation of Private Pollution*. Cambridge: Cambridge University Press.

Yovel, J. and Mertz, E. (2004), 'The Role of Social Science in Legal Decisions', in A. Sarat ed, *Blackwell Companion to Law and Society*, pp. 410-31. Malden, MA: Blackwell.

Zeegers, N., Witteveen, W. and Van Klink, B. eds (2005), *Social and Symbolic Effects of Legislation Under the Rule of Law*. Lewiston: Edwin Mellen.

Zorzetto, S. (2015), 'Reasonableness', 1 *Italian Law Journal* 107-39.

Zumbansen, P. (2002), 'Piercing the Legal Veil: Commercial Arbitration and Transnational Law', 8 *European Law Journal* 400-32.

——(2013), 'Transnational Private Regulatory Governance: Ambiguities of Public Authority and Private Power', 76 *Law and Contemporary Problems* 117-38.

译 后 记

科特雷尔对法律社会学的研究源自对20世纪60年代法学院法哲学提供的那种理论的不满,即仅仅是关于规则与判例的狭隘阐释、搜索资料和系统分类,而不探究法律是否能真正改变生活。当他还是一个本科生的时候,他就确信如果法律要成为一个有吸引力的学术中心,就需要成为一个在理论上复杂的研究领域。在伦敦大学攻读法理学硕士学位时,他读了瑞典法哲学家卡尔·奥利维克罗纳(Karl Olivecrona)的《作为事实的法律》,这本书以不同的方式阐释法律,使他豁然开朗。这本书中完全没有说教,把法律作为社会现象进行客观地研究,强烈反对所有的形而上学。但当时他还没有认识到法律研究的空洞无效需要由社会学——一个装着方法、理论和研究传统的学科——来填充。丹尼斯·劳埃德(Dennis Lloyd)当时讲授的法理学使他看到了一线光芒,阅读他的《法理学导论》(第2版)能感到作者真实的求知欲和开放的研究态度。在罗伊德的法理学课程中他还发现了其他有趣且重要的法学理论家,让他认识到法律可以成为严谨的社会研究的中心。除了斯堪的纳维亚和美国的法律现实主义,还有历史法理学和罗斯科·庞德(Roscoe Pound)的社会学法学。他认为所有这些理论都把法律作为一种社会现象,试图询问关于法律的社会影响与起源的有用问题。

科特雷尔在莱斯特大学法学院工作时,非常喜欢讲授法理学,但他并不知道作为一个学术领域,法理学应由哪些部分构成。哈特(H. L.

A. Hart)式的法哲学似乎不那么有趣,真正吸引他的是法理学的历史、社会学、人类学的方向。瑞典学者的研究也非常有趣。当时最吸引他的,并在法理学教学中使用过的论文是塞格斯泰特(T. Segerstedt)和他两个同事 1949 年合作撰写的题为"对正义的一般含义的研究"。这篇论文报告了对瑞典公共态度的经验考察,涉及法律规则及其制裁,违法者与法律官员。他认为,塞格斯泰特和他一样都是寻求社会事实而不是哲学思考的人。

1973 年他去伦敦大学玛丽皇后学院担任讲师。1975—1977 年利用业余时间在伦敦大学伯贝克学院攻读社会学硕士学位,其间充分认识到社会学的趣味与重要性。他系统学习了社会学理论与政治理论的经典,对于政治社会学的严谨介绍,他觉得这些是并行于法律社会学研究的非常有价值的方面。这个硕士项目否定学科边界,非常符合他当时的想法;拓展了他的视野,给了他社会科学的知识基础,而这正是他最终从事的研究方向所需要的知识。大约在 1976 年,这个项目巨大的知性刺激与学术严谨和法学院在这些方面的相对缺乏使他不能确定自己的研究方向。他考虑放弃学术研究,而成为一名记者。但最终他还是留在了学术圈,而且决定留在法学圈(尽管他在 1978 年有机会去大学的社会科学院系,且有其他机会——但那些都不是他真正想要从事的)。因为他有法学和社会科学的知识背景,应该在英国的法学院环境中开辟一个新领域,即发展法律的社会学研究。如果转向社会学,成为一名社会学家,那么他的法学知识就没什么价值了。

在确立研究方向后,有一段时间他对于如何利用社会学研究法律感到很迷茫,即如何把法律观念的研究与社会行动的研究相结合。他仍然认为法律观念是非常重要的,试图考察行为社会科学如何研究作为观念系统的法律,以及如何在法律背景中研究可以观察的人类行为。

他受一个激进杂志《意识形态与意识》的邀请介绍马克思主义法学家叶夫根尼·帕舒卡尼斯（Evgeny B. Pashukanis）的观点。接受这个邀请主要是因为这不是一个法学杂志，而是一个令人兴奋的跨学科世界。后来，他又受邀为《法律与社会》撰写一篇关于马克思法学理论的论文，这是一个出色的英国批判性社会科学杂志。从马克思关于法律与国家的论述中他得到了很多启示，同样他还研究了包括韦伯、涂尔干以及其他伟大社会理论家的作品。后来，韦伯和涂尔干一直是他学术灵感的永无止境的源泉。

他逐渐发现法律社会学是一个很好的研究领域，足以吸收他大部分的研究精力与抱负，可以把他的法学理论知识与社会理论的新理解连接在一起。他在法律社会学研究道路中的重要一步是1979年英国社会学年会，这一年以"法律与社会"为主题，他提交的论文是"韦伯关于契约的观点与资本主义发展的理解"。这篇论文后来被收入会议论文集，这是他在法律社会学领域最初的尝试。论文的发表给了他极大的鼓励，随后他便参加了英国社会学会。

1984年，他出版了《法律社会学导论》（第1版），学术声誉鹊起。这本书被翻译成很多语言，被广泛评论并销量很好，特别是在国际层面。随后，他又出版了《法理学的政治分析：法哲学批判导论》（1989年第1版，2003年第2版）、《法律的共同体：社会学视野中的法律理论》（1995年）、《爱弥尔·涂尔干：道德领域中的法律》（1999年）、《法律、文化与社会：社会理论镜像中的法律观念》（2006年）、《活法：法律与社会理论研究》（2008年）、《反对监禁的推定：社会秩序与社会价值》（合著，2014年），直到目前这本《社会学法学：法律思想与社会探究》（2018年）。另外，编著了《法律、民主与社会正义》[1988年与贝尔库松（B. Bercusson）合编]、《法律与社会》（1994年）、《过程与本质：比较法讲稿》(1994 年)、《法律的社会学视角》(2001 年)、《社会理论中的法律》(2006 年)、《爱弥尔·涂尔干:正义、道德与政治》(2010 年)、《跨国法学理论中的权威:跨学科的理论化》[2016 年与德尔玛(M. Del Mar)合编];发表了论文近 150 篇、书评 20 多篇以及其他文章近 30 篇。

总的来说,科特雷尔在其学术生涯初期对法律作为一个研究领域的态度是很矛盾的,但他逐渐认识到自己的学术兴趣稳固地与法律联系在一起,只是他对法律的理解非常不同,且采取完全不同的研究方法。正如他的自传最后所言,"现在,我比以往任何时候都更乐于无视学科界限,但仍然专注于法律。"

熟悉科老是从他的著作开始的,2005 年读了他的《法律社会学导论》(第 2 版),他的核心观点让我感觉仿佛找到了知音,因为在当时很少有法学家对法律与社会的关系做出如此深刻精辟的分析。2015 年,我去加州大学伯克利分校的法律与社会研究中心访学时,在法学院的图书馆中找到了两大架的法律社会学著作,逐一翻看发现科老的相关作品居然如此之多。当时我就萌生了一个想法,一定要拜访科老,好好向他请教。机缘巧合,2018 年,我去牛津大学的社会法律研究中心访学,在图书馆看到了他刚出版的《社会学法学》,读完导论后兴奋之情难以言表,就像暗夜航行在茫茫大海之上,看到了远方灯塔坚定的光芒,指引着我前行。我旋即给科老发了邮件,表达了对他新书出版的祝贺以及拜访的请求。他很快回复,说 4 月我们可以在他新书发布会之前的一小时聊聊。为了这次会面,或者说为了几年前我就一直期盼的会面,我做足了准备。更细致地阅读了他的《法律社会学导论》和《社会学法学》以及其他相关书籍,理出了法律社会学和社会学法学的发展脉络和他的核心观点。

和科老约的是下午一点半,但那天一早我就乘坐大巴出发了,希望早点到达伦敦,千万不要错过这么重要的会面。门开时,一位白发苍苍但目光睿智的老人坐在堆满资料的办公桌前亲切地和我打招呼,说我们要不要边喝咖啡边聊。现在仿佛还记得在伦敦大学玛丽皇后学院那间宽敞明亮的教师休息室里,我打开电脑,就我拟好的思路和问题,和科老深入地交谈。他很耐心,时而赞赏我正确地理解了他的思想,时而指出我可以补充的方面,而对于我的疑问和不同观点他也表现出包容和欣赏。最后他非常爽快地答应了我翻译《社会学法学》的请求。返回牛津的途中,很愉快但又感到很有压力,因为翻译学术著作并不是件容易的事,一方面要真正领会作者的思想,另一方面又要能非常准确、通达地用中文表达出来。

我大概又花了一年的时间阅读相关领域的中英文著作,然后再把科老的《社会学法学》通读了三遍,这才在 2020 年春着手翻译。和我同时翻译的还有我的同学,武汉大学法学院的张万洪教授,我负责第一、三部分,他负责第二部分,最后由我全文校对。翻译下来的总体感受是,准确把握他的思想固然重要,但恰当的中文表达也非常重要。我常常是翻译完一章后,反复阅读译文,再从头改一遍。而在这个过程中,还需要查阅各种资料并求教于同行,以确保专业知识中文表达的通透。今年暑假,收到北京大学出版社尹璐编辑发来的书稿一审清样,她对书稿的编辑加工让我受益颇多,在她的启发下,我又花了 20 多天的时间进行校对,字斟句酌,甚至包括标点符号。至此深感学术著作的翻译不易,也许这就是对学术的敬畏、对科老的尊重吧。

最后,向所有在本书的翻译过程中帮助过我的人表达诚挚的谢意!

李 俊

2022 年 10 月于上海